Une mission en Thaïlande

*

Un tendre engagement

DIANNE DRAKE

Une mission en Thaïlande

Traduction française de
BARNABÉ D'ALBES

BLANCHE

HARLEQUIN

Collection : Blanche

Ce roman a déjà été publié en 2020

Titre original :
NEW YORK DOC, THAILAND PROPOSAL

HARPERCOLLINS FRANCE
83-85, boulevard Vincent-Auriol, 75646 PARIS CEDEX 13
Service Clients — www.harlequin.fr
ISBN 978-2-2805-1243-5 — ISSN 0223-5056

Édité par HarperCollins France.
Composition et mise en pages Nord Compo.
Imprimé en octobre 2024 par CPI Black Print (Barcelone)
en utilisant 100% d'électricité renouvelable.
Dépôt légal : novembre 2024.

FSC
www.fsc.org
MIXTE
Papier issu de sources responsables
FSC® C159065

Pour limiter l'empreinte environnementale de ses livres, HarperCollins France s'engage à n'utiliser que du papier fabriqué à partir de bois provenant de forêts gérées durablement et de manière responsable.

1

— Oui maman, je te parle bien d'Arlo. Mon ex. Je trouve que la fin de notre histoire aurait mérité mieux et il se trouve que cette mission m'offre l'occasion rêvée de tourner la page. De toute façon, c'est le passage obligé pour décrocher le gros lot.

Layla sourit en songeant au grand patron, qui était aussi son mentor, son modèle, et... le grand-père d'Arlo. Le Dr Oliver Benedict, que tout le monde appelait Ollie, avait retenu trois candidatures au poste de chef adjoint au service de chirurgie – dont celle du Dr Layla Morrison. De toute son âme elle voulait obtenir cette promotion. Et elle y arriverait !

— Non, maman, je ne sais pas si Arlo est au courant que son grand-père m'a désignée pour cette mission. Il n'y a que cinq jours que cela s'est officiellement conclu et comme il paraît que la ligne téléphonique est erratique, sur place... Eh bien oui : il n'est pas exclu qu'il ait une belle surprise en me voyant débarquer.

Ce n'était pas si grave. N'avait-il pas désespérément besoin d'assistance ? À en croire Ollie, Arlo était livré à lui-même, sans personne pour le seconder, depuis que sa seule infirmière était partie s'installer en Inde. De toute façon, ayant partagé deux années de sa vie avec cet homme – deux ans à l'écouter parler de sa passion pour la médecine dans les zones les plus sauvages de Thaïlande —, elle savait très bien où elle mettait les pieds : dans la jungle.

Or la médecine de jungle n'avait rien d'évident. Ni de pratique ni de confortable. Il fallait être fort, résistant, adaptable, témoigner d'une volonté à toute épreuve, se préparer à sortir d'une telle expérience sur les genoux.

Elle étouffa un nouveau soupir. Arlo ne pensait à rien d'autre que devenir médecin dans la jungle thaïlandaise, et c'était à cause de cela qu'ils avaient rompu. Leur couple avait tenu deux ans, mais au moment du choix, pour lui, l'appel de la vie sauvage avait été le plus fort.

— Non, concéda-t-elle. La mission ne me garantit pas que j'obtiendrai le poste, mais elle pèsera de tout son poids en faveur de ma candidature. Et puis j'ai besoin de clore ce chapitre. Au moment de nous séparer, nous n'avons pas été capables de parler, de nous expliquer. Alors j'espère que ces retrouvailles professionnelles nous permettront d'avancer plus sereinement, chacun de son côté.

Après Arlo, Layla n'avait connu qu'une relation de couple – un désastre. Malgré elle, elle ne pouvait s'empêcher de comparer le moindre geste de Brad à ceux d'Arlo. Le résultat jouait toujours en la défaveur du malheureux remplaçant... Alors pas question de revivre cette pénible expérience : Layla avait besoin de s'affranchir de ce passé, d'aller de l'avant sans être retenue par le fantôme de son premier grand amour. Car si sa carrière progressait de façon plutôt satisfaisante, elle ne pouvait pas en dire de même de sa vie personnelle.

Au sein de la clinique dirigée par Ollie, Layla était l'une des meilleures spécialistes, une chirurgienne admirée de tous ses confrères et consœurs, dont le nom venait toujours immédiatement aux lèvres de ceux qui évoquaient une promotion dans le service. Oui : sous cet angle, tout allait bien. Mais Arlo avait gâché le reste. Elle était incapable de renvoyer son souvenir aux oubliettes, et c'était un frein chaque fois qu'elle essayait de sortir avec un homme. En fait, elle était l'esclave d'une nostalgie qui se conjuguait au conditionnel. Et si Arlo n'était pas parti exercer en Thaïlande ? Et s'ils s'étaient donné plus de temps ? Et s'il revenait vivre ici ? Cette satanée litanie s'installait trop souvent dans sa tête, comme autant de petits diables entamant une fiévreuse sarabande. Il ne restait donc qu'une solution : se résoudre à la confrontation et en finir avec cette vieille histoire.

— Écoute, maman, reprit-elle, ce n'est que pour deux mois. Après quoi, je serai de retour à la maison, et avec un peu de chance je prendrai du galon. Ollie m'a déjà laissé entendre que j'étais en bonne position, sur les trois candidatures. Je veux juste mettre toutes les chances de mon côté. Alors s'il te plaît, souhaite-moi bonne chance parce que je te l'avoue : travailler dans un hôpital en pleine jungle, ça me fait peur.

Moins peur, tout de même, que de se retrouver face à Arlo, songea-t-elle en frissonnant. Il y avait si longtemps qu'ils ne s'étaient pas vus...

— Oui, promis, maman, je serai prudente. Et remercie papa de ma part pour le SUV. C'est exactement ce dont j'ai besoin sur les routes de ce pays.

Après avoir souhaité à sa mère une bonne soirée, Layla rangea son téléphone dans son sac et baissa la puissance de la climatisation. Dans l'habitacle de cette superbe voiture, elle était parfaitement à son aise. Il avait suffi que son père passe quelques appels ici et là pour qu'elle trouve, juste à la sortie de l'aéroport, le véhicule idéal pour son séjour. Il avait des connexions en Thaïlande comme partout ailleurs. Ah certes, il savait faciliter la vie de sa fille... C'était la seule chose qu'elle avait reçue de ses parents : qu'ils lui offrent une vie facile, confortable. Pour cette raison parmi quelques autres, Arlo avait coutume de la traiter d'enfant gâtée.

Il n'avait pas tort. Depuis sa plus tendre enfance, Layla avait eu la vocation de la médecine et, grâce au soutien matériel de ses parents, elle avait pu se donner les moyens de réaliser son rêve, de devenir médecin. Petite fille, elle n'avait cependant pas imaginé qu'un jour elle vivrait ça : se préparer à passer deux mois dans la jungle pour y pratiquer un type de médecine très rudimentaire sous la direction de son ex !

Au moins, ce n'était pas banal.

— Deux ans ! lâcha-t-elle à haute voix, tout en mettant le moteur en marche.

Guidée par le GPS, elle quitta l'aéroport de Chiang Mai. Ce ne serait pas cette fois qu'elle aurait le bonheur de visiter la cité thaïlandaise si réputée pour sa modernité et pour sa longue histoire liée à la route de la soie. Pour le moment, elle allait devoir se contenter de routes bitumées, semblables à celles qu'elle connaissait en Occident et, très vite, elle ne put empêcher ses pensées de la ramener au temps de la vie commune avec Arlo.

Ah, Arlo Benedict ! Elle se rappela comment ils avaient fait connaissance, dès les premiers jours de leurs deux années d'internat. Comme ils étaient nommés dans le même hôpital, ils avaient décidé de partager un appartement. Financièrement, Arlo n'avait pas d'autre solution car son grand-père, Ollie, finançait ses études de son mieux tout en montant sa propre clinique chirurgicale... Le budget était très serré. Quant aux parents d'Arlo, ils étaient à l'époque ce qu'il était lui-même devenu depuis : des médecins de jungle, vivant de presque rien.

Ainsi, le jeune homme que Layla avait rencontré se trouvait dans une situation délicate, sans jamais se plaindre, pourtant. Le soir, il ne sortait jamais avec leurs camarades pour une soirée autour de quelques bières et d'une pizza et, au lieu d'étudier, il faisait des petits boulots. Cela ne l'empêchait pas de se consacrer corps et âme à son objectif. Il ne dormait que quelques heures par nuit. En fait, Layla n'avait jamais vu d'étudiant en médecine plus dévoué à sa cause qu'Arlo, et c'était certainement ce qui lui avait plu chez lui... en plus de son charisme infernal.

Oh oui, il lui plaisait, et elle lui avait annoncé qu'elle avait une chambre disponible dans son tout petit trois-pièces. Naturellement, il avait bondi sur l'occasion, et Layla s'était persuadé que ce serait plus pratique pour elle aussi. Sans doute espérait-elle secrètement que ce garçon devienne un peu plus que son colocataire...

Mais à cette époque, Layla ne voulait surtout pas s'engager dans une relation sérieuse. La réussite de son internat était la seule chose qui comptait à ses yeux, car elle avait la ferme intention de grimper très vite les échelons, de se lancer dans une carrière brillante, éclatante.

Dès qu'ils avaient formé un couple, elle avait cependant été la proie de désirs contradictoires. Plus elle passait de temps avec lui, plus elle avait envie de continuer. Or, pour lui aussi, leur histoire était forcément éphémère : dès la fin de ses deux ans d'internat, Arlo comptait partir pour la Thaïlande. À cause de lui, elle s'était mise à éprouver des envies qu'elle n'aurait jamais cru éprouver. À nourrir des espoirs qui ne ressemblaient pas à ceux qu'elle avait.

Qu'est-ce qui avait déclenché tout cela ? Bien sûr, Arlo était un très bel homme. Irrésistible, même. Peut-être sa détermination à s'installer dans la jungle avait-elle éveillé en elle le goût du défi ? Le désir d'être celle pour qui il changerait ses plans ? En tout cas, lorsque la réalité s'était invitée dans leur vie – quand la fin de l'internat était devenue inéluctable –, Layla avait cédé à la panique. Arlo l'avait quittée en lui répétant que c'était ce qu'ils avaient prévu, l'un et l'autre, depuis le début. Oui. Elle le savait. Et malgré cela, de toutes ses forces, elle avait voulu croire qu'entre-temps il aurait changé d'avis... Ou plutôt qu'elle saurait le convaincre de rester.

Mais non. Layla en avait été incapable. Aussi, les dernières semaines de leur relation avaient tourné à l'aigreur. Leurs querelles étaient effroyables. Ils se disputaient alors qu'auparavant ils n'avaient jamais élevé la voix l'un sur l'autre. Ils se lançaient des accusations réciproques, elle pleurait, elle l'accablait de tous les torts alors qu'au fond, elle savait que tout était écrit d'avance : Arlo avait toujours voulu partir pour la Thaïlande dès la fin de son internat. Et durant presque deux ans, elle avait été dans le déni, préférant se bercer de doux rêves.

Si elle était honnête, elle devait également admettre qu'au départ, ils étaient censés rester amis. Arlo avait accepté son offre de partager l'appartement à condition qu'ils se contentent d'une colocation – les choses étaient claires. D'ailleurs elle avait abondé dans son sens. Sauf qu'elle en était certaine : lui aussi, il espérait davantage de leur cohabitation. Ils vivaient sous le même toit depuis quinze jours quand un soir, deux étudiants en médecine épuisés s'étaient retrouvés sur le canapé, devant une bouteille de vin et un saladier de pop-corn, et...

Naturellement, le lendemain matin, ils s'étaient juré qu'il ne s'agissait que d'une aventure d'une nuit. Un dérapage sans suite. Et deux années durant, ils étaient restés ensemble, inséparables.

Depuis leur séparation, cinq ans s'étaient écoulés. Layla avait embrassé sa carrière, elle était bien lancée, sur la bonne voie. Arlo ne représentait plus qu'un chapitre du passé où manquait la dernière phrase. La conclusion définitive. Il était important que Layla en finisse avec ce petit goût d'inachevé si elle voulait que ses relations futures ne ressemblent pas à celle qu'elle avait connue avec le pauvre Brad. D'autant plus que son horloge biologique commençait à la tourmenter. En tout cas, elle ne rejetait nullement la responsabilité de cet épisode mal bouclé sur Arlo. Il s'était montré clair dès le départ, lui avait annoncé tout de suite qu'il retournerait en Thaïlande dès son diplôme en poche.

Était-elle amoureuse de lui, en ce temps-là ? Oui, c'était évident. Mais elle ne l'aimait pas assez pour le suivre n'importe où. C'était probablement la même chose pour lui. Il l'avait aimée ; pas au point de renoncer à son projet, cependant.

Alors que diable venait-elle faire ici ? Car elle devait bien l'avouer : elle avait bondi sur l'opportunité sitôt qu'elle s'était présentée. Elle n'avait guère réfléchi ! Et maintenant qu'elle s'était engagée, plus question de faire machine arrière. Son plan, son seul et unique plan, était de mériter sa promotion en prouvant qu'elle savait adapter sa pratique à n'importe quelle situation.

Deux mois en pleine jungle avec un ancien amant, ce n'était

pas une mince affaire, et elle redoutait un peu la réaction d'Arlo, surtout si Ollie n'avait pas eu les moyens de le prévenir. Bah, comme disait son père, « Accepte tout ce qui doit te permettre de parvenir à l'étape suivante », et comme l'étape suivante consistait à être un meilleur médecin, la perspective la réconforterait dans les moments de doute ou de difficulté. Elle songerait aussi que ces quelques semaines auprès d'Arlo lui offraient la promesse d'une vie amoureuse sereine et tournée vers l'avenir. En fait, c'était une bonne chose qu'elle se trouve dans le rôle du médecin assistant et qu'elle prouve sa valeur dans une équipe. Trop souvent, on lui reprochait d'être dans son coin, un peu solitaire.

Un héritage de son enfance. Tandis qu'elle grandissait, son père, photographe de reportages, se trouvait aux quatre coins du monde, de même que sa mère, actrice de cinéma… et fervente amatrice de tournages lointains. L'indépendance était donc la seconde nature de Layla. Une indépendance si totale qu'elle en devenait sans doute excessive, ce qui, parfois, n'était pas dans son meilleur intérêt, ainsi qu'Arlo le lui avait souvent fait observer. Du reste, Layla n'oubliait pas qu'elle devait ce trait de caractère à l'absence de ses parents durant sa jeunesse, des parents obnubilés par leurs carrières respectives. Longtemps, elle s'était protégée derrière le mur confortable de cette indépendance, au creux du nid solitaire où elle ne risquait pas de se sentir rejetée. Peu à peu, elle avait appris à trouver le bonheur… mais un bonheur très relatif. Car de plus en plus souvent, désormais, le souvenir d'une soirée devant une bouteille de vin et un saladier de pop-corn lui revenait en mémoire, comme symbole de l'époque la plus heureuse de sa vie. C'était pour cette raison, avant toute autre, qu'elle faisait ce voyage jusqu'en Thaïlande. Pour boucler une vieille histoire et s'en affranchir afin de se projeter dans un autre avenir.

Elle comptait bien se prouver à elle-même, en retrouvant Arlo, que les sentiments qu'elle avait eus pour lui correspondaient à un temps révolu, celui de la fin des études et, d'une certaine façon, de l'entrée dans l'âge des responsabilités.

Il y avait un bon moment qu'elle était perdue dans ses pensées et que la route faisait défiler les mêmes paysages. Était-elle perdue ? Il n'y avait plus de liaison satellite, là où elle se trouvait, et le GPS avait cessé de fonctionner. Elle roulait sur une voie qui, de chemin de terre, allait bientôt se muer en sentier de forêt – sans aucun revêtement de sol.

Ce qui n'était qu'un détail sans importance par rapport à ce qu'elle allait bientôt affronter : la survie sans eau courante, probablement avec de l'électricité sommaire et un confort inexistant. Cette vie qu'Arlo aimait passionnément depuis qu'il l'avait découverte auprès de ses parents...

Elle ralentit pour regarder autour d'elle. À première vue, la forêt thaïlandaise ressemblait à n'importe quelle forêt américaine mais... Éberluée, elle vit passer un homme sur un éléphant et manqua quitter la route en l'admirant. Pourtant, ce ne fut pas l'éléphant qui causa l'accident. Un simple nid-de-poule qu'elle ne repéra pas assez tôt – un énorme nid-de-poule, comme une crevasse – où son pneu avant explosa tandis qu'elle tentait à toute force de redresser le véhicule.

2

— Oh bon sang ! s'exclama Layla en faisant le tour de sa voiture accidentée pour la troisième fois.

Il fallait sortir le SUV de son bourbier, mais la marche arrière n'était pas assez puissante. De toute façon, même si elle avait pu garer le véhicule sur le bord de la route, elle ne savait pas changer un pneu – encore moins un pneu de ce volume. Elle jeta un regard désespéré sur l'écran de son téléphone mobile où le réseau refusait d'afficher la moindre barre de fonctionnement.

— Nom d'un chien, maugréa-t-elle entre ses dents.

Quelle réussite ! Elle n'était pas dans ce pays depuis plus d'une heure qu'elle se mettait toute seule dans une situation impossible ! Le premier test se révélait un lamentable échec. Que faire ?

Durant un bon quart d'heure, elle tâcha vainement de trouver une solution en lisant la notice du constructeur, puis en examinant le cric et l'énorme roue de secours. Impossible de s'en servir tant que l'axe de la voiture n'était pas rétabli.

Elle était prête à tenter, coûte que coûte, de démonter le pneu quand elle entendit un véhicule arriver. Aussitôt, ses espoirs s'emballèrent : un 4x4 conduit par un expert en mécanique, avec un peu de chance ? Peut-être même Arlo ?

Mais elle déchanta en voyant se profiler la silhouette d'un petit monsieur pédalant sur une sorte de tricycle muni d'une charrette à bras, elle-même remplie de fruits et d'herbes.

Il lui accorda un large sourire et, après une longue discussion que ni l'un ni l'autre ne comprirent, il souleva son chapeau de paille en guise d'au revoir et reprit son chemin, à la vitesse d'un escargot.

Médusée, Layla le contempla jusqu'à ce qu'il devienne un point sur la ligne d'horizon. Puis, ne voyant que faire d'autre, elle décida de prendre la même direction et de faire du stop. Si elle n'avait pas de chance, si plus personne ne passait sur cette route, de toute façon, elle finirait bien par tomber sur un village où elle demanderait un dépannage.

Une heure plus tard, tandis qu'elle progressait elle-même à un rythme peu productif, Layla s'arrêta pour contempler les efforts d'un cochon pour attraper ce qu'il faisait tomber d'un papayer. La scène était amusante, mais elle était incapable de la trouver fascinante – raison pour laquelle Arlo et elle avaient emprunté des voies distinctes. Il était intarissable, lui narrant chaque détail de la vie dans la jungle qu'il aimait tant. Au travers des descriptions qu'il lui faisait, elle parvenait à se représenter un monde où les rares êtres humains étaient profondément altruistes, mais que l'absence de toute commodité rendait trop âpre, trop compliqué. Ici, chaque aspect de la vie supposait des luttes et des efforts. Il n'existait aucun système de transport en commun, les routes elles-mêmes laissaient à désirer, et communiquer avec l'extérieur relevait du défi permanent.

C'était sa passion. Elle ne le lui reprochait évidemment pas. Mais pour sa part, elle n'était pas faite pour mener cette existence-là. Même ces deux mois risquaient de lui paraître une éternité...

— Toi et ta passion, Arlo, bougonna-t-elle en abandonnant le cochon pour reprendre sa route.

Au bout d'un kilomètre, à sa propre surprise, elle aperçut le petit homme qui se dirigeait vers elle. Étrange ; avait-il rebroussé chemin pour elle ? Devait-elle voir en lui le seul chevalier en armure étincelante apte à voler à son secours ? Vraiment ? Ce pauvre petit monsieur dont les cheveux gris commençaient à se clairsemer sur son crâne, et dont le visage émacié semblait allongé par sa petite barbichette ?

Comme de bien entendu, alors qu'il parvenait à sa hauteur, il était déjà en train de débiter tout un discours auquel elle ne saisissait pas un traître mot. Cependant cette fois, ses gesticulations prenaient un sens. Elle le fixa attentivement et demanda :

— Village après le figuier ? C'est ça ?

Oh Seigneur, si Arlo la voyait en ce moment, il serait certainement mort de rire. Elle essaya de répéter le nom du village que le petit homme répétait inlassablement, mais elle n'y parvint pas.

— Un gros figuier ? s'enquit-elle encore en écarquillant les yeux, comme son interlocuteur désignait du doigt un gros arbre dans le lointain.

Sans répondre, il se mit à rire et lui fit signe de s'installer sur son étrange attelage. Le chargement n'était pas le même, et Layla regarda les poules dans leurs cages, ainsi qu'un chien endormi devant elles.

Hum. Son taxi était avancé. Elle sourit à l'homme pour le remercier et se jucha sur son étrange engin. Un instant plus tard, elle sentit cahots et vibrations la secouer tel un prunier. Le trajet allait être long...

Elle lâcha un profond soupir. Cinq ans plus tôt, quand Arlo l'avait quittée en la traitant d'ambitieuse ne songeant à rien d'autre qu'à la réussite, elle en avait été blessée. Mais en cet instant, elle se réjouissait que son ambition l'ait conduite au cœur de la société moderne : la vie était déjà bien assez dure comme ça ! Alors peut-être qu'Arlo avait envie de ce genre de défi. Sans doute était-il meilleur qu'elle : pratiquer la médecine dans la jungle n'était possible qu'à condition d'être complètement désintéressé. De ce point de vue, elle en était certaine : jamais elle n'avait connu d'être humain plus généreux qu'Arlo.

Mais en ce qui la concernait, elle n'était pas capable de pousser l'amour de l'humanité aussi loin.

— De tous les médecins disponibles en ce bas monde, il a fallu que ce soit *toi* qu'il m'envoie…

Incapable de déguiser sa stupéfaction, Arlo secouait la tête. On aurait dit qu'il cherchait à chasser son incrédulité en la fixant intensément – comme pour se convaincre qu'il ne rêvait pas.

Il se mit encore à rire et ajouta :

— Te voir venir travailler dans la jungle est tout aussi inouï que si j'allais moi-même me mettre au service d'un grand hôpital de la ville. Mais il est certain que tu as toutes les qualités que je recherche chez un collègue, alors…

Il se mordit la lèvre et conclut :

— Sois la bienvenue, Layla.

Jusqu'à cet instant, elle ne l'avait pas regardé droit dans les yeux. Enfin, elle releva la tête vers lui, ignorant les battements affolés de son cœur. C'était lui. Exactement semblable à l'homme qu'elle avait connu cinq années plus tôt, il n'avait pas pris une ride. En fait, il était plus beau encore que dans son souvenir. L'air de la jungle devait lui réussir.

Ses cheveux blonds avaient encore éclairci sous le soleil, mais ils étaient aussi plus brillants et ondulés. La gorge sèche, elle suivit le mouvement souple de la mèche qui tombait sur son front lisse – cette peau couleur de bronze plus sexy que jamais. Son regard, un brin moqueur, était d'un bleu pur, profond et clair. Grand, athlétique, les épaules carrées, Arlo Benedict était toujours aussi bel homme. Mais ce qui faisait craquer Layla, c'était ses fossettes, au creux de ses joues, apparaissant chaque fois qu'il souriait.

— J'aurais préféré faire une entrée théâtrale, débarquer avec tambour et trompette mais… je n'ai pas choisi. Et pour répondre à ta question : oui, c'est moi qu'*il* a choisi de t'envoyer.

Arlo haussa les sourcils.

— Je ne comprends pas pourquoi il ne m'en a pas averti.

— Eh bien pour commencer, je crois qu'il a été aussi surpris que toi de me voir me porter volontaire à cette mission. Ensuite, il n'a pas réussi à te joindre.

— Hum. Je vois.

Il la considéra d'un œil perçant et reprit :

— C'est à propos du poste de chef adjoint en chirurgie, n'est-ce pas ? Dès qu'il m'a annoncé qu'il allait ouvrir les candidatures, je me suis douté que tu te battrais de toutes tes forces pour obtenir la place. Mais j'ignorais que la course d'obstacles pour gagner le gros lot incluait un stage dans la jungle... et que tu serais partante. D'autant plus qu'il y a cinq ans que nous n'avons pas échangé un mot.

— Trois, corrigea-t-elle. Nous nous sommes vus quand tu es venu lui rendre visite à New York.

— Un mot, Layla. Nous avons échangé *un* mot : tu m'as juste dit bonjour en me croisant dans le hall de la clinique.

Elle réprima un soupir et répliqua :

— Au moins, moi, j'ai dit un mot. Toi, tu t'es contenté de hocher la tête.

Il restait debout au bout du chemin, tandis qu'elle était toujours au fond de la carriole du vieux monsieur. Elle aurait aimé qu'il vienne l'aider à s'en extirper. Mais il gardait les bras croisés, exactement comme il le faisait du temps où ils se disputaient.

— J'ai été courtoise, insista-t-elle. Et j'étais pressée.

— Comme toujours, railla-t-il. Tu as toujours été pressée, Layla. Et je suppose que tu t'es hâtée de gravir l'échelle, sinon tu ne serais pas ici.

— Je n'en fais pas un secret, reconnut-elle. C'est vrai, j'ai de l'ambition.

— Je le sais, dit-il en souriant. Je crois que je l'ai su dès la première fois que je t'ai vue.

Oh ! naturellement, Arlo voyait en elle ce qu'il avait envie de voir. C'était d'ailleurs là une partie de leurs problèmes. Ce qu'il voulait, ce qu'elle espérait, ce qu'ils projetaient l'un sur l'autre... Et désormais, ce dont elle avait besoin.

— J'imagine que c'est une composante de mon maquillage,

répondit-elle en haussant les épaules. Mais je ne t'ai jamais entendu opposer la moindre objection, à l'époque.

Non sans précaution, elle prit appui sur ses bras pour s'extraire du petit coin où elle était calée, entre les caisses des poules. Puis, en tâchant de ne pas réveiller le chien, elle s'apprêta à sauter à terre.

— Parce que je n'en avais aucune envie, dit-il. Ton ambition me plaisait. Elle était exotique aux yeux de quelqu'un qui a été élevé par des parents prenant la vie comme elle vient. D'autant plus que j'ai fait mienne cette philosophie. Alors bien sûr, une personne armée d'une ambition aussi forte que la tienne… Je crois que je n'en avais jamais rencontré auparavant. Pas dans cette jungle où j'avais passé le plus clair de ma vie. Tu m'as ouvert les yeux sur cette réalité et puis tu étais si… Si séduisante !

Layla remit pied à terre, alla remercier le monsieur et lui donna les quelques pièces de monnaie locale qu'elle avait dans la poche. Puis elle s'inclina respectueusement, et il sourit avant de lui rendre sa révérence.

Ensuite, elle tourna la tête vers Arlo et répliqua :

— Jusqu'à ce que tu me quittes.

Elle venait d'apercevoir le vieux bâtiment en bois qui servait d'hôpital. Haussant les épaules, elle enchaîna :

— Écoute, ce n'est que pour deux mois. Tu as besoin d'aide, je suis disponible, alors…

— Alors tu t'offres à peu de frais une expérience de gentille doctoresse pour faire briller ton curriculum. Et dans ton viseur, il n'y a rien d'autre que ta promotion. Tu n'as pas changé, Layla. Et je te retrouve exactement là où je t'ai laissée, gravissant les marches une à une.

— Je ne suis pas la seule à monter cet escalier, nota-t-elle sèchement.

— Non, mais tu es la seule à venir jusqu'en Thaïlande uniquement pour impressionner ton patron. Et c'est énorme, même si tu ne veux pas l'admettre.

— Je suis également venue pour découvrir une pratique de la médecine que je ne connais pas, rappela-t-elle.

Et tenter de faire la paix avec son passé, ce qui semblait assez difficile à accomplir, songea-t-elle, la gorge nouée.

— Je t'avais fait moi-même cette proposition, accusa-t-il. Tu as oublié ?

— Mais c'était pour la vie entière, Arlo ! Tu voulais que nous prenions un engagement définitif alors que nous n'étions même pas...

Elle s'interrompit, se gardant bien de prononcer le mot « amoureux ». Malgré elle, elle sentit ses joues flamber. Il avait deviné de quoi elle parlait. Durant deux ans, ils avaient formé un couple dans tous les sens du terme, vivant sous le même toit, partageant tout... mais leur limite était marquée par un tabou. Ils n'avaient jamais posé de mots sur des sentiments qui n'avaient rien à faire dans leur convention. Et leur convention, c'était qu'au terme de deux années de cohabitation, chacun repartirait de son côté. Alors même si, à un moment donné, ils s'étaient un peu laissé prendre au jeu, allant jusqu'à croire qu'ils pourraient prolonger cette *cohabitation*, eh bien... Non. L'amour était une affaire bien trop compliquée.

— Ollie a prévu deux mois de mission. Je n'aurais jamais pu me lancer pour toute une vie, Arlo. Tu le savais depuis le début. Mais deux mois, je peux, toi tu as besoin d'aide. Alors je crois que cela peut se révéler bénéfique pour nous deux. Toi, tu as du soutien et moi, j'apprends des choses.

Elle n'allait tout de même pas lui avouer qu'elle avait également besoin de poser un point final sur leur histoire parce qu'elle ne parvenait pas à poursuivre sereinement sa vie affective !

Pour la première fois, elle se demanda où il en était. Vers la fin, quand ils s'étaient déchirés, elle avait eu l'impression qu'il en voulait davantage qu'elle, mais elle n'en était pas sûre. Et cela aussi, elle avait besoin de le découvrir.

— Tu penses sincèrement que venir donner un coup de main au petit-fils du patron va t'aider à monter en grade ? s'enquit-il.

Ollie n'aime pas du tout ce genre de choses, Layla. Je crois même que le fait de te porter volontaire pour cette mission pourrait jouer en ta défaveur, étant donné la façon dont nous nous sommes séparés. Il pourrait y voir là une tentative de manipulation. En tout cas moi, si j'étais à sa place, c'est sous cet angle que je verrais les choses.

— Il peut tout aussi bien voir dans ma démarche le désir d'enrichir mon expérience et d'améliorer mes techniques, objecta-t-elle.

Elle croisait les doigts, car elle espérait que cette initiative ferait toute la différence avec ses concurrents.

— Alors en attendant, j'ai ma trousse médicale mais toutes mes affaires personnelles se trouvent dans ma voiture, coincée au bord de la chaussée Dieu sait où. Est-ce que quelqu'un pourrait me dépanner ? La remorquer jusqu'ici ?

Elle leva les yeux sur le porche du bâtiment. Un panneau, un peu sali par la pluie, en révélait le nom.

— Non... C'est une blague ? souffla-t-elle, sous le choc. Tu as vraiment baptisé cet endroit l'Hôpital du Bonheur ?

Des années plus tôt, après avoir fait l'amour, ils avaient ri et plaisanté toute la nuit. À un moment donné, tandis qu'ils décrivaient, chacun à leur tour, l'hôpital dans lequel ils souhaiteraient travailler, tâchant ainsi de définir le lieu idéal, Layla avait décrit une sorte de palais de la haute technologie, et Arlo avait répondu qu'il voulait passer sa vie à l'hôpital du bonheur.

Jusqu'à cet instant précis, cet épisode était resté caché dans un coin de sa mémoire. Mais de toute évidence, Arlo n'avait pas oublié. Elle se sentit flattée que, dans une certaine mesure, Arlo ait pensé à elle en s'installant ici.

— Les choses sont simples, ici, Layla. Je sais que tu n'en as pas l'habitude, mais nous sommes heureux. C'est bien l'Hôpital du Bonheur. Quand nous n'avons plus assez d'insuline pour traiter les patients, ni les moyens de récupérer ce qu'il nous faut avant une quinzaine de jours, ou bien lorsque la commande d'un autre hôpital est prioritaire sur la nôtre et que la situation devient critique ici, nous pouvons nous appuyer sur ce que nous avons : le sens du bonheur, la force de caractère, la certitude qu'on s'en sortira en pouvant compter les uns sur les autres. Être heureux, c'est avant tout avoir cette confiance.

— Je... Je ne me moquais pas de ce nom, balbutia-t-elle. C'est juste qu'au beau milieu de la jungle, on a l'impression... Enfin, c'est inattendu.

— Ici, insista-t-il, les gens sont aussi heureux que là où tu vis. Tout est relatif à ce que l'on attend, à ce que l'on espère de l'existence.

— Et toi, Arlo ? Tu es heureux ? Oui je sais, tu m'as toujours dit que c'était ce que tu voulais, mais parfois, je me demande ce qui serait arrivé si tu avais repris la clinique chirurgicale de ton grand-père, ainsi qu'il le souhaitait, ou si tu avais simplement accepté les offres que plusieurs grands hôpitaux te faisaient, aux États-Unis.

Il sourit.

— J'étais heureux ici quand j'étais enfant, à déambuler de village en village avec mes parents, grâce à leur ambulance qui servait d'hôpital. Et je suis toujours heureux. C'est le choix que j'ai fait parce que je ne serais bien nulle part ailleurs. Je n'imagine pas exercer une autre médecine.

Layla hocha la tête. Arlo était toujours aussi sûr de lui, en marge, dans un monde bien à lui. Et il était, hélas, toujours aussi beau, charmant, admirable... Irrésistible.

3

Arlo n'avait jamais remis en doute sa décision. Durant le temps nécessaire à la bonne tenue de ses études supérieures, il avait vécu en mode sédentaire aux États-Unis, comme on l'attendait de sa part. Il s'y était conformé avec aisance et bonne humeur, parce qu'il avait toujours su qu'il repartirait dès son diplôme acquis. La jungle était son univers, sa passion, le lieu le plus cher à son cœur.

Du temps où il vivait avec Layla, c'était leur problème. L'horizon indépassable qu'elle ne voulait pas ou ne pouvait pas regarder en face. Elle restait convaincue que les choses seraient plus simples s'il acceptait un poste dans un hôpital ordinaire. Plus simples, sans doute, mais désastreuses – pour lui.

— Enfin bref, lança-t-il, je ne peux pas t'offrir un lieu de repos bien à toi. Mon assistant, Tallaja, a pris l'habitude de dormir dehors quand nous avons des patients hospitalisés, ou au bureau si nous n'en avons pas. Il est très flexible à cet égard, mais je ne m'attends pas à ce que tu sois sur la même longueur d'onde.

Elle haussa les épaules.

— Du moment que je peux faire ma nuit sous une moustiquaire, le reste m'est égal.

Arlo fut impressionné.

— Tu as fait tes devoirs, à ce que je vois.

— Je n'ai pas pour habitude de prendre des engagements à

la légère, Arlo, rétorqua-t-elle en passant devant lui pour gravir les petites marches du bâtiment de fortune.

Dans l'opération elle le frôla et, aussitôt, il sentit des frissons courir à la surface de sa peau. Une impression familière qu'il aurait préféré ne pas éprouver. Mais il en avait toujours été ainsi, chaque fois qu'elle le touchait. Même de façon innocente, comme maintenant. De toute façon, comment aurait-il pu la quitter des yeux ? Elle réapparaissait tel un fantôme, plus belle encore que cinq ans plus tôt. Son visage s'était légèrement émacié. Elle avait le teint diaphane et lumineux, de grands yeux noisette qui pouvaient virer au vert, quand elle se mettait en rage, et une chevelure épaisse, soyeuse, de la couleur d'un miel de montagne. Ils tombaient en carré sage sur ses épaules graciles. Mais ses seins avaient conservé leur rondeur, sa taille sa souplesse, ses hanches leur générosité.

Bon sang, pourquoi était-elle revenue dans sa vie ? Et pourquoi toutes ces pensées l'assaillaient-elles ainsi ? Juste au moment où il s'était résigné à passer le restant de sa vie seul, dans la mesure où il n'avait rien à offrir à une compagne. L'existence qu'il menait ici ne pouvait convenir à personne d'autre que lui.

Il en était déjà conscient à l'époque où ils vivaient ensemble, Layla et lui. Cela ne l'avait pas empêché de s'investir pleinement dans sa relation avec elle. Mais la certitude qu'il reviendrait dans la jungle faussait alors le jeu : il avait tracé cette limite, comme on trace un trait dans le sable. Puis, deux années durant, ils avaient fait semblant de l'ignorer. Arlo se berçait d'espoirs stupides, voulant croire que Layla le suivrait et, naturellement, à la fin, le jour où il lui avait demandé de venir avec lui en Thaïlande, elle avait refusé.

Quelle erreur. S'il s'était abstenu de faire cette demande, il n'aurait peut-être pas souffert aussi longtemps de ce rejet. L'amertume d'un tel échec avait été longue à faire passer, et lors des longues soirées solitaires, il lui arrivait encore de discerner son goût fielleux, quelque part au fond de sa gorge.

— Je t'en prie, vas-y, fais le tour du propriétaire, suggéra-t-il. Il n'y a pas grand-chose, mais... Ça pourrait être pire.

— Quelle est la capacité d'accueil ? s'enquit-elle.

— Dix malades, au maximum, en cas de situation extraordinaire. En temps normal, nous allons soigner les gens à domicile parce que c'est ainsi que cela se passe dans leur culture. On peut aussi les soigner in situ, n'importe où, au milieu de la jungle... Je ne me pose plus vraiment la question du lieu. Le véritable enjeu, c'est savoir ce qu'on doit soigner et avec quoi.

En effet, il s'agissait là d'un défi de tous les jours. Un défi qu'il voyait mal Layla avoir envie de relever. Oh bien sûr, quand ils étaient un couple, il avait rêvé qu'ils pratiquent à deux, fantasmant sur leurs aventures, en tant que duo inséparable... Avec le recul, il avait le sentiment d'avoir été atteint d'une folie douce. Layla nourrissait la même ambition pour eux à condition qu'ils gravissent ensemble les marches de la gloire au cœur des plus prestigieux complexes hospitaliers d'Amérique.

De toute façon, il n'aurait pas pu rester aux États-Unis : s'il jetait l'éponge dans cette zone de la Thaïlande, personne ne prendrait sa place, car aucun médecin ne voulait mener cette vie-là. Son angoisse à ce sujet l'avait souvent conduit à accuser Layla d'égoïsme, elle qui insistait tant pour le convaincre de rester en Occident.

— Ta seule option consiste à partager ma cabane, reprit-il. Tu n'y trouveras aucun confort, mais un peu d'intimité, enfin, de façon très relative : quand il y a urgence et que je ne suis pas à l'hôpital, les gens savent où me trouver, et ils n'hésitent pas à entrer...

De drôles de pensées lui vinrent à l'esprit. Du temps où ils étaient ensemble, Layla et lui passaient des soirées merveilleuses. Ils discutaient à bâtons rompus, ils riaient, ils trinquaient et parlaient encore, infiniment curieux de l'avis de l'autre, à propos de tout et de n'importe quoi.

Un vent de nostalgie le happa.

Oui, ils avaient été très heureux ensemble. Ils s'entendaient à merveille, avaient noué une belle complicité. Mais c'était fini depuis longtemps, et il avait intérêt à ne pas l'oublier. Il ne lui restait qu'à tourner la page, à conserver le meilleur souvenir de ces quelques années avec Layla, et à accepter d'être voué à la solitude.

— Ton inquiétude se lit sur tes traits, Arlo, observa Layla. Tu n'as pas à te ronger les sangs. Je suis capable d'assumer ce job, et mieux encore : j'en ai très envie.

— Parce que tu as besoin de ce trophée pour obtenir ta promotion, accusa-t-il sèchement.

— Mais oui, parfaitement. Je n'ai pas l'intention de mentir. Ollie a besoin de personnes aux reins solides dans son équipe de chirurgie, et il y a un bon moment que je joue ce rôle. Je n'ai pas honte de dire que je souhaite progresser, Arlo.

Il la contemplait d'un air dubitatif, comme s'il n'était pas pleinement convaincu.

— C'est curieux, parce que je t'ai toujours vue comme quelqu'un qui travaille dans son coin, qui n'aime pas beaucoup le travail *en équipe*.

Layla sourit et approuva :

— En effet. D'où ma présence ici. Tu me connais bien, Arlo. J'ai besoin de sortir un peu de ma coquille, et Ollie a besoin d'une chirurgienne adjointe capable de diriger, de seconder, d'administrer une équipe. Quant à mon démon de l'ambition... Oui, il est toujours là.

Durant un bref instant, il garda le silence. Enfin, il secoua lentement la tête et conclut :

— Je n'arrive toujours pas à croire que tu te trouves ici. Pour de vrai. Que ce soit bien *toi*, et que tu aies pris toi-même cette initiative. C'est inouï. Par curiosité, puis-je savoir quelle était l'alternative ?

— Médecine sportive auprès d'une équipe de football à Miami, en position d'assistante et pour deux mois, exactement comme ici. Alors tu peux comprendre que je me suis moi-même étonnée en levant la main, et en me portant volontaire pour la jungle thaïlandaise !

Elle hésita avant de poursuivre :

— J'ai peur de ne pas être à la hauteur de ce dont tes patients ont besoin, et j'ai peur de toi parce que… Toi, tu es comme un poisson dans l'eau, dans cet environnement. Pas moi.

Layla sentit son cœur se mettre à battre un peu plus vite. Arlo l'impressionnait. Elle savait qu'il était bien plus qu'un bon médecin : un exemple de compétence et de dévouement. Un cas à part.

— Je… Je ne veux pas échouer, Arlo, ajouta-t-elle. Je veux être le genre de personne qui s'adapte à toute situation et qui fait son travail le mieux possible. Tu sais à quel point je redoute l'échec, depuis ma plus tendre enfance. Alors pour moi, il s'agit quasiment de crever un abcès. Je mouille ma chemise en venant ici : tu ne peux pas ne pas t'en rendre compte. Et en mettant notre relation d'autrefois de côté, j'ai besoin de pouvoir te faire confiance à cent pour cent d'un point de vue professionnel.

Étrangement, ces aveux la réconfortaient. Elle n'était pas mal à l'aise en lui révélant ses faiblesses. Autrefois, elle avait déjà cette relation apaisante avec lui. Il ne la jugeait pas, savait lui manifester une complète bienveillance.

— Quand tu m'as connue, j'étais toujours dans mon coin. Il m'a toujours fallu fournir des efforts pour me fondre dans un travail d'équipe, et je suis consciente que c'est un problème. Ollie le sait aussi. Mais cette promotion est trop importante à mes yeux pour que je prenne le risque de ne pas l'obtenir. Il faut juste que je la mérite.

— Je vois, répondit-il, un sourire au coin des lèvres. Tu es en train de me dire que tu es venue jusqu'ici de ton plein gré. Je croyais qu'Ollie t'avait ligotée, bâillonnée et jetée de force dans un avion.

Elle rit avec lui.

— Non, il n'en a pas eu besoin !

De toute son âme, elle voulait devenir un meilleur médecin. Même si Arlo la voyait comme une ambitieuse, une femme matérialiste adorant la compétition professionnelle et la superficialité de la vie urbaine, elle savait qu'au fond d'elle-même, il y avait autre chose. Sa vocation était de soigner, et elle voulait passer toute sa vie à progresser dans cet art.

— Eh bien il a réussi là où j'ai échoué, observa Arlo, une note amère dans la voix.

— Seulement pour deux mois, rappela-t-elle en admirant une nouvelle fois sa silhouette athlétique.

Il était vêtu d'un bermuda kaki et d'un T-shirt délavé déclamant la fameuse phrase de Voltaire : « L'art de la médecine consiste à distraire le malade pendant que la nature le guérit. » Et alors qu'il paraissait essentiel de porter des bottes dans un pays pareil, il était chaussé... de sandales.

Le plus frappant dans son allure générale, ce que n'importe qui percevait au premier coup d'œil, c'était qu'il ne faisait qu'un avec le décor. On aurait dit que sa place était ici, qu'il le savait, et qu'une harmonie d'ordre magique régnait dans cet hôpital. De son côté, Layla n'avait pas encore découvert ça : son nid, sa place, l'hôpital idéal pour sa pratique.

Oh ! naturellement, elle trouvait son équilibre au sein de la clinique d'Ollie, mais... Était-elle aussi radieuse qu'Arlo ? Pouvait-elle dire qu'elle *adorait* ça ?

— J'aime ton sens de la précision, Layla, répliqua-t-il d'un ton moqueur. Tu ne laisses rien passer.

Elle haussa les épaules et le toisa d'un œil espiègle.

— Peut-être que mon charme tient aussi au fait que je ne suis pas facile ?

Il sourit.

— Tes charmes se comptent par centaines, Layla, mais je crois que tu te porterais mieux si tu le savais.

— Hum... C'est un compliment ?

— Bien sûr que c'est un compliment. J'irai même plus loin : le fait que tu ignores à quel point tu es charmante te rend plus indépendante, et c'est un autre argument de séduction. Personnellement, j'aurais sans doute préféré, dans le passé, que tu sortes de ta coquille, comme tu dis. Mais c'est un trait de personnalité qui te distingue des autres. Tu es unique.

Malgré elle, elle se sentit rosir sous le compliment.

— Les autres, répéta-t-elle très bas. Ah, oui, bien sûr ! Toutes les filles qui sont peut-être venues te poursuivre, jusque dans la jungle... Je n'ai pas oublié ta popularité auprès des internes, à l'hôpital. Tu étais la coqueluche de ces dames. J'imagine que tu ne manques pas d'admiratrices, Arlo ?

Il fronça les sourcils.

— Non, aucune fille n'a retenu mon attention de la façon que tu suggères.

Elle ne put s'empêcher d'insister :

— Tu as quelqu'un dans ta vie ? Tu es marié, ou en couple ? Ollie ne m'a rien dit.

— Non, je n'ai personne. Quelque temps après mon retour ici, j'ai eu une petite amie à Bangkok, mais ça n'a pas marché. Elle demandait toute mon attention, exigeait que je prenne un poste dans un hôpital là-bas. Et moi, j'ai refusé de quitter ma jungle. Au bout de six mois, elle a fini par rencontrer quelqu'un de plus conforme à ses attentes.

— Oh. Navrée de l'apprendre.

— Ne le sois pas. C'est le sens de mon destin : je ne peux pas entretenir une relation en vivant ici. Je ne gagne pas d'argent, et je vis dans un dénuement... Eh bien tu vas le constater par toi-même. Je ne possède rien. Je travaille à un rythme effarant. Il serait profondément injuste de demander à quelqu'un de subir cette existence. À ce propos, je dois te dire que si je ne comprenais pas ton refus autrefois, je te donne entièrement raison aujourd'hui. La colère et la déception m'aveuglaient alors que maintenant, je vois bien que je n'ai rien à offrir à une compagne.

— C'est absurde. Tu as ta personnalité à offrir, et de l'amour à partager. Si quelqu'un t'aime, c'est assez.

— Bien sûr que non, Layla, ce n'est pas assez, contra-t-il. Tu es bien placée pour le savoir. J'ai fait une promesse à ma mère et désormais, beaucoup de gens dépendent de moi. Si je pars, il sera difficile de trouver un candidat pour me remplacer. Mais toi ? Tu as une vie sentimentale épanouie ?

— Non, j'ai également vécu une histoire décevante à tous points de vue. Une fille qui a le cœur brisé choisit trop souvent un garçon qui ne lui convient pas, et si lui-même a eu le cœur brisé, ils vont passer leur temps à tenter de conjurer leurs démons, réparer les erreurs de l'ex... Non, ça ne peut pas marcher.

Il secoua tristement la tête.

— Je suis désolé de l'apprendre, surtout si j'ai eu un rôle là-dedans.

Layla afficha un sourire positif.

— La vérité, Arlo, c'est que... je ne sais pas ce qu'est l'amour. L'affection de mes parents est l'expression d'un devoir, ils ne savent pas me donner d'autre forme d'amour que le confort matériel. De mon côté, j'ai vraiment essayé de le donner et de le recevoir. Je crois qu'avec toi, c'est ce que j'ai ressenti. Mais Brad... C'était une relation de transition, je suppose.

— C'est inévitable, Layla. J'ai vécu quelque chose de similaire avec Gayle : il fallait combler des vides, réparer quelque chose qu'une autre personne a brisé.

Elle haussa les sourcils.

— Ah ? Pour toi aussi, c'était une transition ?

— Disons plutôt une réadaptation.

Elle s'esclaffa.

— J'aime beaucoup cette nuance. Moi aussi, je pense que j'ai cherché à me réadapter.

Se réadapter après la vie avec Arlo. Après une histoire merveilleuse qui avait tourné au vinaigre durant les derniers mois. Et maintenant, elle était là...

— Et si tu me montrais ta fameuse hutte ? proposa-t-elle.

Il parut estomaqué par sa réaction.

— Tu es certaine de vouloir faire ça ? interrogea-t-il. De vouloir rester avec moi ici, après que...

— Partager une chambre pour les siestes obligatoires... On l'a déjà fait, tu te souviens ? Quand nous étions de garde, que nous ne pouvions dormir qu'une heure par-ci, une heure par-là durant un week-end entier ? Nous prenions un lit du dortoir, dans l'alcôve, en priant pour que le voisin ne ronfle pas !

Elle fronça les sourcils et ajouta :

— Tu ne t'es pas mis à ronfler, n'est-ce pas ?

— Jamais reçu de plainte, répondit-il en riant. Les nuits où je dors ici pour veiller sur les patients, ils ne m'ont rien dit. Chaucy non plus.

— Chaucy ? Qui est-ce ?

— Oh ! tu vas faire sa connaissance. Tu vas même sans doute devoir également partager le lit avec lui.

Intérieurement, Layla commençait à s'inquiéter, mais le regard d'Arlo pétillait, et ses fossettes venaient d'apparaître. Son cœur battit un peu plus fort. Elle aimait le retrouver ainsi.

— Suis-moi, dit-il.

— Pas de porte ?

Layla souleva le filet de moustiquaire à l'entrée de la hutte.

— Pas encore. Elle figure sur la liste des aménagements demandés en faveur de l'hôpital, mais ce n'est pas ma priorité.

Layla balaya du regard l'intérieur de la vieille cahute située tout près du bâtiment principal. Un coin de la pièce servait de kitchenette, avec son évier et sa gazinière antédiluvienne ; dans un autre était installé un bureau près d'une modeste étagère croulant sous les dossiers. L'ameublement était spartiate – deux sièges, une table, un canapé. Enfin, derrière un mince rideau, l'espace chambre se devinait.

C'était propre, bien rangé... Cet endroit ressemblait à Arlo, songea-t-elle. Elle avait toujours admiré sa façon de vivre, dans la simplicité et la souplesse.

— Si je comprends bien, il n'y a pas de… salle de bains ? interrogea-t-elle.

— Elle est à l'hôpital. Quand on en a pris l'habitude, ça ne pose pas de problème. Et ici, tu peux prendre une douche froide juste au dehors, grâce au pommeau fixé au mur. Ou chauffer plusieurs baquets si tu préfères un bon bain chaud, ajouta-t-il avec un sourire railleur.

Puis il plongea son regard dans le sien et reprit :

— Tu ne le croiras peut-être pas, mais j'ai vécu dans des abris bien plus primitifs que celui-ci. Pour moi, c'est le grand luxe.

— Primitif… Comme le chalet où nous avons séjourné dans les montagnes Catskill ? Tu te souviens ?

— Pas vraiment. Il y avait un système de plomberie à l'intérieur, rappela-t-il.

— Oui mais pas de chauffage. J'ai dû rentrer le bois et alimenter la cheminée… Alors que dans mon univers, il suffit d'appuyer sur un bouton pour avoir de la chaleur dans toute la maison.

Malgré cela, leurs vacances en amoureux avaient été idylliques, se souvint-elle. La neige au dehors, le feu dans le chalet, un gros édredon, du chocolat chaud… Quand ils ne restaient pas au lit à faire l'amour, ils se lançaient dans de grandes parties d'échecs. Oui, c'était un moment parfait.

Elle s'arracha à la magie de sa mémoire et contempla les murs.

— Pas d'interrupteur non plus ? s'enquit-elle.

— Il y a un générateur pour l'électricité, mais je préfère utiliser une lampe au kérosène afin de limiter les dépenses. Ainsi que des bougies, car je bénéficie d'un large stock : une femme du village en fabrique pour moi.

Ollie avait bien tenté de la prévenir que son petit-fils menait une vie sur un mode peu orthodoxe. Layla l'avait ignoré. Elle commençait à se demander si le vieil homme savait *réellement* à quoi ressemblait le quotidien d'Arlo…

Bien, ce n'était que pour deux mois, se répéta-t-elle. Elle pouvait survivre sans une véritable salle de bains durant deux mois. Elle pouvait apprendre à allumer des bougies dès qu'elle entrait dans une pièce le soir. Ce n'était pas la fin du monde. Malgré elle, d'autres souvenirs de leur vie commune l'assaillirent. Il y avait eu ces merveilleuses vacances dans les Catskill. Mais aussi leurs déambulations sur les marchés, chaque dimanche. Le soir, ils se lisaient des romans à voix haute. Elle aimait Charles Dickens, lui Stephen King. Chaque fois qu'elle finissait plus tard que lui, à l'hôpital, il venait la chercher pour l'escorter jusque chez eux. De même qu'il vérifiait régulièrement l'état de sa voiture. Oui, il y avait toutes ces petites choses, ces détails qui, mis bout à bout, faisaient toute une vie.

Elle déglutit lentement. C'était à prévoir. Elle s'y était préparée. En retrouvant Arlo, en lui faisant face, c'était leur passé qu'elle regardait droit dans les yeux.

Impossible de nier qu'elle l'avait aimé – éperdument. Cette évidence la bouleversa si profondément qu'elle en regretta presque, durant une fraction de seconde, sa décision de venir en Thaïlande.

Mais non. Au contraire, elle avait bien fait. Car il lui semblait plus indispensable que jamais de tourner la page de sa relation avec Arlo Benedict.

— Et tu parviens toujours à te débrouiller avec si peu ? demanda-t-elle.

Comme il acquiesçait d'un hochement de tête, elle se sentit emplie d'un sentiment de profonde admiration pour cet homme.

Il avait réussi ce qu'elle espérait réussir un jour : trouver sa place, y être heureux. Et en cet instant, elle avait envie qu'un jour, Arlo éprouve le même respect vis-à-vis d'elle. Elle n'aurait su dire pourquoi, mais rien ne semblait plus important.

4

— Tu plaisantes ! Tu ne peux pas récupérer des antibiotiques ?

Layla n'en croyait pas ses oreilles. Après inspection de la pharmacie, elle finissait de dresser l'inventaire qui tenait sur une page simple. Mieux valait qu'elle se garde de comparer ce maigre butin avec les douzaines d'armoires dont elle disposait dans sa clinique.

Le plus étonnant était qu'Arlo semblait se satisfaire de cette misère.

— Si, je peux. Mais c'est compliqué. Les médicaments que je reçois sont gratuits, cependant je dois attendre que le contingent qui m'est attribué soit expédié au grand centre hospitalier régional. Encore faut-il s'y rendre... Ce qui est rarement simple pour moi. Or si j'envoie quelqu'un d'autre, il faut que ce soit une personne dotée de qualifications médicales.

— Je croyais que tu avais un assistant ? s'étonna-t-elle.

— C'est un étudiant, Layla. Pour le moment, il fait un excellent infirmier, mais il n'a ni le diplôme ni les autorisations lui permettant de se charger de cette responsabilité. C'est une aide-soignante qui me porte la livraison dès qu'elle le peut, mais ils sont surchargés, là-bas. Ce qui signifie que parfois, je dois me montrer patient et attendre un peu mon ravitaillement.

— Mon Dieu... Je ne me rendais pas compte que la situation pouvait être aussi complexe même quand les médicaments sont disponibles.

Dans l'univers qui était le sien, un simple coup de fil à la pharmacie suffisait à ce qu'elle obtienne n'importe quelle molécule médicamenteuse en moins de cinq minutes...

— Alors tu stockes ? interrogea-t-elle. Tu essaies d'augmenter les réserves pour les moments de pénurie ?

— Autant que possible. Cela dit, comme tu le constates, mes capacités de stockage sont limitées.

Comment avait-il pu choisir une situation pareille au lieu de venir travailler auprès de son grand-père ? se demanda-t-elle pour la centième fois.

— Ma foi, je t'avoue que je suis perdue, Arlo, soupira-t-elle. Ce que je vois ne correspond pas du tout à ce que tu m'as décrit quand tu me parlais de revenir t'installer dans la jungle. Je me représentais une petite clinique, modeste mais moderne et bien équipée. Pas un bâtiment austère, sans personnel ni pharmacie convenablement alimentée.

— Pourtant, je t'assure que j'ai toujours su à quoi m'attendre. Ça n'a jamais ressemblé à autre chose, ici. Tu as dû te faire des idées à partir de ce que tu connaissais déjà.

— Tu as un lit ?

— Oui, bien sûr. Je te le donne volontiers. Mais c'est moins un lit à proprement parler qu'un matelas posé par terre.

— Je vois. Avec les toilettes de l'autre côté du terrain...

Il sourit.

— N'oublie pas qu'autrefois, même chez nous, aux États-Unis, le camping, c'était ça.

— Je le sais, Arlo. Et je peux m'en contenter pendant deux mois. Ce n'est pas la question. Toi, tu comptes passer le reste de ta vie ici. Et tu fais comme si tes besoins n'existaient pas, tu ignores les...

— Oh ! Layla, coupa-t-il d'un ton triste. Tu ne comprends toujours pas, n'est-ce pas ?

— Je crois que si, je comprends, opposa-t-elle.

— J'aimerais en être certain. Mais tu as besoin de repos. Viens avec moi.

Comme il l'invitait à sortir de l'hôpital, elle le suivit vers la cahute. Quand ils parvinrent dans la pièce principale, il tira le rideau d'une minuscule alcôve, et elle vit un matelas posé sur le sol. Une petite étagère servait de table de nuit. Elle y vit une bougie et une bouteille d'eau. C'était propre, mais très rudimentaire.

— Voici ta chambre. Tu as de la chance : Chaucy ne s'est pas installé dans ton lit. Alors si tu veux, fais une sieste. Pendant ce temps, je vais trouver quelqu'un pour réparer et ramener ta voiture ici.

— Mais toi ? demanda-t-il. Où dormiras-tu si tu me donnes ta place ?

— Derrière le rideau, sur un futon qui est rangé là-bas, dit-il en désignant le fond de l'espace salon.

Layla leva les yeux vers le plafond. Il fuyait. Sous deux ou trois tuiles, le bardage était fendu. Une sorte de cliquetis doux et régulier résonnait dans la hutte : il s'était mis à pleuvoir – un ruissellement qui filait au coin du mur, loin du matelas, mais... dans la pièce.

Naturellement, cette pluie allait changer le sol extérieur en boue bien pâteuse et glissante... Et Layla devait s'estimer contente de ne pas partager ce coin avec le fameux Chaucy !

— J'espère que ton ami Chaucy a pris son parapluie avant de quitter ta cahute, observa-t-elle.

— J'en ai un à te prêter. Mais si tu sors maintenant, tu devras être vigilante car les serpents adorent sortir par temps d'averse.

À ces mots, elle resta un instant estomaquée, avant de lâcher :

— Sérieusement ?

— Oh oui ! Mais ne t'inquiète pas : les réserves d'antivenin sont imposantes.

— Tu essaies de te débarrasser de moi, Arlo ? s'enquit-elle d'un ton méfiant.

Déjà, quand il lui avait montré la salle d'examen de l'hôpital, elle avait eu l'impression qu'il se moquait d'elle. Jamais elle n'avait vu un endroit plus spartiate : une table à l'ancienne et quelques petits placards pleins du matériel élémentaire – désinfectants, coton, bandages, compresses etc.

Pour la première fois, Layla s'était alors demandé pour quelle raison elle s'était portée volontaire pour rejoindre Arlo Benedict dans la jungle. Un hôpital miséreux, des serpents partout, des pluies torrentielles, un dénommé Chaucy avec qui elle allait devoir partager son lit, le face-à-face avec Arlo...

Oui, elle devait avoir perdu l'esprit, ce jour-là. Mais en dépit de ses déceptions, de toutes les difficultés à affronter, une seule chose comptait : devenir un meilleur médecin.

— Qu'est-il arrivé à ton dos ? demanda Layla.

Comme ils s'apprêtaient à soigner un petit garçon âgé de six ans qui s'était égratigné le bras, Arlo n'avait pu réprimer une grimace en se tenant les reins.

Elle fit signe à l'enfant de s'installer sur la table d'examen, et il s'exécuta aussitôt. Elle commença à nettoyer la plaie.

— Je me suis fatigué les lombaires, admit-il, surpris de son attention.

Mais qu'y avait-il de surprenant à cela ? Layla avait toujours manifesté un ton d'observatrice exceptionnel, notamment en ce qui le concernait. Il se rappela que, chaque fois qu'il se sentait d'humeur sombre, durant leur internat, alors qu'il faisait tout pour le cacher, elle le devinait immédiatement. Comme si elle possédait un instinct particulier, une sorte de sixième sens pour tout ce qui l'affectait.

— Je suis tombé du toit, expliqua-t-il. Disons plutôt que le toit s'est fendu sous mon poids, d'où la fuite au plafond de ta chambre.

Comme Layla avait terminé le pansement, elle prit son stéthoscope afin d'ausculter Chanchai. Impressionné par l'instrument, le garçonnet lui lança un regard empreint d'appréhension. Arlo entreprit de le chatouiller sous les bras et, dès que l'enfant se mit à rire, il lui promit un bonbon après l'examen.

— Dois-je te demander ce que tu fabriquais sur le toit ? demanda-t-elle, amusée.

— Pas si tu ne souhaites pas entendre parler de Chaucy.

— Encore ton mystérieux partenaire... Eh bien, que fabriquiez-vous tous les deux juchés là-haut ?

— Il n'arrivait pas à redescendre seul. Il a fallu que j'aille l'aider, dit-il en regardant Layla terminer l'auscultation du petit.

Dès que ce fut fait, il ouvrit le tiroir à bonbons, en tendit deux au garçonnet, et celui-ci disparut sans autre forme de procès.

Layla écarquilla les yeux.

— Les enfants viennent toujours seuls se faire soigner, par ici ? interrogea-t-elle en fronçant les sourcils.

— Leur maturité est plus précoce que chez nous, rappela-t-il. Tu as le sentiment d'avoir vu un tout jeune enfant, mais dans son village, il est déjà un membre actif et important de la communauté active. Tu as vu sa plaie : ce n'est pas joli mais cela n'a rien de grave, il s'est écorché sur le filet à poissons. Dès demain, il sera au travail.

— Voyons, à six ans, on n'est encore qu'un...

— Je sais, interrompit-il. Selon les critères occidentaux, c'est vrai. Et tu as toujours été très attentive au bien-être des enfants... D'ailleurs, je m'étonne que tu n'aies pas choisi la pédiatrie.

— Justement, acquiesça-t-elle, c'était mon point sensible, et j'ai besoin de garder la tête froide pour être un bon médecin avec mes patients. J'ai vu trop de choses qui m'ont brisé le cœur en pédiatrie. J'ai besoin de détachement.

Elle parut hésiter et ajouta :

— J'espère quand même être utile à ton Chaucy. Quel âge a-t-il ?

Comme elle rangeait les pansements il jeta un coup d'œil par la fenêtre, en direction de sa cahute.

— Eh bien je crois qu'il est rentré. Tu veux venir faire sa connaissance ? Suis-moi, je vais également te présenter Samron.

Comme il sortait, il fit signe à la vieille dame qui venait

s'occuper du ménage de l'hôpital plusieurs heures par jour. C'était une veuve du village voisin, qui se chargeait aussi de la lessive et de la préparation des repas pour les patients. Elle aimait être occupée. Elle tenait, en outre, le rôle de réceptionniste, accueillant les patients qui se présentaient à l'Hôpital du Bonheur.

— Bonjour, Samron, dit-il en thaï. Je retourne à la cahute un moment. Appelez-moi en cas de besoin.

— Entendu, répondit-elle. Avec la jolie doctoresse... C'est votre femme ?

Arlo s'esclaffa et se retourna vers Layla.

— Ils veulent tous me caser, me contraindre à me marier et à fonder une famille. En général, j'ai droit à un rendez-vous arrangé une ou deux fois par mois. La sœur, la cousine ou la fille d'un homme du village.

— C'est flatteur ! répondit-elle. Au moins, ils se soucient de toi.

— Oui, peut-être un peu trop.

Il se retourna vers Samron et opposa :

— Pas ma femme. Non. Nouveau docteur. Doc Layla.

La vieille dame hocha la tête, mais son sourire était éloquent : elle tenait à les voir ensemble.

— Doc Layla, répéta-t-elle en s'inclinant poliment devant la jeune femme.

Layla lui rendit la politesse.

— Elle a l'air charmante, commenta-t-elle.

— Oui. Et indispensable. Elle est également bénévole à l'école et le week-end, elle va aider les jeunes mères pour leur permettre de se reposer. C'est une personne très respectée dans le pays.

Ils traversèrent le terrain menant à la cahute, et Arlo fit signe à sa compagne de le précéder à l'intérieur. Puis, d'un geste théâtral il tira le rideau de l'alcôve et...

— Mais qu'est-ce que c'est que ça ? lâcha Layla en ouvrant des yeux ronds.

— C'est Chaucy. Mon chat musqué. Une civette, si tu préfères. Je suis ravi que tu rencontres enfin mon colocataire.

Visiblement désarçonnée, Layla contemplait l'élégant animal dont la fourrure mouchetée et la longue queue rappelaient la physionomie du chat, même si sa tête et ses yeux cernés de noir tenaient plutôt du raton laveur.

— Une civette ? Qu'est-ce que c'est ? interrogea-t-elle.

— Comme tu le vois, elles sont un peu plus grosses que les chats et ont un museau de rongeur. Elles vivent la nuit et ont des yeux très phosphorescents dans le noir.

Elle secoua lentement la tête, comme incrédule.

— Arlo, cet animal sauvage n'est-il pas parfaitement capable de se débrouiller pour grimper sur un toit ou en descendre ? Je croyais que dans la jungle, c'était le minimum !

— C'est vrai, mais Chaucy est handicapé. Il avait une patte fracturée quand je l'ai trouvé. Je l'ai soigné, il s'est rétabli, mais il souffre d'une raideur : rien ne l'empêche de grimper aussi haut qu'il le souhaite, en revanche, il a du mal à redescendre.

— Et tu en as fait un chat de compagnie ?

— Presque, acquiesça-t-il avec un sourire. Tu vas voir, tu vas t'habituer à sa présence.

Non sans hésiter, Layla fit quelques pas en direction de la créature lovée sur le couvre-lit.

— Il est très propre, reprit Arlo. C'est pour ainsi dire un animal domestique. Il ne va presque plus dans la jungle, il reste dans les environs. Par ici, tout le monde le connaît, on le caresse on lui donne à manger... Ce qui l'a rendu paresseux. Il ne mord pas, et il n'émet pas d'odeurs désagréables.

— Il est très beau, souffla-t-elle en l'admirant, sans le déranger.

Elle se redressa et se tourna brusquement vers lui.

— Comme tu n'as pas de toilettes, je suppose qu'il est inutile de te demander quelle est la direction à prendre pour me plonger dans un jacuzzi avec bulles et serviettes chaudes à la sortie ?

Il rit.

— Oui, mais je peux en revanche t'indiquer la direction d'une petite cascade à moins d'un kilomètre de distance, où l'eau est encore assez tiède à cette époque de l'année. Les rochers à côté sont juste sous le soleil : tu pourras les considérer comme des serviettes chaudes.

— Plus tard peut-être. Je n'ai pas de vêtements de rechange, tout est dans ma voiture.

— Tu vas la récupérer d'ici deux jours, promit-il. Notre garagiste local s'en occupe. En attendant qu'il passe déposer tes valises, si tu as besoin de quoi que ce soit, sers-toi dans la salle de bains de l'hôpital ou dans ma garde-robe. À propos...

Il fronça les sourcils, comme une inquiétude le gagnait. Layla était une femme élégante. Coquette. Soignée.

— Quand tes valises seront là, enchaîna-t-il, il faudra que tu en ranges le contenu dans cette modeste armoire, là. J'ose espérer que tu as perdu le goût de collectionner les chaussures, comme autrefois ? Tu n'en as pas emporté une centaine de paires ? Parce qu'il n'y a pas d'espace où les mettre...

— Je ne voyage jamais avec plus de quarante paires, Arlo, répliqua-t-elle d'un ton sarcastique. Sauf si tu comptes mes bottes.

Il éclata de rire. Il avait toujours beaucoup apprécié son humour. Elle avait l'esprit vif et l'art du bon mot. C'était une des raisons qui les poussait à passer la plupart de leurs soirées libres en tête à tête, autrefois. Oh bien sûr, il leur arrivait de sortir avec leurs amis, d'organiser des dîners à plusieurs, mais ce qu'ils aimaient par-dessus tout, c'était rester tous les deux à parler, faire l'amour et plaisanter, échanger des confidences.

Et ces moments-là étaient probablement les meilleurs de toute sa vie. S'il voulait être honnête, il devait admettre que Layla avait été sa plus fidèle confidente et sa meilleure amie. Sa complice. Son âme sœur.

Une lame d'acidité lui transperça l'estomac et il s'éclaircit la gorge pour observer :

— Il est difficile de te résister, Layla. Dieu sait que j'ai essayé sans y parvenir, lorsque j'étais seulement ton colocataire.

Évidemment, je n'ai pas tenu longtemps : peut-être deux ou trois jours... Quoi qu'il en soit, aujourd'hui, je ne peux plus m'autoriser de distraction. Je dois rester concentré du matin au soir.

Au moment où il réalisait combien ses paroles étaient maladroites, il était déjà trop tard. Le visage de la jeune femme s'était refermé, et elle rétorqua d'un ton sec :

— Moi aussi, je tiens à rester concentrée, Arlo. Oui, j'étais ta distraction, et tout le problème était là. Mais j'ai mûri. Rassure-toi, je n'ai pas l'intention d'être la distraction que quiconque, désormais... Plus jamais.

Serrant les poings, elle conclut :

— Je vais me laver. J'en ai pour un petit quart d'heure. Si des patients arrivent, dis-leur que le Dr Layla Morrison vient les chercher tout de suite.

5

L'après-midi touchait à sa fin quand Layla trouva le courage d'aller rejoindre son associé – de lui faire face. Il n'avait pas été agréable d'entendre Arlo sous-entendre qu'à New York, quelques années auparavant, elle n'aurait été qu'une distraction pour un étudiant achevant sa médecine et ne rêvant que de se terrer dans les tréfonds de la Thaïlande. Mais n'était-elle pas venue pour ça ? Pour regarder le passé en face afin de tourner la page ? De toute façon, elle savait qu'il ne le pensait pas. Ils avaient vécu deux longues années ensemble – ça, c'était bien réel.

Fort heureusement, la journée était bien remplie, l'obligeant à penser à autre chose qu'à sa vie sentimentale d'autrefois, et Layla avait pu se consacrer à sept patients – non sans l'aide de Samron qui lui avait servi d'interprète.

— Tu as déjà dîné ? s'étonna-t-elle en le trouvant installé à table dans la cahute.

— Les patients qui viennent me trouver directement ici aiment me porter à manger, expliqua-t-il.

Il lui tendit un plat en bois.

— *Khao pad*, enchaîna-t-il. Du riz frit avec des légumes et du porc. Il y a aussi une salade de fruits.

— Oh...

Elle déglutit lentement et murmura :

— Eh bien je ne sais que te dire, sinon merci, et... Je suis désolée. Je n'aurais pas dû réagir aussi vivement, tout à l'heure. Durant quelques secondes, j'ai eu l'impression d'être revenue en arrière, du temps où nous étions un couple, et... Bref. Ma réaction était déplacée.

— Mes propos aussi. Je n'ai jamais pensé que tu étais une distraction pour moi. Tu sais que ce n'était pas le cas. Je regrette de m'être aussi mal exprimé.

Comme elle souriait, il indiqua un coin de la pièce derrière elle et précisa :

— Mon garagiste a déposé tes valises. Il pense réparer ta voiture en quelques jours.

— Formidable ! s'écria-t-elle. Alors, où puis-je ranger mes quarante paires d'escarpins ?

Il se mit à rire.

— Il va vraiment falloir que je réfléchisse pour trouver une réponse adéquate, avoua-t-il avant de se lever, d'attraper une boîte d'allumettes et d'allumer un feu dans le poêle.

Intriguée, elle le regarda faire. Ses gestes étaient précis. Il semblait détendu.

— Tu as changé, dit-elle en allant s'asseoir et en se servant une assiette de *Khao pad*.

— Vraiment ?

Il lui lança un regard inquisiteur.

— En quoi ? Si c'est en mal, je t'en prie, mens ! Je sais que la jungle peut se montrer cruelle avec la jeunesse de l'épiderme... Ainsi que le climat étrange que nous avons ici.

— Non, ce n'est pas cela.

Pouvait-il ignorer à quel point il était séduisant ?

— Au contraire, enchaîna-t-elle, tu as évolué, mûri... Je te trouve plus serein.

— Hum. La sagesse, tu crois ? C'est possible. Durant notre internat, les souvenirs que j'avais de la jungle étaient peut-être idéalisés. J'avais eu une enfance si parfaite... Mais lorsque je suis revenu, j'ai dû affronter un monde où ma mère n'est plus, et où mon père n'est plus le même. En fait, il est resté le temps qu'il a fallu pour que je trouve mes marques, puis il s'est empressé de poursuivre sa vie ailleurs, me laissant avec ma perplexité.

Je revenais vivre dans la bulle qu'ils avaient créée, or il a fallu que je me bâtisse mon propre univers. Alors oui, durant ce processus, j'ai dû mûrir un peu.

— Sache que cela te va très bien, dit-elle en posant ses couverts dans son assiette.

Puis, elle attrapa deux morceaux de mangue dans le saladier de fruits.

— Toi aussi, tu as changé.

Elle releva les yeux vers lui. Il la fixait avec une attention soutenue.

— Tu étais plus réservée. Moins sûre de toi. Pendant que nous étions ensemble, je t'ai vue sortir peu à peu de ta coquille, mais jamais jusqu'à ce point. Je te trouve épanouie, Layla. Au lieu de parler de ce que tu veux, tu te retrousses les manches, et tu as bien mérité ton succès.

Venant de lui, ces compliments la touchaient tellement qu'elle sentit un picotement dans ses yeux.

— Je crois que je vais retourner à l'hôpital, annonça-t-elle en se levant. Je vais vérifier que tout ce que j'ai utilisé aujourd'hui est bien remplacé dans chaque tiroir.

— Ne fuis pas, Layla, plaida-t-il. Et ne sois pas si gênée... Nous avons un passé commun, toi et moi, c'est ainsi. Et c'est pourquoi ta venue ici n'est peut-être pas une très bonne idée.

Layla se mordit la lèvre, prit son assiette et alla la déposer dans l'évier. Grâce au robinet de la cuve à eau, elle put faire la vaisselle presque comme dans une vraie cuisine.

— Je ne fuis pas, Arlo. Je ne cherche nullement à nier ce que nous avons partagé. Mais ce n'est pas la raison de ma présence ici. Je veux cette promotion, et si Ollie constate que je suis capable de travailler dans des conditions pénibles, j'avancerai d'un pas.

— Tu parles de la jungle quand tu évoques des « conditions pénibles » ? Ou de moi ?

Ne sachant que répondre, elle ne dit rien. Peut-être sous-estimait-elle l'importance d'Arlo dans sa décision de venir effectuer sa mission ici. Et peut-être leur relation passée allait-elle en effet devenir un obstacle. Dans ce cas, elle allait devoir se montrer plus vigilante. Mieux maîtriser ses émotions.

C'était extraordinaire d'apprendre à connaître à nouveau quelqu'un avec qui elle avait partagé sa vie intime durant plusieurs années. À bien des égards, Arlo était toujours le même. Physiquement, il était bronzé, musclé, svelte, ses fossettes étaient toujours là... Oui, il se révélait plus séduisant encore que dans son souvenir.

Ils venaient de se coucher.

Layla était dans son lit, au sein de la minuscule alcôve. Derrière le rideau tiré, Arlo dormait sur son futon. Elle avait l'impression d'avoir douze ans et de se trouver dans le dortoir d'un pensionnat.

— Parle-moi de ton frère, chuchota-t-elle.

Il était tard, mais il n'était pas prêt à dormir. Elle non plus. Il y avait une bonne heure qu'ils conversaient. Layla se blottissait au bord du matelas pour éviter les gouttes tombant du plafond. Elle se rappela qu'elle n'était jamais la première à s'endormir. C'était lui qui sombrait dans un sommeil profond, avant de se réveiller au milieu de la nuit. Parfois plusieurs fois. Arlo souffrait d'un sommeil intermittent. Souvent, il lui était arrivé de se réveiller, et de le trouver penché au-dessus d'elle. Il la regardait. Et elle en était bouleversée. C'était bon de savoir qu'il veillait sur elle.

— Éric mène une vie bien structurée. Il est marié, il a un fils. Il vit au Japon.

— A-t-il pu voir votre mère avant... Avant qu'il ne soit trop tard ?

— Oui. L'épreuve a été rude pour l'un comme pour l'autre, surtout à cause de la façon dont elle l'a abandonné quand il était jeune.

Layla soupira. C'était une bien étrange histoire que celle du frère d'Arlo.

— Tu as appris son existence quand tu avais… Rappelle-moi : vingt ans ? C'est bien cela ?

— Oui. Vingt ans.

— Même si la révélation et le mensonge qu'elle induit ont dû être traumatisants pour toi, je dois te dire que je t'envie un peu. J'aurais donné n'importe quoi pour avoir un frère ou une sœur. Grandir sans la présence de ses parents est une chose, mais quand on est fille unique… Alors je ne sais pas si j'aurais été capable de leur pardonner de ne m'avoir rien dit, si j'avais appris que je n'étais pas seule une fois parvenue à l'âge adulte.

Passant une main sous son oreiller afin de se redresser légèrement, elle ajouta :

— Toi, pourtant, je t'ai toujours trouvé très calme à propos de cette affaire.

— Parce que j'ai été celui qui a eu de la chance. Éric l'a moins bien vécu. Son ressentiment a duré longtemps, même après qu'il a su pour quelle raison ma mère l'avait quitté. Aujourd'hui qu'il est marié et père de famille, il est plus en paix avec cette partie de sa vie. Je ne lui reproche rien. Je ne peux pas imaginer ce que ça a dû être, de grandir sans sa mère. Sans *notre* mère.

— Et tu ne lui en as jamais voulu de t'avoir caché si longtemps que tu avais un frère ? interrogea-t-elle.

— C'est au père d'Éric que j'en ai voulu. C'est lui qui a contraint ma mère à garder ce secret, à mentir à ses deux fils.

— A-t-elle fini par te dire pourquoi ?

— Oui.

Comme il n'en disait pas davantage, elle insista :

— Tu peux m'en parler ?

— Eh bien… C'est très personnel, mais à toi, oui. Je veux bien faire cette confidence.

Layla se leva, tira le rideau, puis s'assit sur son matelas pour le fixer droit dans les yeux. Son visage était soudain empreint de gravité. Le rouge lui monta aux joues lorsqu'elle sentit le regard d'Arlo se promener sur sa silhouette. Elle avait noué ses cheveux en queue-de-cheval, et enfilé un pyjama long, dissimulant le moindre détail de son anatomie. Elle l'avait d'ailleurs acheté exprès pour ce voyage.

Alors que du temps où ils vivaient ensemble, la nuit, elle ne portait souvent rien d'autre qu'un débardeur et une culotte.

— En réalité, reprit-il, ma mère s'est mariée très jeune à un homme qu'elle connaissait à peine. Il était beau, riche, intelligent, et il lui a fait une cour empressée. Elle a compris bien trop tard qu'il ne cherchait qu'à avoir une descendance le plus rapidement possible, condition testamentaire posée par son grand-père pour qu'il touche son héritage. Un héritage fabuleux, semble-t-il.

Il poussa un long soupir avant de poursuivre :

— La vérité, c'est qu'elle a tenté d'obtenir légalement la garde partagée de leur fils. Mais le père d'Éric tenait beaucoup à ce que son héritier soit élevé dans les traditions aristocratiques propres à sa famille. Ma mère ne l'intéressait pas, il n'avait plus besoin d'elle : dès qu'il a récupéré son argent, il a fait en sorte qu'elle disparaisse de sa vie et s'est assuré qu'elle ne bénéficie même pas d'un droit de visite. Ce qui a été facile pour lui quand elle a rencontré mon père et qu'ils se sont mariés. Car comme mon père l'admettait lui-même, il n'avait pas eu la jeunesse d'un saint. Il fumait de l'herbe, s'était fait arrêter une ou deux fois pour des raisons politiques... Mes parents étaient bien de leur époque, je suppose. Et le père d'Éric avait l'argent, le pouvoir, la détermination.

— Mon Dieu, qu'a-t-il fait ? demanda-t-elle.

— Il a sali sa réputation et celle de mon père, et il a monté un dossier très bien ficelé. Enfin, quand je suis né, il a menacé ma mère de lui faire retirer ses droits parentaux sur moi aussi.

— Quelle horreur !

— Oui. Alors... Elle a pris peur. De son point de vue, mon père pouvait avoir des ennuis à cause d'elle, on risquait de la priver de moi, et elle a cédé. Elle est partie. Mais ne te méprends pas,

Layla. Ma mère était une battante, une femme très courageuse. Je crois qu'il a fallu qu'elle se heurte à une adversité redoutable pour baisser les bras. Elle a énormément souffert.

— Oh ! Arlo, je suis désolée pour elle. Et tu n'as rien su de tout cela avant qu'elle quitte ce monde ?

Il acquiesça d'un hochement de tête.

— Mon père m'a tout raconté seulement après. Bien après : il y a deux ans. Ma mère lui avait fait promettre de ne rien dire, et il a honoré sa parole jusqu'au moment où il a jugé indispensable que je connaisse la vérité.

Layla resta silencieuse un bref instant avant de demander :

— Et tu l'as raconté à Éric ?

— Oui. Il avait le droit de savoir. Son fils, Riku, venait de naître, et j'ai pensé que ce bébé devrait également connaître un jour l'histoire de sa grand-mère. Mon neveu porte aussi son sang, après tout.

— Bien sûr. Je regrette de ne pas avoir su tout cela quand nous étions ensemble, Arlo. J'aurais dû t'aider. J'aurais voulu être là pour toi durant cette épreuve.

— Merci, dit-il en lui souriant. Mais désormais, tout va bien, je crois. Éric a fait la paix avec elle. Il garde des souvenirs heureux de sa mère durant sa petite enfance. Riku chérira un jour la mémoire d'une grand-mère dont il peut être fier.

— Et ton père dans tout ça ? s'enquit-elle.

— Il est au Cambodge. Il va bien. Il dirige une maison de santé dans une zone touristique.

— Dire que je pleure misère parce que mes parents ne m'ont pas donné beaucoup d'amour durant mon enfance. Ou plutôt le genre d'amour que chaque enfant mérite à mes yeux.

— Tu n'as pas à te reprocher d'avoir souffert de leur absence, dit-il. Mais garde en tête qu'ils ont peut-être fait de leur mieux. Qui sait ? À leur façon... Un peu comme ma mère.

— C'est possible. Quoi qu'il en soit, je crois que je vais essayer de dormir, maintenant. La journée a été longue, et maintenant que Chaucy est parti, je vais profiter de mon lit.

Elle tira le rideau, et Arlo se sentit étrangement seul, bien que la jeune femme se trouve à quelques centimètres de lui. Cette fois, il resta éveillé longtemps après qu'elle se fut endormie. Il revit passer le film de leur journée. Au matin, il ignorait encore que quelqu'un allait venir pour le seconder. Il savait qu'Ollie lui enverrait le meilleur médecin de sa jeune équipe, bien sûr. Un chirurgien de premier plan. Et incontestablement, Layla était la meilleure. Fut un temps, il aurait donné n'importe quoi pour qu'elle le suive jusqu'ici. Il l'avait suppliée de le faire – en vain.

Aujourd'hui, il ne se faisait aucune illusion… Elle n'avait pas changé, et sa place n'était pas ici. Du reste, elle n'avait jamais voulu se donner la peine d'essayer de se couler dans cet univers. Pourtant, au fil des ans, il s'était souvent demandé ce que ça ferait de travailler ici avec elle. De l'avoir près de lui. De poursuivre le tandem…

Eh bien, durant huit semaines, il allait enfin vivre cette expérience. Et déjà, il redoutait le moment où elle partirait. Cette rupture, il l'avait déjà vécue, et il n'oublierait jamais la douleur qui avait été la sienne. Il avait fallu qu'il la quitte pour réaliser combien il l'aimait. Car il l'avait aimée. Cette fois il serait moins naïf. Pas question de lui permettre de lui briser le cœur. De toute façon, elle affirmait que seule sa carrière comptait à ses yeux.

Et lui ? Où en était-il professionnellement ?

— Aïe, lâcha-t-il tout bas en se retournant.

— Il faut absolument que je regarde ton dos dès demain, Arlo, annonça Layla derrière le rideau.

Il sourit. Elle ne renonçait jamais. Une vraie tête de mule.

6

— Le bébé arrive.

Layla n'ouvrit pas les yeux. C'était un rêve exquis. Ils étaient bien au chaud dans leur appartement, à New York, blottis l'un contre l'autre. Et il l'interrogeait sur l'accouchement, à cause de leur garde en service de maternité.

— Les contractions ne sont plus distantes que d'une minute, Layla.

— Dilatation ? répliqua-t-elle.

— Oui, depuis hier, quand je l'ai examinée pour la première fois.

Layla sourit et s'imagina lui faisant une grimace. Elle adorait quand il prenait ce ton sérieux. Comme dans un film.

— Eh bien c'est le moment de faire l'épidurale, déclara-t-elle.

— Nous ne pratiquons pas l'épidurale ici, dit-il.

— Ne dis pas n'importe quoi... Appelle l'anesthésiste.

Il aurait déjà dû le faire, songea-t-elle. Qu'attendait-il ?

— Tu veux venir avec moi, Layla ?

— Hum... Où ça ?

— Mettre un enfant au monde ?

Cette fois, elle ouvrit les yeux et réalisa où elle était. Non dans les bras d'Arlo, en train de réviser les réflexes élémentaires en service de maternité, mais sous le toit percé d'une hutte... dans la jungle où une parturiente l'attendait.

Elle bondit et répliqua :

— Bien sûr. Qui est avec elle en ce moment ?

Arlo se tenait à l'entrée de la cabane. Le rideau était tiré, et elle en profita : en quelques secondes, elle remit le pantalon en toile et la blouse qu'elle avait ôtés pour venir faire une sieste. En se précipitant hors de l'alcôve, elle attrapa ses bottes pour les enfiler quand il l'en empêcha.

— Attends. Vérifie d'abord ce qu'elles contiennent. Nous n'avons pas besoin de soigner une morsure de serpent en plein accouchement.

Bon sang, il fallait qu'elle s'y fasse : cette réalité serait la sienne pendant huit semaines. Tenant les bottes à bout de bras, elle les mit à l'envers et les secoua, non sans une certaine nervosité. Rien n'en sortit. Elle poussa un soupir de soulagement, les chaussa et rejoignit Arlo.

— Depuis combien de temps les contractions se sont-elles rapprochées ?

— Environ deux heures.

— Et je dors depuis longtemps ?

— Environ deux heures, répéta-t-il en souriant.

Leur matinée avait été très chargée, et elle avait encore du sommeil en retard, à cause du décalage horaire. Layla se sentit néanmoins coupable. Elle attrapa sa trousse et le suivit au-dehors.

— Sa mère est avec elle, reprit Arlo, de même que sa grand-mère et une sage-femme qui va se charger de presque tout.

— Ah ? Que sommes-nous censés faire, alors ?

— Respecter les traditions. J'ai pensé qu'il serait utile que tu assistes à un accouchement traditionnel, d'autant plus qu'il y a une bonne douzaine de femmes enceintes au village, en ce moment. Il est certain que tu seras appelée à intervenir bientôt. Mais si tout se passe bien, tu te contentes d'être présente : tu n'as rien à faire.

Même si elle était prévenue, Layla fut assez étonnée de trouver trois femmes en train de cuisiner dans la salle d'accouchement. La pièce était bondée. Des enfants jouaient, des hommes discutaient. Dans l'encadrement de la porte, une vieille dame portait avec précaution un tout petit chargement enveloppé de linges.

— Eh bien je vois qu'ils n'ont eu besoin de personne, observa-t-elle en riant, avant de se pencher sur le nourrisson.

La grand-mère le déposa aussitôt dans ses bras, et suivit Layla vers la table d'examen où elle vérifia tous les réflexes du bébé. Celui-ci hurlait à s'en faire exploser les poumons.

— Il s'appelle Arlo, dit Arlo en la rejoignant.

— Ah bon ? Même si tu n'as pas participé à l'accouchement ?

— Oui. C'est un hommage.

Elle rit.

— Je vois… Combien y a-t-il de petits Arlo qui courent dans le village ?

— À ma connaissance, cinq. Celui-ci est le sixième.

Layla rit de plus belle.

— Si tu avais un fils, un jour, et que tu souhaitais le baptiser Arlo… Tu renoncerais ?

— Non, assura-t-il en riant à son tour. Je me résignerais à ce qu'il ait un prénom très banal !

Il recula d'un pas, la considéra avec attention et observa :

— Tu as fière allure, avec un bébé dans les bras. Et toi ? Il t'arrive d'avoir envie de… ?

Elle haussa les épaules.

— Je n'ai pas changé d'avis à ce sujet. Quand nous étions ensemble, je t'ai dit que je ne souhaitais pas avoir d'enfants, et je n'en veux toujours pas. Je suis l'archétype vivant de ce qui arrive quand des parents préfèrent leur carrière à l'éducation de leur progéniture, de ce que provoque le manque d'amour. C'est moi qui ne songe qu'à ma carrière, désormais, et je n'ai aucune envie d'infliger ce schéma à des enfants.

Elle lui tendit le petit et ajouta :

— Je vais voir la mère.

— Je vais te laisser toute seule pour assurer la permanence, avertit-il. Je vais devoir partir faire mes visites à domicile.

— Entendu.

Elle sentit un léger malaise la gagner et poussa un long soupir de soulagement lorsqu'il disparut. Pourquoi venait-elle de lui mentir ? Elle sentait au fond d'elle-même, depuis quelque temps, le désir de devenir mère.

Mais le défi que représentait sa mission ici serait probablement l'un des plus difficiles à relever de sa carrière. Elle en avait conscience, elle s'y préparait. À quoi bon avouer à Arlo quelque chose qui ne le concernerait jamais directement ?

Il était environ 18 heures quand Arlo revint vers la cahute. Layla s'était chargée de l'hôpital pendant qu'il effectuait sa tournée au village.

C'était bon de l'avoir ici, songea-t-il. Car même si son assistant était très compétent, Arlo faisait mieux son travail auprès des patients grâce à la certitude que, pendant ce temps, à l'hôpital, les blessures les plus graves et les situations les plus complexes pouvaient immédiatement être prises en charge.

Pourtant, il ne se berçait nullement d'illusions. Comme disaient les gens par ici, « On n'efface pas les taches du léopard », et Layla n'avait pas changé. Il en avait eu la preuve en voyant l'expression de panique sur son visage, au moment où elle parlait d'avoir des enfants – ou plutôt, de ne jamais en avoir.

Pénétrant dans la pièce, il se dirigea vers l'alcôve.

— J'ai vu que le garagiste avait déposé ton SUV dans la cour, annonça-t-il. Quel énorme engin ! Et si on allait faire un tour avec ? Je te montrerai la jungle, après avoir rendu visite à deux malades.

— J'arrive.

— Je peux ouvrir ? s'enquit-il.

Sans attendre la réponse, il entrebâilla le rideau de séparation et trouva la jeune femme assise sur le lit avec deux dossiers et le gros agenda hospitalier près d'elle et... Chaucy lové sur son ventre !

C'était étonnant. D'ordinaire, la civette ne se montrait

guère amicale avec les étrangers, mais... Layla avait toujours su projeter des ondes positives.

— Tu es prête ? insista-t-il.

— Entendu, dit-elle en finissant d'annoter un dossier avant de le reposer.

En lui emboîtant le pas vers la sortie, elle s'enquit :

— De quoi s'agit-il ?

— La dengue. Deux membres d'une même famille.

— Oh ! non ! La fièvre est-elle déjà hémorragique ?

— Je ne sais pas, répondit-il, mais je suis heureux que tu aies bûché le dossier avant de venir. Tu ne dois pas souvent voir passer cette pathologie dans les hôpitaux de New York.

— Tu me connais : je fais toujours mes devoirs, rétorqua-t-elle en souriant. Quels sont les symptômes ?

— Dans le cas qui nous occupe : pic de fièvre, maux de tête, vomissements, douleurs musculaires et articulaires, et les inévitables démangeaisons. Mais ces deux-là devraient être bientôt tirés d'affaire, et je te confierai leur suivi : il faut être vigilant car la dengue provoque de fréquentes rechutes.

— Quel est le traitement que tu as prescrit ? interrogea-t-elle.

— Une cure de soutien, pour l'essentiel. Je n'ai pas grand-chose de mieux à proposer pour cette pathologie virale, alors les malades boivent de l'eau, et je propose un traitement pour chaque symptôme lorsqu'il se présente. Il s'agit d'une mère et de sa fille de cinq ans. Le reste de la famille va bien.

— Et elles ne préfèrent pas l'hospitalisation ?

— Non, dit-il. Comme la plupart des gens d'ici, il s'agit d'une solution de dernière extrémité. De toute façon, je ne peux pas vraiment mieux leur offrir que le confort qu'elles ont chez elles. Même si je leur ai répété qu'il leur fallait absolument une meilleure moustiquaire.

Layla hocha la tête.

— Tu as beaucoup de dengue, ici ? s'enquit-elle.

— Un nombre important, mais pas épidémique. Le gouvernement a fait beaucoup d'efforts pour diminuer la population de moustiques, mais dans des coins aussi reculés qu'ici, c'est compliqué. J'ai rempli plusieurs demandes afin qu'on fasse poser de vraies moustiquaires sur toutes les portes et fenêtres des maisons, mais pour le moment, nous avons reçu une petite allocation. Cela ne suffira pas.

— Combien te faudrait-il ? demanda-t-elle de but en blanc. Et qui veux-tu que je contacte pour tenter de faire accélérer les choses ?

— Layla, la demande est remplie, soupira-t-il. Il faut se montrer patient, il n'y a pas d'autre option.

— Je pourrais peut-être accélérer le processus ?

— Dans la jungle, la patience est une vertu cardinale. Nous obtenons ce que nous voulons, mais pas sur-le-champ.

— Mais pendant ce temps, opposa-t-elle d'une voix obstinée, des gens se font piquer par cette saleté et tombent gravement malades. En quoi la patience est-elle vertueuse, dans ce cas ?

Arlo leva les yeux au ciel. C'était du Layla tout craché. Il en venait à se demander si la Layla du présent n'était pas exactement celle qu'il avait quittée plusieurs années auparavant.

— Parce que c'est ainsi que les choses se font dans ce pays. Il y a vingt-cinq régions qui souffrent de problèmes plus ou moins similaires, et des dizaines d'hôpitaux de brousse comparables au mien, qui ont besoin de médicaments, d'allocations, de moustiquaires, d'équipements divers et variés... Et ils attendent leur tour, comme moi.

— D'accord, mais si je peux faire accélérer la cadence ?

Vaincu, il secoua lentement la tête et conclut :

— Alors vas-y, ne te gêne pas.

Elle croisa les bras sur sa poitrine en lui coulant un regard suspicieux.

— Si j'essaie de faire jouer mon réseau en ta faveur, tu ne me soutiendras pas ? C'est ce que je dois comprendre de ta résignation ?

— Je ne suis pas résigné, Layla : je me contente de suivre le mode d'emploi parce que jusqu'ici, ma méthode a le mérite de ne pas trop mal fonctionner. Si tu cherches à obtenir des moustiquaires auprès d'une source privée, ma foi, c'est très bien, fonce ! Bien sûr que tu as tout mon soutien. D'ailleurs, je te remercie par avance de tes efforts, car les moustiques sont l'un de nos problèmes quotidiens.

— Alors c'est parfait, répondit-elle d'un ton léger.

Elle attrapa sa trousse et lui tendit les clés du SUV.

— Tiens. C'est toi qui conduis.

Elle était ravie que le véhicule soit là, flambant neuf grâce à la gentillesse des gens du village qui l'avaient nettoyé, après réparation.

Comme il la regardait avec étonnement, elle expliqua :

— Tu sais où nous allons. Moi pas.

Il se mit à rire en allant s'installer au volant, tandis qu'elle grimpait à son tour. Quel bonheur de s'asseoir un moment dans un siège aussi confortable !

— Tu as raison de ne pas reprendre la route aujourd'hui, lança-t-il, car nous allons emprunter des sentiers remplis de nids-de-poule et de crevasses.

— Ah non, j'ai eu droit à un baptême du feu de ce côté ! s'exclama-t-elle.

— Nous sommes tous passés par là. Mais tu devais vraiment avoir la tête ailleurs pour foncer dans un ravin !

— Je n'ai pas eu de chance, maugréa-t-elle. Et je croyais que ces véhicules roulaient partout.

— Presque. Pas dans le vide !

Ils rirent ensemble.

— Il ne décolle pas pour planer au-dessus des ravins, mais c'est une splendeur, dit-il en regardant le tableau de bord s'éclairer.

À l'arrière, tous les sièges se dépliaient et se repliaient d'un simple clic, transformant ce transport de tourisme en utilitaire au gré de son conducteur.

— D'où sort cette merveille ? demanda-t-il.

— Cadeau de mes parents. Au lieu de me dire qu'ils sont

fiers de moi, ils m'achètent une voiture. Je te l'offrirai à mon départ. Elle te sera utile pour aller récupérer les chargements de médicaments à l'hôpital régional et… Tu ne peux pas dire non, Arlo. Tu sais que tu en as besoin.

— Je ne contredirai pas sur ce point. Merci de ta générosité, ce sera un outil très précieux, en effet.

Durant quelques minutes, tandis qu'ils roulaient sur la route principale, ils gardèrent le silence. Soudain, Arlo pila net, bondit hors de la voiture et se précipita vers une femme qui lui faisait signe sur le bas-côté.

— Tu as besoin d'aide ? demanda Layla.

— Non. Waan souffre d'arthrite sévère, et nous allons nous contenter de la reconduire. Elle habite une petite maison en pleine brousse, à trois kilomètres du village, et elle s'obstine à sortir faire ses courses une ou deux fois par semaine, mais elle n'est plus capable de faire l'aller-retour depuis chez elle jusqu'au village.

Layla regarda Arlo ramasser les cabas de la vieille dame, les monter à bord, puis l'aider à se hisser sur le siège arrière. Le Dr Arlo Benedict était un homme bon. Elle l'avait su dès la première fois qu'elle l'avait vu, et elle avait eu un million d'occasions de le vérifier. Il lui adressa un clin d'œil complice en refermant la portière, et elle sentit son cœur fondre de tendresse. Ce sourire, ces fossettes… Réalisait-il à quel point il était séduisant ? Un peu négligé, bien sûr, mais cela faisait aussi partie de son charme. En tout cas à ses yeux. Il était… l'homme idéal.

Gênée par le tour que prenaient ses pensées, elle reporta son attention sur leur passagère et s'enquit :

— Est-ce que tu l'as mise sous anti-inflammatoires ?

— J'ai essayé, mais elle a eu des problèmes d'estomac. Elle a préféré arrêter tout traitement de longue durée susceptible d'entraîner des effets secondaires, et elle ne cesse de me répéter que, tant qu'elle peut continuer à mener sa vie, elle est heureuse. L'un de ses enfants lui fait les courses, en principe, mais Waan a sa fierté. C'est une femme indépendante qui tient à rester autonome... Un peu comme quelqu'un que je connais.

Un sourire railleur se dessina sur ses lèvres. Layla y répondit par une petite grimace amusée.

— Puisqu'elle n'est pas sous traitement, enchaîna-t-elle, ne vaudrait-il pas mieux qu'elle s'installe au village ? Ce n'est pas dangereux pour elle de vivre si isolée ? Qui appellera les secours en cas d'accident ?

La vieille dame dit quelques mots en thaï, et Arlo traduisit :

— Elle comprend notre langue, mais elle ne la parle pas. Elle dit que tu es la bienvenue chez elle pour venir prendre le thé. Sa maison la remplit de fierté, et elle veut y finir ses jours comme sa mère avant elle, et sa grand-mère. En fait, elle est ravie qu'il y ait une dame médecin à l'hôpital.

Layla sourit. N'importe où dans le monde, les personnes âgées avaient besoin de se raccrocher à leur intérieur, leurs habitudes. Elle respectait cela.

7

— Vigilance maximale, ordonna Arlo dès qu'ils quittèrent le véhicule pour entrer dans la maison de ses patientes.

— Comment ?

— Tous les sens en alerte, insista-t-il en désignant du doigt un long serpent enroulé autour d'une branche de l'arbre, juste devant eux.

Dans toute sa splendeur, l'animal au corps irisé de vert et de marron se confondait avec l'écorce. Jamais Layla ne l'aurait repéré sans l'avertissement d'Arlo.

Malgré sa frayeur, elle resta immobile et retint son souffle, s'astreignant au calme.

— C'est un colubridé. Leur capacité de dissimulation est impressionnante, hélas, surtout dans les arbres. Ils sont agiles, rapides, et leur morsure est très douloureuse dans le cou, sur le visage ou dans l'épaule. La bonne nouvelle, c'est qu'ils sont moyennement venimeux et que j'ai toujours tout ce qu'il faut en antivenin s'il t'arrive une mésaventure avec eux...

Il se retourna vers elle et conclut :

— Et pour ta gouverne, il s'agit de l'espèce de serpents la plus fréquente dans les parages. Alors garde toujours l'œil ouvert sur les arbres, les bosquets, les buissons.

Dès qu'il passa sous l'arbre, Arlo attrapa le serpent et le jeta dans un buisson plus loin.

Layla en resta un instant bouche bée.

— Tu es généreux même avec les serpents, observa-t-elle, médusée, en lui emboîtant le pas.

Elle était si captivée par son geste qu'en fixant le buisson où avait atterri l'animal, elle ne prit pas garde à l'endroit où elle mettait les pieds, buta contre une ronce et manqua s'étaler de tout son long... Les bras d'Arlo la rattrapèrent.

C'était si étrange de se trouver serrée contre son torse. De sentir son parfum venir lui chatouiller les narines. Tandis que son cœur s'emballait, elle plongea son regard dans le sien et murmura d'une voix éraillée :

— On dirait que je vais devoir m'en remettre à toi pour me protéger... Au moins en ce qui concerne les pièges de ta jungle.

Il la contemplait avec une expression étrange, lui aussi.

— C'est ce que j'ai toujours voulu faire, Layla. Même quand tu tentais de m'en empêcher.

Son cœur battait de façon frénétique. Elle avait chaud. Ils étaient si près, il était si facile de céder, si facile...

— Je... Je te remercie, balbutia-t-elle au prix d'un effort surhumain.

Se libérant de son étreinte, elle se redressa. Un bref silence pesa entre eux, mais Arlo finit par sourire et par lui prendre la main, l'aidant à descendre le petit chemin de terre jusqu'à la maison.

Les ayant entendus approcher, les enfants ouvrirent la porte et les accueillirent à grand bruit. Ils espéraient des bonbons de la part d'Arlo et parurent satisfaits de les obtenir de Layla.

— Amis pour la vie ? chuchota-t-il à son oreille.

— Si seulement c'était si simple, murmura-t-elle.

— Kanika ! C'est Doc Arlo. Je peux entrer ?

Les petits disparurent, et la dame qui venait d'apparaître, frêle et minuscule, leur céda le passage en souriant.

Elle les conduisit vers une pièce sombre, presque vide. Une natte était posée sur le sol, où reposait une fillette magnifique, avec ses grands yeux bruns et son épaisse chevelure noire. En voyant Arlo, elle esquissa un large sourire.

— Un bonbon ? proposa Layla en s'agenouillant près d'elle.

L'enfant se hâta de mettre la sucrerie dans sa bouche.

— Achara se sent encore très fatiguée, expliqua-t-il à Laya. Sa mère s'inquiète. Elle ne boit pas suffisamment. Veux-tu t'occuper d'elle pendant que je vais examiner Kanika ?

— Oui, volontiers.

Dès qu'elle fut seule avec la fillette, elle lui annonça :

— Bonjour Achara. Je m'appelle Doc Layla. Et même si tu ne comprends pas ce que je te dis, je te promets que je ne vais rien faire qui fasse mal. D'accord ?

L'enfant se contentait de la regarder avec un mélange de fascination et de crainte.

— D'abord, je vais vérifier tes fonctions vitales, déclara-t-elle en ouvrant sa trousse.

Quelques minutes plus tard, les résultats de l'examen lui donnèrent une meilleure idée de l'état général de l'enfant : température élevée, tension basse, rythme cardiaque et fonctions respiratoires normales. Elle avait du mal à garder l'équilibre quand elle se tenait debout, elle semblait fatiguée, et elle avait encore de nombreuses plaques rouges sur le corps.

— Tu as mal quelque part ? interrogea-t-elle.

Comme la fillette ne pouvait pas la comprendre, elle posa doucement un doigt sur son ventre et haussa les sourcils de manière explicite.

L'enfant fit non de la tête.

Layla répéta l'opération au niveau des principales articulations des membres inférieurs et supérieurs. L'enfant secoua encore la tête jusqu'à ce que Layla pose l'index sur son front. Cette fois, des larmes dans les yeux, la petite acquiesça vivement.

Elle devait souffrir d'une migraine particulièrement sévère, jugea-t-elle, et découvrit ensuite qu'elle avait des saignements de nez.

— Arlo ! appela-t-elle. J'ai besoin d'une confirmation de diagnostic, si tu veux bien venir.

Le rideau séparant la petite pièce du couloir s'ouvrit, et son compagnon la rejoignit.

— Me voici. Qu'est-ce qui se passe ?

— Elle a les symptômes d'intensité moyenne d'une fièvre hémorragique. Mais je préfère que tu l'examines aussi, étant donné mon manque d'expérience avec la dengue.

Il sortit son stéthoscope de sa poche et écouta le cœur et les poumons de la fillette.

— Elle a très mal à la tête, précisa Layla.

Arlo examina ensuite les voies nasales de la petite, avant de palper son ventre. Puis il passa sa lampe dans ses yeux et posa sa main sur son front.

— Tu as raison. La fièvre est hémorragique. Il faut l'emmener à l'hôpital, mais ça ne va pas être facile. Sa mère ne veut pas être séparée d'elle. Je pense que le père pourrait s'occuper des autres petits, mais...

— Alors pourquoi ne pas la prendre avec nous ? suggéra Layla. Dis-lui que nous avons besoin d'elle. Que nous cherchons des bénévoles pour des petites tâches... Et qu'elle pourra rester auprès d'Achara aussi longtemps qu'elle le souhaitera.

L'idée de Layla fonctionna à merveille. Le mari de Kanika s'occuperait des autres enfants, et elle était ravie de pouvoir veiller elle-même sur sa fille le temps de son hospitalisation. Elle offrit également ses soins à quelques autres patients : elle changeait les draps, servait des repas, remplissait des verres d'eau fraîche.

Il s'agissait d'une aide précieuse, et Arlo se félicitait que Layla ait lancé ce projet.

Il voyait une autre facette de sa personnalité : soucieuse du moindre détail, elle faisait en sorte que les patients lui accordent leur confiance, condition indispensable à la réussite du traitement. S'il avait cru qu'elle était davantage une scientifique qu'une thérapeute, il s'était lourdement trompé.

Mais il y avait maintenant quatre jours que la jeune femme était arrivée. Or s'il ne pouvait se plaindre des remarquables bénéfices que sa présence offrait à l'hôpital, côté vie privée... Sans cesse, du matin, au soir, sa beauté lui imposait le souvenir de son corps nu. Il se rappelait chaque détail de leurs étreintes, et une sorte de fièvre le gagnait peu à peu. Il se sentait possédé par le passé. Les nuits devenaient cruelles. Derrière le mince rideau, il devait s'interdire de sentir son parfum, la chaleur de son corps... Chaque fois qu'il fermait les yeux, il voyait ses mouvements gracieux, la souplesse de sa taille, la rondeur de sa poitrine. Son sourire et sa chevelure...

C'était à devenir fou.

Car ses visions s'accompagnaient de mille questions, de remises en cause permanentes. Et si, et si ? Que serait-il arrivé s'il avait choisi un autre destin ? S'il n'avait pas quitté les États-Unis sitôt son diplôme de médecine validé ? S'il n'était pas parti, alors qu'elle ne lui demandait rien d'autre que de rester avec elle ?

Debout devant le porche de sa hutte, Arlo contempla l'averse durant quelques minutes. Ce n'était pas la saison des pluies, mais celle-ci approchait de jour en jour.

Layla dormait. Une nouvelle fois, le passé l'empêchait de trouver le sommeil, et il avait préféré se lever. De toute façon, le martèlement des gouttes sur les tuiles résonnait dans la cahute comme le tir furieux d'une carabine...

Il ne savait plus comment faire pour affronter les souvenirs qui l'assaillaient. Leur intensité. Leur goût brûlant, parfois acide, souvent exquis. Il ne comprenait pas d'où venait la force de cette mémoire qui le tenait en otage : son histoire avec Layla était finie depuis près de six ans. Six ans !

Mais sa présence semblait tout réveiller. Les bons et les mauvais choix. Surtout les mauvais. Les serments non tenus.

— Des promesses, dit-il à voix haute.

Il songeait à celle qu'il avait faite à sa mère : veiller sur son père une fois qu'elle ne serait plus là. Celle que son père lui avait arrachée : prendre la place de sa mère en tant que médecin ici, quand elle aurait poussé son dernier soupir.

La première, il n'était pas vraiment responsable de ne pas l'avoir tenue. Son père avait à tout prix tenu à partir, peu de temps après les obsèques, ce qui paraissait effectivement plus sain pour lui... Mais il avait laissé son fils pédaler seul sur une bicyclette en tandem. Arlo était écrasé de responsabilités.

En cet instant, il se sentait tellement anxieux qu'il en avait mal au ventre. La dernière fois qu'il avait éprouvé cela, c'était le soir où il avait pris la décision de quitter Layla. Sa mère était malade ; il fallait qu'il retourne en Thaïlande ; il lui avait demandé de venir avec lui ; elle avait dit non. Fin de l'histoire.

L'aimait-il ? Il évitait, en général, de se poser la question des sentiments – surtout les siens – car il n'était pas bon dans ce domaine, mais... Il aurait pu jurer qu'à bien des égards, il se comportait exactement comme un homme amoureux. La rendait-il heureuse ? Apparemment, non. Et il en serait encore moins capable aujourd'hui, pensa-t-il, exaspéré.

Bah, au moins, il lui restait un métier qu'il adorait et le sentiment d'avoir trouvé sa place. C'était déjà beaucoup. Congédiant ses atermoiements, il se dirigea vers l'hôpital et, à pas de loup, traversa le dortoir.

Achara dormait paisiblement, comme tous les enfants devaient dormir. En chien de fusil, Kanika sommeillait dans le lit à côté d'elle. Il jeta un coup d'œil vers un troisième lit occupé par un homme venu discrètement trouver où passer la nuit. Certaines personnes arrivaient ici quand elles cherchaient un refuge où dormir, et Niran Metharom cuvait désormais en paix sa soirée de beuverie.

Kosum Bunnag, un octogénaire souffrant de douleurs gastriques, avait visiblement préféré venir s'installer ici au cas où il aurait besoin des services d'Arlo pour apaiser sa souffrance chronique, même si le médecin lui avait déjà recommandé cent fois de cesser de s'empiffrer de son dessert favori : les mangues.

Même si personne, hormis Achara, n'était véritablement malade dans ce dortoir, c'était son univers. Oui : au sein de ce modeste hôpital, Arlo savait comment rendre la vie plus simple, peut-être même plus douce, à la population environnante.

Non sans avoir jeté un dernier regard sur ses patients endormis, Arlo quitta le dortoir et passa dans son bureau pour lire les journaux. Hélas, Layla restait dans ses pensées.

— Il y a eu une urgence ?

La jeune femme apparut devant lui moins d'un quart d'heure plus tard, trempée par la pluie. Surpris de la voir là, il leva les yeux vers une Layla qui dégoulinait de toutes parts. Elle avait passé une blouse blanche sur son T-shirt et son pantalon de toile, et elle était si adorable qu'il sentit son cœur se serrer dans sa poitrine.

— Comment ? demanda-t-il.

— Je t'ai entendu te lever il y a un moment, et me voici. Tu as besoin d'aide ? Quelqu'un a un problème ?

— Non. Moi, peut-être, parce que je n'arrivais pas à dormir. Mais cela m'arrive assez souvent et dans ces cas-là, je préfère venir ici et lire le journal. Cela dit, je suis content d'être passé dans le dortoir car plusieurs personnes sont arrivées durant la nuit.

— Ah bon ? Des pathologies graves ?

Il se leva, ouvrit le placard derrière lui, en sortit une serviette et la tendit à la jeune femme qui l'accepta avec une expression de gratitude.

— Non, juste des habitués, assura-t-il. Ils vont bien. Ils aiment les lits propres et secs, et je les examinerai rapidement quand ils seront réveillés.

Elle hocha la tête.

— Et en attendant, tu lis le journal ? s'étonna-t-elle.

Il haussa les épaules.

— Il faut bien que je me tienne vaguement informé de ce qui se passe ailleurs qu'ici.

— Mais comment reçois-tu les quotidiens puisque le service postal n'est assuré que de façon intermittente ?

Il rit.

— J'ai un abonnement en ligne, et j'imprime les derniers numéros quand je vais au refuge pour éléphants. Là-bas, il y a un ordinateur, une réception par satellite, un relais de connexion pour le téléphone mobile... Tout ! Nous avons organisé un échange de bons procédés. Je vais utiliser leurs services chaque fois que je le veux, et j'offre une demi-journée de mon temps une fois par semaine. C'est ainsi que je peux parfois emprunter leur Rover.

— Le refuge pour éléphants ? répéta-t-elle, perplexe.

Il la regarda sécher délicatement ses longues boucles dorées. Son T-shirt mouillé offrait de délicieux effets de transparence.

Il déglutit lentement et expliqua :

— Je voulais t'en dire un mot et j'ai oublié. Le personnel de l'hôpital fait acte de bénévolat au refuge.

— C'est-à-dire ? Qu'est-ce que tu fais ? Ils n'ont pas de vétérinaire ?

— Oh si. En général, il suffit de laver les bébés, de les faire jouer, ce genre de choses. Si tu as envie de te lancer, tu vas voir, tu vas adorer ça.

Elle fronça les sourcils et murmura d'un ton sceptique :

— Un lavage d'éléphants hebdomadaire... Hum.

— Rien ne t'y oblige, tu sais. Mais ne doute pas de toi. Tu y arriverais, Layla. Après tout, si tu sais déjà apprivoiser une civette, tu es apte à shampouiner un éléphant !

À ces mots, elle s'esclaffa.

— Du moment qu'on ne me contraint pas à dormir avec eux !

— Cela ne figure pas dans mon partenariat avec le refuge, assura-t-il en riant.

— Dans ce cas, tout va bien. D'autant plus que je serai enchantée de profiter d'une communication de bonne qualité avec l'extérieur, et de me connecter quelques minutes à mes pages de réseaux sociaux.

Il sourit, et elle posa la serviette sur ses épaules.

— À propos de modernité, reprit-elle, j'ai vu passer l'avis de livraison d'un chargement de moustiquaires ! Que s'est-il passé ?

Arlo ne put réprimer un sourire satisfait. Il était fier de sa célérité.

— Après notre conversation, révéla-t-il, j'ai décidé de brûler une étape. J'espère que tu es sûre et certaine d'obtenir la donation privée que tu évoquais parce que j'ai passé la commande à ton nom. Et c'est mon ami, à l'hôpital régional, qui a livré le tout ce matin, en même temps que la réserve pharmaceutique.

Elle le considéra longuement, avant de répondre :

— Je suis impressionnée, Arlo. Tu te débrouilles remarquablement bien. Quelles que soient les difficultés que tu rencontres, tu les surmontes. Tu es en parfaite harmonie avec ce que tu fais et le lieu où tu vis... Bravo. C'est une réussite.

Il plongea son regard dans le sien. Ne venait-il pas de discerner une note mélancolique dans sa voix ?

— Merci, Layla. Venant de toi, ce compliment m'est très précieux. Mais j'espère que ce n'est pas ta façon de me dire que tu ne te sens pas heureuse là où tu es ? Ollie te traite bien ?

— Oh oui ! acquiesça-t-elle. J'ai toujours considéré que c'était un honneur de travailler auprès d'un chirurgien aussi exceptionnel que lui. Même si, au départ, je n'étais pas sûre de faire le bon choix... C'est ton grand-père. Il s'agissait d'une connexion étrange entre lui et moi. Mais il m'a proposé le poste, alors...

— Il a toujours su s'entourer des meilleurs, répondit-il. À ma connaissance, il n'a jamais commis une seule erreur dans le recrutement de ses collaborateurs, et s'il t'a choisie, tu peux être certaine que c'est sur la seule base de tes compétences.

— Tu crois ?

Elle parut pensive.

— Durant quelque temps, finit-elle par lâcher, j'ai pensé qu'il cherchait à nous remettre ensemble, d'une façon ou d'une autre.

Arlo secoua négativement la tête.

— J'en doute. Il n'est pas du genre à interférer dans la vie privée des gens, pas même dans celle de son petit-fils. En fait, je crois qu'il a été surpris que tu ne m'accompagnes pas en Thaïlande, et qu'il s'est réjoui de pouvoir te récupérer dans son équipe.

Bien qu'elle ne parût guère convaincue, elle haussa les épaules en signe de capitulation.

— Peut-être... En tout cas, il a toujours été extraordinaire avec moi. C'est un excellent chef. J'adore travailler avec lui.

Arlo la contempla encore. Il aurait pu passer le reste de la nuit à la regarder, à l'écouter. Mais l'un comme l'autre, ils avaient besoin de repos.

— Retourne te coucher, Layla, conseilla-t-il en se levant. Je vais rester ici et je vais... Aïe !

Son dos venait encore de se rappeler à son bon souvenir.

— Allez, ça suffit comme ça, Arlo, dit-elle en se levant. Déshabille-toi, et à plat ventre sur la table d'examen. Presto !

8

— Ne fais pas ça, Layla…

— Ôte immédiatement ton T-shirt, Arlo, répéta-t-elle. C'est ridicule. Tu sais très bien que nous aurions dû en commencer par là. Sauf si tu veux me vexer ? Prétendre que je ne suis pas capable de te soulager ?

Vaincu, il s'exécuta, mais il avait si mal qu'il lui était difficile de se déshabiller.

— Attends, je vais t'aider.

Et alors que c'était précisément ce qu'il souhaitait éviter, Layla s'approcha de lui. Il sentit la douceur de ses doigts sur ses épaules nues. Son parfum fleuri lui caressa les narines. Aussi, dès qu'il fut torse nu, il se précipita vers la table d'examen et s'y allongea, en espérant trouver en lui la force de prendre comme un soin strictement médical l'intimité des gestes qu'elle allait lui prodiguer. Autrefois, il leur arrivait si souvent de se masser mutuellement. Partout : au lit, sous la douche, au cinéma…

— Ça ne va pas être trop long ? demanda-t-il avec anxiété.

— Je prendrai le temps qu'il faudra, dit-elle d'un ton déterminé.

Après s'être lavé les mains, elle les enduisit de crème et les frotta l'une contre l'autre.

— C'est surtout mon muscle dentelé postérieur et inférieur, avertit-il.

Layla se mit à rire.

— Alors ça va aller ! J'étais présente au cours ce jour-là !

La tête dans l'orifice du dossier, il ferma les yeux et savoura la fermeté de ses mains douces sur son muscle endolori. Bientôt, il se mit à lâcher quelques grondements de plaisir. C'était divin. Pour la première fois depuis des semaines, il sentait son dos se détendre et la douleur disparaître pour faire place à un profond, à un merveilleux bien-être...

— Tu as de la chance, Arlo, soupira-t-elle tout en se concentrant sur la zone endolorie. J'ai l'impression que tu n'as pas de problème lombaire. Mais tu ne devrais pas abuser de tes forces et tirer aussi fort sur tes muscles. La prochaine fois, il pourrait t'arriver pire qu'une élongation du dentelé postérieur et inférieur.

Il ne répondit pas. Il y avait si longtemps qu'il n'avait pas senti sur sa peau le contact d'une femme que c'était... enivrant. Mais Layla avait toujours exercé sur lui une sorte de pouvoir magique. Dès qu'elle approchait, dès qu'il la sentait physiquement dans un rayon d'un mètre de distance, tout son corps s'électrisait. Et ce qu'il ressentait en ce moment lui faisait changer d'avis. Il ne voulait pas que ça s'arrête. Si elle le souhaitait, elle pouvait continuer ainsi pour toujours ; jamais il ne se lasserait de ce traitement.

— On dirait que la pluie s'est arrêtée, observa Layla.

Il fallait qu'elle dise quelque chose. Ne serait-ce que pour briser le silence. Arlo était resté totalement silencieux au cours des cinq dernières minutes, sauf pour lâcher un râle bienheureux de temps à autre. Il n'était pas dans son intention de faire tourner ce massage au flirt. Elle avait seulement voulu le soulager de la douleur. Mais... Elle avait rapidement compris que son initiative faisait resurgir à la surface quelques souvenirs très érotiques. Sans parler du plaisir qu'elle éprouvait elle-même à faire rouler sous ses paumes la musculature d'Arlo. Elle caressait sa peau dorée. Elle se surprenait à admirer chaque détail de ses épaules massives, de ses reins.

— Dans ce cas, dit-il enfin, je crois que tu devrais rentrer te coucher et dormir un peu.

— Tu es sûr ? demanda-t-elle, mal à l'aise. Je peux continuer, tu sais.

— Moi pas, Layla.

Cette fois, il se retourna et arrima son regard au sien.

Elle n'eut pas besoin d'en savoir davantage. Il était évident qu'ils étaient la proie du même phénomène. Leur passé était plus fort qu'ils ne le croyaient.

En silence, il se redressa, quitta la table d'examen et remit son T-shirt.

— Je vais faire ma tournée pour les injections d'insuline d'ici deux heures, reprit-il. Et je tiens à examiner chacun des malades qui ont dormi ici cette nuit, avant de partir. Je vais rester.

Elle saisit le message et s'éclipsa. Après avoir traversé le terrain détrempé et boueux, elle retrouva Chaucy dans sa petite alcôve. En s'asseyant sur le lit, elle regarda le chat musqué et lui dit :

— C'était une erreur.

Le genre d'erreurs qu'elle ne recommencerait pas.

Caché dans un fourré proche de la réserve d'éléphants, Arlo regardait Layla jouer avec le petit qu'on lui avait confié. Elle avait l'air heureuse ; en fait, il l'avait rarement vue se détendre à ce point. Elle s'abandonnait aux plaisirs simples de patauger dans l'eau – elle toujours si méthodique, si soignée, si réfléchie.

Il se redressa et la héla :

— Tu veux une mangue ? Ton bébé les adore !

Elle se retourna vers lui, et ce fut sa première erreur. Car l'éléphanteau n'eut pas besoin de plus d'une seconde pour saisir, de sa trompe agile, le tuyau d'arrosage qu'elle tenait en main.

Comme tous les bébés, humains ou animaux il adorait jouer, et il s'enfuit avec son butin. Naturellement, dans sa course, il renversa Layla qui tomba tête la première dans le bassin en plastique orange où elle donnait son bain à Tika – l'une des plus jeunes femelles du refuge.

L'espiègle animal vit là une opportunité de jouer : elle revint et tenta de rejoindre son amie humaine dans le bassin.

— Oh oh ! Je crois que tu as besoin d'aide ! s'esclaffa Arlo.

Impossible de ne pas rire devant ce spectacle, même si Layla risquait de se faire écraser par la petite éléphante qui pesait déjà au moins une centaine de kilos.

— Ai-je oublié de te dire que les bébés éléphants sont très joueurs ? s'enquit-il, hilare.

La jeune femme se redressait, couverte de boue.

— J'ai bien peur de m'être tordu la cheville, geignit-elle.

Il cessa aussitôt de rire et se précipita vers elle avec mansuétude.

— Oh non ! Approche-toi du bord et montre-moi.

— J'espère qu'elle est seulement foulée…

— En tout cas, tu t'es fait une nouvelle amie. Il est évident que Tika est amoureuse de toi. Attends, je crois que… Layla, non !

Trop tard. Dès qu'il se pencha au-dessus du bassin, Layla l'attrapa par le col de sa chemise et le fit plonger à son tour dans l'eau boueuse.

Furieux, il se redressa et entendit le rire éclatant de Layla résonner à ses oreilles. Il avait l'impression d'avoir rejoint une fillette de cinq ans à la piscine.

— La boue te va bien ! s'exclama-t-elle d'un ton moqueur.

À côté d'elle, l'éléphanteau jouait toujours avec le tuyau d'arrosage, sans chercher à rejoindre les deux humains occupant son bassin.

— C'est parfait. Il vaut bien mieux que tu aimes la boue, Layla, répliqua-t-il, parce que tu vas t'y rouler un bon moment !

— Encore faudrait-il que tu m'attrapes ! opposa-t-elle d'un ton de défi.

Elle éclata de rire et chercha à enjamber le bassin, mais il la rattrapa, la fit tomber dans l'eau et la retint, fermement serrée contre lui.

— Oh que la revanche est douce ! gronda-t-il.

Il s'aperçut alors que la chemise de la jeune femme était devenue transparente, et que les deux premiers boutons étaient ouverts.

— Euh, Layla, reprit-il plus bas, je crois que tu devrais...

— Oui !

D'un bond, elle lui échappa, et son mouvement fut si preste qu'il en perdit l'équilibre : une nouvelle fois, il tomba dans l'eau.

— C'est vrai qu'elle est bonne, cette revanche ! roucoula-t-elle, des larmes au coin des yeux tant elle riait.

— Il faut vraiment que tu te couvres, insista-t-il, incapable de détacher son regard de ses tétons roses, au centre des deux globes parfaits de ses seins.

Enfin, elle fronça les sourcils et baissa les yeux sur sa poitrine.

— Bah, quelle histoire, répliqua-t-elle en haussant les épaules. Je te trouve bien prude, Doc Arlo.

Elle s'efforça de décoller le tissu de sa peau, mais il retombait en produisant exactement le même effet.

— Prête-moi ta blouse dès que je suis dehors, plaida-t-elle. La prochaine fois, je songerai à porter une tenue mieux adaptée.

Hélas pour elle, comme elle était prête à enjamber le bord de la piscine, Tika la poussa vivement de sa trompe, et Layla retomba en vol plané, les fesses par terre, juste devant Arlo. Cette fois, il se laissa emporter au gré d'un fou rire inextinguible. Et Layla, dès qu'elle reprit ses esprits, se joignit à son hilarité. Ils riaient de si bon cœur qu'ils se prirent dans les bras l'un de l'autre et que, sans réfléchir, sans même comprendre ce qu'il faisait, Arlo déposa plusieurs baisers brefs et tendres sur les lèvres de Layla.

Leurs corps se pressaient plus étroitement, mais la boue était glissante. Il voulut s'accrocher à elle, les empêcher de tomber une nouvelle fois, et il passa une main sous sa chemise.

Alors, dans un élan incontrôlé, comme si la fièvre qui s'emparait de lui annihilait sa raison, il l'embrassa. Avec passion ; fougueusement. Et sous ses doigts fiévreux, il sentit ses seins nus se gonfler de désir.

À cet instant précis, il recula d'un bond. Bon sang, qu'étaient-ils en train de faire ?

— Excusez-moi, docteurs, dit une toute petite dame au visage ridé en s'approchant d'eux.

C'était Sylvie Fontaine, la responsable du refuge, qui avait auparavant œuvré dans les lieux en tant que bénévole durant deux ou trois décennies.

— Nous sommes en pleine visite guidée avec un groupe de touristes, enchaîna-t-elle, et l'un d'eux a fait un malaise.

Layla jeta un coup d'œil en direction d'Arlo et s'empressa de reboutonner son chemisier. Sans un mot, il ôta sa blouse et la lui tendit. Layla s'efforça de ne pas trop lorgner en direction de son torse aux pectoraux impeccablement dessinés. Son torse bronzé, autrefois un peu plus glabre, désormais voilé d'une fine toison brune, au niveau des abdominaux. Tout, dans la physionomie d'Arlo, exhalait la séduction et la virilité. C'était l'homme dont toutes les femmes rêvaient.

— Il est conscient ? demanda Arlo.

— Oui. Il dit qu'il se sent très mal.

— Depuis combien de temps ? interrogea-t-elle.

— Il paraît qu'il avait mal à la tête la nuit dernière... Si l'un de vous pouvait aller le voir ?

— Bien sûr, Sylvie. J'y vais, avec Layla. Voulez-vous vous charger de reconduire Tika auprès des siens ?

Sans même se concerter, ils piquèrent un sprint. Un malaise vagal durait rarement aussi longtemps... Il était à craindre que ce soit plus grave.

— Cette femme a l'air remarquable, observa Layla un moment plus tard, comme ils remontaient en voiture pour gagner au plus vite le pavillon des visiteurs.

Il leur faudrait hélas une dizaine de minutes avant de quitter l'espace réservé aux animaux et aux soigneurs, cinq de plus pour atteindre leur patient.

— Elle se montre très protectrice à l'égard de ses éléphants.

— Oui. C'est une infirmière qui a changé de voie. Elle a passé un doctorat en biologie. Et c'est une amie fiable.

— J'espère qu'elle me permettra de me servir de son ordinateur, que je commande de la camomille et du thé ! J'aimerais aussi contacter un architecte pour qu'il vienne voir comment améliorer l'infrastructure de ton hôpital et installer un système de plomberie chez toi, ainsi qu'un panneau solaire pour générer de l'électricité. Et de toute urgence : une porte d'entrée ! À mes frais, bien sûr.

Elle parlait vite, ne sachant comment calmer le rythme frénétique de son cœur. Naturellement, ils s'étaient laissé emporter. Ce n'était rien d'autre qu'une impulsion. Un moment d'excitation partagé, une sorte de pic de fièvre sans conséquences. Quelque chose d'absurde qui ne se renouvellerait pas...

— Et des pépites de chocolat, ajouta-t-elle. Pour faire des cookies.

— Ta spécialité, répondit-il en souriant. Personne ne prépare des cookies aussi tendres que les tiens, Layla.

Ce n'était pas la première fois qu'Arlo commençait une journée dans la joie, les rires, le bonheur... Pour la finir dans un sentiment de vacuité et de profond découragement. Layla, en revanche, n'était pas habituée à côtoyer la mort. À New York, elle réduisait des fractures, ôtait des appendices enflammés, procédait parfois à des greffes sur des grands brûlés. Ses patients étaient sous anesthésie. Globalement, elle restait loin des tragédies humaines.

Cette fois...

Il poussa un long soupir en la trouvant dehors, sous le porche de la cahute, assise dans l'obscurité. Son cœur se déchira à cette vue, et il alla s'installer près d'elle pour l'attirer dans ses bras.

— Que puis-je faire pour t'aider à surmonter ça ? demanda-t-il.

— Rien de plus. Ça me fait du bien de rester dans le noir et le silence. Quand je ne vois rien, je peux me concentrer sur ce que j'ai dans la tête. C'est ce que je fais.

— Et le contact d'autrui ? suggéra-t-il. Tu ne cherches jamais ce type de réconfort ?

— Je ne sais pas, répondit-elle après avoir observé un bref silence. Je ne suis pas assez proche de mes confrères. Ou cela ne me vient pas à l'esprit.

Il l'attira plus fermement contre lui et raconta :

— Du temps de ma dernière année de médecine, avant l'internat, quand ça n'allait pas, j'avais envie de cogner mon poing contre les murs. Alors mentalement je me fixais sur cette image, et ça me soulageait. C'était une sorte de défouloir, cette boxe imaginaire.

— Tu ne m'avais jamais dit ça, autrefois, répliqua-t-elle.

Il sourit.

— Parce que je voulais que tu me regardes comme un homme parfait.

— Cela n'aurait pas changé ça, Arlo, dit-elle en levant vers lui un regard grave. Je t'ai toujours admiré. Même quand nous nous disputions, quand je te criais dessus. Je n'ai jamais oublié que tu es avant tout un homme bon, fiable, loyal. Et je sais aussi que tu es un médecin extraordinaire.

— Merci. De ta part, c'est… Cela a beaucoup d'importance pour moi, avoua-t-il, la voix éraillée par l'émotion.

Elle lâcha un profond soupir et poursuivit :

— Je voulais aussi profiter de la fraîcheur nocturne pour chasser l'image de tout à l'heure, mais… Elle ne s'en va pas. Je revois le visage de ce pauvre homme. Il a une fille de vingt ans qui apprend qu'elle est orpheline, à l'heure qu'il est.

— Layla…

— Il avait seulement cinquante ans, Arlo ! s'exclama-t-elle, la voix brisée par un sanglot.

— On est victime d'un accident cardiaque à n'importe quel âge. Tu le sais.

— Si j'avais sorti le défibrillateur plus tôt, je…

— Arrête, coupa-t-il d'un ton autoritaire. Je t'interdis de recommencer. Tu n'es coupable de rien. Nous avons tout tenté pour le ranimer, et c'était trop tard. C'est la vie, Layla : nous ne sommes que des médecins. Pas des faiseurs de miracles.

— Je le sais, acquiesça-t-elle. Combien de fois nous sommes-nous promis de ne pas nous laisser décourager par la mort, durant notre internat ?

Il serra sa main dans la sienne et sourit.

— Exactement. C'est essentiel. Tu as assisté à une naissance et à une mort cette semaine. C'est ainsi.

Il sentit les épaules de la jeune femme trembler, et il la laissa pleurer doucement contre son torse. Il fallait que la détresse sorte.

— Je suis contente que tu sois auprès de moi en ce moment, murmura-t-elle en reniflant, quelques minutes plus tard.

— Vraiment ?

— Oh oui. Tu as toujours su prendre soin de moi dans les moments difficiles, Arlo. J'aime ça. J'y avais pris goût, tu sais.

— Je ne m'en rendais pas compte, avoua-t-il. Je croyais que cela t'était égal, que tu n'avais pas besoin de moi...

— Parce que j'essayais de te faire croire que je pouvais me passer de toi. À quoi bon t'avouer le réconfort que je trouvais dans tes bras, puisque tu allais partir, de toute façon ? Je pensais à cela tout le temps. Que tu n'étais qu'une parenthèse dans ma vie. Que tu ne songeais qu'à repartir. Alors je m'interdisais de... De ressentir trop de choses. Pour ne pas trop souffrir à la fin.

— Je l'ignorais, répondit-il très bas.

Une sorte de lame s'enfonçait dans sa poitrine. Une douleur inconnue.

Durant un long moment, ils restèrent immobiles, l'un contre l'autre, dans le silence de la nuit. Enfin, Arlo trouva le courage de s'enquérir à mi-voix :

— C'est ce qui est arrivé ?

— Quoi ?

— Eh bien... À la fin, tu as souffert, Layla ?

— Tu plaisantes ? J'aimais ce que nous avions. J'aimais ce que nous étions. Je t'aimais, *toi*, Arlo : j'étais très amoureuse.

— Mais tu aimais encore davantage ton indépendance, rappela-t-il.

— Non. J'avais *besoin* de mon indépendance. Pour survivre à mes démons, pour me trouver, pour savoir enfin qui j'étais. J'entrais dans l'âge adulte après avoir été une enfant gâtée sur le plan matériel et totalement ignorée dans le domaine affectif. Je tâtonnais, Arlo. Et toi tu semblais si solide, si sûr de toi ! Tu avais déjà la réponse : tu savais ce que tu voulais faire, où était ta vie.

— Peut-être parce que tu fuyais la vie, Layla... Regarde : même maintenant, tu viens te cacher dans un coin, dans le noir. Tu essaies de faire comme si les choses laides et effrayantes de la vie n'existaient pas.

Elle lui retourna un regard amusé.

— Parfois, ça marche, fit-elle valoir.

— Vraiment ? Maintenant, par exemple ?

Sans un mot, elle glissa une main dans ses cheveux, l'attira vers elle et l'embrassa. Surpris par son initiative, il répondit très vite à son baiser, avec ferveur et fièvre. Enroulant sa langue autour de la sienne, il l'invita à venir se blottir contre lui tandis qu'ils s'abandonnaient à l'ivresse de leur étreinte.

Mais Arlo se recula.

— Non, non, plaida-t-elle. Ne t'arrête pas...

— Layla... Tu es un médecin exceptionnel. Les chirurgiens dotés d'un talent comme le tien ne courent pas les rues, alors pourquoi tout abandonner pour devenir une administratrice, une dirigeante isolée des vivants, bien à l'abri dans ses archives poussiéreuses et ses dossiers ? Tu ne vois donc pas où se trouve ton véritable don, celui de soigner ? Pourquoi y renoncer ?

Elle le considéra longuement et poussa un long soupir. De toute évidence, elle lui en voulait d'avoir interrompu leur baiser.

— J'ai faim, dit-elle.

— Grâce à Kanika, nous avons du riz gluant au chaud. Et des fruits frais.

— Parfait.

Un instant plus tard, ils dégustaient le contenu de leurs bols, toujours sous le porche.

— Et si l'administration hospitalière était mon vrai talent ? demanda-t-elle.

— Et si c'était tout simplement la médecine ? rétorqua-t-il.

9

Layla rit de sa réplique.

— Ici, dans la jungle ? interrogea-t-elle en roulant les yeux. Comme toi ?

— Où il te plaira d'exercer, Layla. Tu n'as pas suffisamment foi en toi, et tu as tort.

Il la contemplait d'une façon étrange, comme s'il avait une idée derrière la tête, observa-t-elle. Et en effet, dès qu'elle posa son bol vide sur la marche haute du porche, il lui prit la main et dit :

— Viens. Suis-moi.

— Où ça ?

— J'aimerais te montrer quelque chose. Considère que nous partons en promenade digestive.

— D'accord, agréa-t-elle.

Au lieu d'emprunter la route qui menait au village, Arlo la conduisit sur un chemin de terre en bordure de la forêt. La lune était presque pleine et éclairait leurs pas. Il faisait doux. Layla savoura la beauté de ce paysage étrange, exotique, plongé dans la pénombre. La forme des arbres se découpait dans le ciel. Elle entendait les cris des oiseaux et des singes. Chaucy se promenait peut-être dans les parages, à la recherche d'une fiancée... Bientôt, elle aperçut une sorte de grande mare. Et tout autour, des rochers.

C'était un lieu splendide et romantique, et même si elle se

méfiait des serpents, elle ne redoutait pas de voir surgir un animal hostile : elle était avec Arlo – elle ne risquait rien.

— Tu vois ce rocher ? demanda-t-il en désignant le plus haut d'entre eux.

— Oui.

— Laisse-moi t'aider à l'escalader.

— Quoi ?

Elle recula d'un pas et interrogea :

— Mais pour quoi faire ?

Sans répondre, il entrelaça ses doigts dans les siens et l'attira à sa suite. Intriguée, elle gravit avec lui le flanc rocheux. En moins de cinq minutes, ils parvinrent au sommet.

— Maintenant, ordonna-t-il, mets-toi là, devant moi, debout, face à la jungle. Je te tiens. Et crie « Je suis une femme solide ! »

Elle marqua un temps d'hésitation, non parce qu'elle redoutait de suivre son injonction, mais parce que ce lieu était si paisible et si beau qu'elle n'avait pas envie de troubler sa poésie.

— Fais-le, Layla, insista-t-il. « Je suis une femme solide. »

Elle sourit et hocha la tête. Rassemblant son souffle, elle fixa l'horizon et cria :

— Je suis une femme solide !

Et, comme par magie, la splendeur du paysage répéta après elle : « Solide... Solide... Solide... » Le chant des singes se tut un instant. Grisée par la puissance de l'écho, par la force de cette scène, elle répéta doucement :

— Je suis une femme solide.

Puis elle cria encore à pleins poumons :

— Je suis une femme solide !

« Solide ! Solide ! Solide ! »

Elle ferma les yeux pour écouter sa propre voix. Sa voix à elle. Celle de personne d'autre.

— Tu l'as toujours été, répondit doucement Arlo. Mais tu ne le savais pas.

Elle se retourna pour lui sourire. Mais elle ne trouvait pas les mots pour lui exprimer sa gratitude. Pour dire merci comme il convenait à l'homme qui venait de lui offrir le monde.

Assis sur son futon, de l'autre côté du rideau tiré, Arlo écoutait la respiration régulière de Layla. Ils avaient passé une merveilleuse soirée, et cela aurait dû lui suffire, mais… Il ne cessait de songer à leurs baisers. Impossible de trouver le sommeil.

— Doc Arlo ? murmura une voix au-dehors.

En se dirigeant vers le porche, il songea à la porte d'entrée que Layla voulait faire installer d'urgence. À quoi pensait-elle, au juste ? Pour quelle raison jugeait-elle indispensable que la cahute puisse fournir de l'intimité à ses deux habitants ?

— Bonsoir, dit-il en reconnaissant le visage familier de la villageoise. Que se passe-t-il ?

— Dusit…

Il fronça les sourcils. La dame parlait si vite que même avec son expérience du thaï, il ne comprenait pas ce qu'elle disait. Cependant, il devinait à quel genre d'urgence il avait affaire.

— Je prends ma trousse et je vous suis, dit-il.

Dusit était un diabétique dont le taux de sucre dans le sang était si versatile, et sujet à de tels écarts, que l'on pouvait craindre à tout moment des effets néfastes sur les organes vitaux. C'était un vendeur du village – un vendeur de « petites douceurs » qui avait une fâcheuse tendance à absorber lui-même une bonne quantité de sa marchandise. Peu après avoir atteint l'âge de quarante ans, il avait grossi. Son ventre était rond comme une outre, il souffrait de crampes et d'une vision floue.

— Bonsoir, Dusit, lança Arlo en parvenant sous le porche de la maison de son patient. Tu as encore faim à une heure si avancée de la nuit ?

L'autre sourit et répondit en désignant le saladier qu'il vidait :

— Très bon.

Arlo fronça les sourcils.

— Combien en as-tu déjà mangé avant d'aller au lit ?

Dusit leva trois doigts.

Il sentit l'agacement le gagner. Une mangue contenait beaucoup plus de sucre que la plupart des fruits. Ici, elles se trouvaient partout, elles étaient exquises… et très bon marché.

— Et *Khanom chan*, dit son interlocuteur.

— Non, tu plaisantes ? Et autre chose encore ?

— *Kao tom mud.*

Un riz collant à base de haricots noirs, de banane, et de lait de coco.

— Je vois, reprit Arlo. Et puis ?

— *Itim kati.*

Une crème glacée au lait de coco, car beaucoup de Thaïlandais souffraient d'intolérance au lactose.

— *Tuang muan sot.*

Il passa une main sur son ventre au souvenir du gâteau à la noix de coco et aux graines de sésame qui figurait visiblement parmi sa liste de desserts favoris.

Puis, il poursuivit :

— *Sang kaya fug tong.*

Il s'agissait d'une citrouille cuite et fourrée d'une crème pâtissière, servie en tranches.

Tout cela semblait excellent – et potentiellement létal pour Dusit.

— C'est tout ? s'inquiéta Arlo, qui réalisait pour la première fois que son patient diabétique se nourrissait *exclusivement* de desserts.

— *Tong yord.*

Cette fois, il eut presque envie de pleurer : il n'existait rien de plus sucré que cette « tarte aux jaunes d'œuf de fleur ». Arrivait-il seulement une fois par semaine à cet homme de s'alimenter convenablement ?

— Bon ? Je sais que tu ne te sens pas bien, mais c'est principalement lié à tes habitudes alimentaires, comme je te l'ai dit plusieurs fois. Ainsi qu'au fait que tu ne prends pas ton traitement de façon régulière.

— Pas gâcher bonne nourriture ! opposa Dusit.

— Mais pas « tout manger » non plus ! gronda Arlo. C'est ce qui finira par te tuer.

— Aiguilles, grr ! ajouta-t-il pour signifier son peu de plaisir à recevoir les injections.

— Personne n'aime ça. Je ne peux rien pour toi si tu refuses de changer. Je vais te faire une piqûre, mais il est impératif que demain, tu viennes à l'hôpital. Ma consœur va t'examiner et te prescrire un régime.

— Pas dame doc !

— Ce n'est pas à toi de décider, trancha Arlo avant de tourner les talons.

Une demi-heure plus tard, comme il rentrait se coucher, Layla lui demanda où il était passé. Une fois qu'Arlo lui eut raconté les détails de sa visite à son patient, elle ne put s'empêcher de rire.

— J'admets que c'est comique vu de l'extérieur, mais pour lui, la tragédie approche, soupira Arlo. Je ne sais plus quoi faire avec lui. Il ne veut rien entendre.

— Tu as vraiment le sentiment d'avoir tout essayé ? demanda-t-elle.

— Tout. Les explications médicales, la psychologie, les menaces. Je lui ai donné des brochures en thaï. Je lui ai montré des photos atroces de ce qui pourrait lui arriver s'il continuait ainsi.

Il secoua tristement la tête et conclut :

— Il ne m'entend pas. Ou il s'en fiche, je ne sais pas.

— Certains patients refusent toute forme d'aide, Arlo. Nous n'y pouvons rien.

— Mais il a quarante ans, Layla ! Et il est père de jeunes enfants. Ils ne méritent pas de perdre leur papa avant qu'il atteigne son quarante-cinquième anniversaire.

Elle soupira.

— Bon. Tu crois qu'il m'écouterait ?

— Probablement pas.

— Mais je peux essayer quand même ?

— Bien sûr, acquiesça-t-il. Seulement, ne t'attends pas à un résultat satisfaisant. Dusit est têtu comme une mule.

Elle le contempla attentivement et observa avec gentillesse :

— Toi tu es épuisé.

— Oui, c'est vrai, admit-il. Parfois, je me dis que...

Il ne termina pas sa phrase. Elle posa un doigt sur ses lèvres pour l'en empêcher.

— Parfois, reprit-elle avec douceur, nous souhaitons tous avoir fait un autre choix professionnel. Mais tu étais voué à travailler ici, Arlo, et ce n'est pas Dusit qui va te faire rendre les armes.

— Comment as-tu deviné ce que je ressentais ? C'est exactement ça.

— Parce que je te connais, dit-elle en se rapprochant de lui. Et que je sais combien tu es touché quand l'un de tes patients ne réagit pas comme tu l'espères. Mais maintenant...

Elle se pencha pour effleurer sa bouche d'un baiser furtif.

— Il est l'heure de dormir, conclut-elle. Tu affronteras ce problème avec ton patient demain.

Elle se leva et lui fit signe de s'installer à sa place.

— Vas-y, insista-t-elle, comme il ne bougeait pas. Tu as davantage besoin de ce lit que moi. Et j'ai très envie d'essayer ce futon.

Sans mot dire, il obéit. Il y avait des soirs où il se demandait comment il avait pu quitter cette femme. Et cette nuit, la question risquait de le hanter longtemps.

— Il est venu à l'aube pour recevoir son injection ? répéta Arlo, ébaubi, en sortant de la douche.

Il avait une serviette enturbannée sur la tête et, comme il était quasiment nu, elle ne put s'empêcher de lorgner en direction de la zone la plus intime de son anatomie.

— Incroyable, ajouta-t-il. Avant même que je sois réveillé !

— Oui, nous avons eu une petite conversation entre quatre yeux, lui et moi. Je lui ai dit que s'il continuait à te compliquer la tâche alors que tu n'as pas d'autre désir que de l'aider, nous l'enverrions au grand hôpital de la région où il resterait sous insuline, avec régime sans sucre et sans sel. Cela dit, il est incroyable : il s'empiffrait de gâteaux tout le temps que je lui parlais !

Arlo la considéra avec ébahissement.

— Mais quelle heure est-il ? Où étais-tu ?

— J'ai fait ta tournée. Tu étais si épuisé que j'ai décidé de te laisser dormir.

Il posa sa serviette mouillée sur une pile et passa ses doigts dans ses cheveux pour les démêler. Un geste qu'elle avait toujours adoré, et qui lui donnait envie de l'imiter : sentir les boucles dorées d'Arlo crisser, soyeuses, contre sa peau... Combien de fois s'était-elle réveillée – et endormie – en lui caressant les cheveux, en faisant boucler une mèche blonde autour de son index ? Et elle le massait au coin des yeux. Elle l'embrassait dans le cou – sa nuque... Peut-être la partie de son corps la plus sexy.

— C'est vraiment adorable de ta part, Layla. Merci. Je ne saurais plus dire quand j'ai fait la grasse matinée pour la dernière fois.

Elle sourit.

— C'est à cela que sert un partenaire, non ?

Aussitôt ces paroles prononcées, elle se mordit la langue. « Partenaire » dans quel sens ? Avait-elle pensé qu'ils pourraient... éventuellement ? Mais non ! Absurde. Elle se contentait d'honorer une mission afin de décrocher le poste dont elle rêvait. Rien d'autre.

Après une seconde partie de matinée particulièrement chargée, Arlo s'apprêtait à prendre une pause. D'ordinaire, il faisait la journée continue, mais il n'avait cessé de penser à sa mère depuis qu'il avait poussé la porte de l'hôpital, aujourd'hui.

Au travail qu'elle avait accompli ici. Au plaisir qu'elle en retirait : car elle était heureuse, cela se lisait sur son visage, sauf... lorsqu'elle pensait à Éric.

— Tu veux venir manger un morceau avec moi ? suggéra-t-il en retournant à la cabane à l'instant où Layla en sortait.

Elle leva les yeux vers lui, et il sentit son rythme cardiaque s'accélérer. Ce regard de miel, où le bronze et l'or semblaient fusionner... Il suffisait qu'elle soit là pour qu'il perde ses moyens. Parfois, en sa présence, il avait l'impression d'avoir à nouveau douze ans. Elle était si belle ! Malgré lui, il admira son teint transparent, sa bouche pulpeuse, les mèches qui échappaient à son chignon pour boucler sur ses tempes. Il avait envie de défaire cette coiffure trop sage.

— Je veux bien prendre le thé avec toi pendant que tu déjeunes, mais j'ai eu droit à une dégustation de la part de tous les vendeurs dans les rues du village, ce matin, annonça-t-elle. Et je n'ai pas su dire non.

— Tu as bien fait. La cuisine est délicieuse par ici, n'est-ce pas ?

— Oui, mais très riche aussi !

— Comme si tu avais à te soucier de ça, rétorqua-t-il en lorgnant avec gourmandise sur sa silhouette.

Elle était parfaite. Élancée, athlétique... Outrageusement féminine.

Et elle avait la chance de pouvoir manger ce qu'elle voulait sans prendre un gramme, se souvint-il. Car du temps de leur internat, ils n'étaient guère des gastronomes. Leur dîner était souvent composé de pizzas ou de pâtes.

— En vieillissant, je dois être plus attentive à cela, répondit-elle, comme si elle avait deviné ses pensées. Ma mère, l'actrice parfaite, svelte, élégante, toujours pomponnée, se déteste depuis qu'elle a pris du poids.

— Pourtant, si je me souviens bien, les rares fois où je l'ai vue, elle était très belle.

— Oui. Nous changeons tous avec le temps, soupira-t-elle. Pour mon père, c'est la ligne d'implantation capillaire qui a reculé.

Il éclata de rire.

— Et pour toi ? s'enquit-il.

— Moi... Eh bien je suis là. C'est une révolution, tu ne crois pas ?

— Peut-être, mais tu ne serais pas là sans une récompense au retour, rappela-t-il.

— C'est vrai. J'aime dormir dans un lit confortable, prendre une bonne douche chaude, et ne pas avoir besoin de moustiquaire en toute occasion. Mes besoins sont simples, mais je ne nie pas qu'ils existent. Et toi, Arlo ? En quoi penses-tu avoir changé ?

Il réfléchit.

— Je crois être plus conscient des besoins des autres, et plus tolérant à cet égard. Je parviens enfin à accepter que les gens ne soient pas tous pareils. Qu'ils aient des aspirations, des modes de vie réclamant de ma part à la fois un peu de patience et de considération.

— Quel progrès ! s'exclama-t-elle. Il est vrai que tu pars de loin. Tu étais plutôt rigide.

— Je me trouvais dans un univers que je ne connaissais pas, Layla. Entre la vie à New York et celle d'ici...

Il sursauta en même temps qu'elle. Quelqu'un hurlait. Ils se précipitèrent en courant vers l'hôpital, d'où venaient les hurlements.

C'était une femme. Les yeux écarquillés par la panique, le visage ruisselant de sueur, la robe pleine de sang, elle s'agrippa à la blouse d'Arlo et lui débita un monologue entrecoupé de « Ah ! » terrifiés.

— Que se passe-t-il ? s'enquit Layla.

10

Arlo lui retourna un regard inquiet.

— Je ne sais pas, mais ça a l'air grave. Elle me parle de flaques de sang et d'un homme coincé dans un arbre, grièvement blessé. Prends ta trousse et suis-la. Il faut que j'aille chercher mon...

Il parut hésiter avant d'ajouter :

— Mon kit d'amputation.

— Pardon ?

Layla se sentit blêmir.

— Je n'en suis pas sûr, reprit-il, mais... Naiyana, la femme de l'homme coincé dans l'arbre, semble dire qu'il a la jambe coincée. Qu'elle a tiré dessus sans parvenir à le dégager.

— Ce n'est peut-être pas si grave ? suggéra-t-elle d'une voix blanche.

Déjà, son rythme cardiaque s'emballait.

— Arlo, souffla-t-elle. Je n'ai jamais pratiqué une amputation.

Il lui lança un long regard indéchiffrable.

— Moi non plus, admit-il.

Oh non. Seigneur ! S'ils n'étaient pas plus expérimentés l'un que l'autre, comment s'en sortiraient-ils ? C'était exclu. Il n'y aurait pas d'amputation.

Un quart d'heure plus tard, ils se trouvaient au pied de l'arbre. La dame les avait guidés. Sur sa robe, le sang avait séché. Il y en avait de telles quantités... Au-dessus de leur tête, un corbeau se mit à crier. Layla plissa les yeux. Elle voyait l'homme – et sa jambe coincée.

— Nous ne pourrons rien faire tant qu'il sera là-haut, observa-t-elle.

— Peut-être, mais je ne crois pas non plus que nous parvenions à le faire redescendre avec sa jambe, répondit-il.

L'épouse du blessé, Naiyana, se remit à parler à toute vitesse, et Layla formula une prière silencieuse pour qu'Arlo comprenne tout ce qu'elle disait. Ils étaient déjà bien assez dans le flou ! Il était impératif qu'ils comprennent les tenants et les aboutissants de la situation.

Enfin, il se tourna vers elle et traduisit :

— Il était en train d'élaguer cet arbre devant sa maison : une branche était trop proche de leur fenêtre et obstruait la lumière dans leur salon. Il a grimpé, il a coupé, et ne me demande pas comment, la branche s'est fendue en emportant sa jambe. Des hommes sont montés l'attacher au tronc pour qu'il ne tombe pas, en attendant que Naiyana revienne avec nous. Elle dit qu'il a perdu énormément de sang. Elle craint qu'il ne soit en train de mourir.

— Il est conscient ? demanda-t-elle en levant la tête.

L'échelle était toujours posée contre le tronc. On n'entendait pas un murmure.

— Selon elle, de façon intermittente. Il a eu une phase de délire.

— Mon Dieu...

Cela ne s'annonçait pas bien du tout. Elle fixa le visage d'Arlo. Il était pâle. Quant à elle, elle transpirait comme aucune dame respectable n'est censée transpirer en société.

— Je vais monter le premier, déclara-t-il. Je m'attacherai solidement là-haut, et je reviendrai te chercher. Pars du principe que l'amputation va probablement se révéler inévitable.

Le cœur de Layla battait à s'en rompre. Son angoisse pulsait dans ses veines. Elle était sujette au vertige et évitait de grimper ne fût-ce que sur un escabeau. Petite fille, elle était tombée d'un arbre et avait dû être opérée deux fois du genou. Elle en avait hérité cette phobie.

— Je… Je ne sais pas si je parviendrai à grimper jusque là-haut, Arlo, avoua-t-elle d'une voix chancelante. Tu sais que j'ai un problème avec les…

Il vint vers elle, encadra son visage de ses mains, plongea son regard bleu dans le sien et déclara :

— Je te promets que tu seras en sécurité. Tu m'entends ? C'est une promesse. Ce qui est arrivé quand tu avais huit ans ne se reproduira jamais. Je suis avec toi. Il n'y aura pas de chute, pas de chirurgie du genou, pas de rééducation.

Il l'attira contre lui et ajouta :

— Jamais je ne te placerai dans une position dangereuse, Layla, jamais.

Bouleversée par ses paroles, elle sentit une douce chaleur lui envelopper le cœur. Il venait de dire exactement ce qu'il fallait. Et elle avait peine à croire qu'il ait si bien mémorisé sa confidence, un soir, six ou sept ans plus tôt.

Elle serra les poings et lui sourit pour affirmer :

— Je suis une femme solide, Arlo. Tu te souviens ? Une femme solide !

Il lui sourit, lui adressa un clin d'œil, puis se hâta de gravir l'arbre. Parvenu en appui, il cria :

— Je n'en ai jamais douté !

Elle sourit encore. Quel panache, chez cet homme ! Et quel cran. En quelques secondes, il se hissa près de l'homme.

Depuis cinq minutes, Layla avait rejoint Arlo dans l'arbre. Savamment harnachée, elle se laissait maintenant soulever la tête en bas vers la branche supérieure.

— Quinze centimètres à gauche, lança-t-elle. Oui… Encore un peu à gauche… Stop.

— Je crois que tu es exactement dans le bon angle, acquiesça Arlo. Tu as un bon angle de vision ?

— Oui.

Le cas de Virote, le blessé, était décidément complexe. Dès

que Layla avait rejoint Arlo, elle avait compris qu'ils n'étaient pas au bout de leurs peines. Inconscient, le malheureux avait la jambe broyée dans une branche en Y où il était impossible d'accéder à deux, et encore moins possible de s'installer convenablement pour envisager une opération.

Encore grisée par la fierté d'avoir surmonté sa frayeur et grimpé à cet arbre, Layla avait donc insisté pour qu'Arlo l'aide à se hisser plus haut encore. Si elle parvenait à se stabiliser juste au-dessus de la jambe de Virote, ils parviendraient peut-être à procéder à l'amputation. De toute façon, c'était leur seul espoir : si elle n'y parvenait pas, le malheureux était perdu. Arlo était trop lourd pour prendre la place de Layla.

— Je crois que ce n'est pas mal, commenta-t-il. Il est sur le dos, presque à plat. Son poids est bien réparti. Cela devrait te simplifier les choses.

— Rien ne va me simplifier les choses, Arlo, ronchonna-t-elle. Je suis un médecin qui n'a jamais pratiqué une amputation et qui doit se lancer en équilibre, dans un arbre !

Elle s'approcha du blessé pour estimer la gravité de son accident. Arlo avait raison. Sa jambe était irrécupérable : les ligaments et les muscles étaient détruits. Mais le saignement s'était interrompu, et... Elle serra les dents. Plus question de tergiverser : il fallait y aller.

— Où en es-tu avec l'anesthésie ? interrogea-t-elle.

— J'ai forcé la dose.

Il leva un regard inquiet vers elle.

— Écoute-moi bien, reprit-il, je ne veux pas que tu prennes le moindre risque en ce qui te concerne, c'est compris ? Si tu as le vertige, si tu te sens mal, s'il se produit quoi que ce soit, je te redescends. Fais-moi signe à la moindre gêne.

— Détends-toi, répliqua-t-elle. On fait comme prévu : je te dis à haute voix tout ce que je fais et tant que tu ne réponds pas, c'est que tu approuves, d'accord ?

— D'accord.

Layla ouvrit la fermeture du kit d'amputation. C'était le moment de prouver qu'elle avait un sang-froid à toute épreuve.

— Au fait, Arlo, lança-t-elle.

— Oui ?

— À propos de ton thé... On reprendra rendez-vous.

— La réponse des fonctions vitales est toujours mauvaise, lâcha-t-elle, défaite.

Layla était installée à l'arrière du SUV avec le patient. Arlo conduisait en lui jetant des regards inquiets dans le rétroviseur.

Par miracle, la procédure s'était déroulée le mieux possible – si l'on tenait compte des circonstances inouïes pour pratiquer un acte de chirurgie aussi lourd qu'une amputation. Ainsi qu'Arlo l'avait demandé aux voisins de Virote, de nombreux villageois, des hommes jeunes et musclés, étaient venus leur prêter assistance afin de redescendre le plus délicatement possible le malade inanimé, après l'intervention.

Il fallait maintenant le conduire de toute urgence à l'hôpital. Certainement pas le leur : Virote souffrait visiblement d'autres contusions, voire d'un trauma aggravé, et il avait besoin d'un service de soins avancés. Aussi fonçaient-ils en direction du centre hospitalier régional. Une fois le blessé stabilisé, on le transporterait certainement à Bangkok.

— C'est une chance qu'il soit encore en vie, répondit Arlo, mais il lui faut une transfusion... Vite. Très vite.

— Il en a pour un moment, le pauvre, soupira-t-elle. Il sera encore opéré pour la pose de sa prothèse, et...

— Ce ne sera pas pour tout de suite.

— Pourquoi dis-tu cela ?

— Parce qu'ici, on commence par stabiliser un grand blessé. Il va séjourner dans un centre de rééducation durant des mois. On lui apprendra à vivre avec son amputation. Enfin, il sera sur liste d'attente pour une prothèse, et il attendra sans doute... Ma foi, je dirais entre quatre et six mois.

À ces mots, elle resta bouche bée.

— Ce n'est pas possible... Tu plaisantes ! lâcha-t-elle, estomaquée.

— Layla, je ne cesse de te le répéter : ici, nous ne sommes pas aux États-Unis. Tu dois accepter les mœurs du pays, son fonctionnement, son économie, et son système de santé. Les villageois n'ont pas d'assurance, pas de mutuelle. À son réveil, cet homme s'estimera heureux d'être encore en vie ! Que lui serait-il arrivé si nous n'avions pas été là ? Si j'avais été seul, incapable de m'installer au-dessus de lui pour pratiquer l'opération ? Qu'aurions-nous fait si les villageois ne nous avaient pas aidés à le redescendre ? Te rends-tu compte du nombre de fois où cet homme a eu une chance folle, aujourd'hui ?

Elle hocha lentement la tête.

— Je sais. Mes critères ne sont pas ceux de la jungle. Je ne me rendais pas compte de ce que représente ta pratique ici, avant de venir le constater par moi-même.

— Mes parents non plus n'avaient aucune idée de ce qu'ils allaient trouver en venant s'installer ici, répondit-il avec douceur. Au départ, ils ont pris ce poste pour échapper aux menaces du père d'Éric. Puis, ils se sont pris au jeu, le virus de la jungle les a saisis, et ils sont devenus un formidable tandem de médecins nomades. Grâce à eux, des gens qui n'avaient pas eu une chance de s'en sortir ont vécu une existence longue et heureuse. En un sens, ils ont été des pionniers. Et non seulement ils ont endigué des épidémies et fait progresser l'hygiène dans toute la région, mais ils ont pu vivre leur passion pour la médecine.

Layla posa une main sur l'épaule d'Arlo.

— C'est magnifique, acquiesça-t-elle. Je suis heureuse que tous ces gens puissent compter sur toi, désormais.

Comme elle aurait aimé l'avoir pour elle, quelques années plus tôt... Mais aurait-elle pu devenir la partenaire dont il rêvait ? Possédait-elle le talent et le courage de la mère d'Arlo ? Pouvait-elle croire qu'il soit viable de tout partager avec son conjoint – l'amour la vocation, le couple et l'exercice médical ?

De toute façon, Arlo avait toujours vu en elle une fille qui avait besoin de cinquante paires de chaussures pour être heureuse. En un sens, il n'avait pas tort : elle se focalisait beaucoup trop sur les signes extérieurs de la réussite sociale, du temps où ils étaient ensemble. Et même ensuite, si elle voulait être honnête, elle était restée assez matérialiste. De moins en moins... Jusqu'à prendre conscience qu'elle était davantage une technicienne qu'un médecin, au sein de la clinique d'Ollie, parce qu'une chirurgienne manquait souvent de la dimension humaine du métier. C'était une des raisons de sa présence ici. Devenir un meilleur médecin. Mais cela, jamais Arlo ne voudrait le croire.

— Bon, ce n'est sans doute pas le plus beau panorama qu'on puisse trouver, mais au pied levé, je n'ai pas su faire mieux, dit Arlo en posant deux sandwichs et une bouteille de vin sur le parapet du jardin.

La nuit était tombée. Ils étaient face à un grand bassin dont la surface renvoyait l'éclat des étoiles, et il vint s'asseoir à côté d'elle.

— Virote sort tout juste de salle de chirurgie, enchaîna-t-il. Il va bien.

Ils n'avaient pas encore pu quitter l'hôpital régional : non seulement ils tenaient à avoir des nouvelles de leur patient avant de partir, mais ils étaient épuisés. Ni l'un ni l'autre n'avait le courage de reprendre le volant pour rentrer.

— J'ai l'impression de ne pas avoir entendu les bruits de la ville depuis un siècle, déclara Layla. C'est incroyable : les klaxons, les moteurs... Et nous ne sommes même pas dans une métropole.

— Oh non. Tu n'imagines pas ce que c'est à Bangkok, renchérit-il.

Il déboucha le vin à l'aide d'un couteau multifonction et leur remplit deux verres. Pas des verres à pied, bien sûr : seulement des gobelets de l'hôpital.

— Je n'ai pas passé plus de quelques heures ici avant de prendre la route, expliqua-t-elle. Il y a de nombreuses beautés à voir, selon mon guide, mais je préfère la jungle. Surtout son silence et les cris de ses animaux.

Il s'esclaffa et lui renvoya un regard incrédule.

— Vraiment ? Toi ? Tu es en train de devenir Layla de la jungle ?

Elle sourit.

— Peut-être. Je ne sais pas. Probablement pas.

Il rit plus fort.

— Quelle réponse claire et nette ! ironisa-t-il.

Elle soupira.

— J'aime les gens, Arlo, et le contact humain. Ainsi que les défis que nous pose la médecine, même si j'ai pu m'en plaindre. Ça me donne la sensation d'être plus vivante que jamais auparavant. Je crois que ça me manquera quand je serai de retour à New York.

Durant quelques secondes, il se tut. Enfin, il demanda d'une voix sombre :

— Parce que tu comptes bien retourner là-bas, n'est-ce pas ?

— C'est ce qui correspond le mieux à ce que je suis. Du moins, à ce que je sache.

Elle avala une gorgée de vin et leva les yeux vers le ciel étoilé. Un velours épais incrusté de diamants.

— Tu crois que je pourrai emporter un morceau de ce ciel avec moi ? demanda-t-elle.

— Je crois que tu peux avoir tout ce que tu veux, Layla. Si ton cœur le désire, si tu l'engages dans la voie que tu choisis.

Il l'attira contre lui et poursuivit :

— Tu te souviens des soirées que nous passions sur notre balcon, où nous disions que nous ne faisions rien d'autre que respirer ?

— Quelles nuits merveilleuses, acquiesça-t-elle. Parfois, après une très longue journée, c'était la seule chose qui avait un sens à mes yeux.

— Je continue à le faire. Je m'assieds sur une marche du porche, je ferme les yeux et j'écoute ma respiration. C'est un exercice qui me permet de remettre les choses en perspective quand j'ai le sentiment que ma vie est trop dure, ou que je ne suis pas à la hauteur. Et les soirs où je suis installé là, dans la nuit, sous les étoiles, j'ai presque l'impression que tu es à côté de moi. Si je me concentre bien, je peux pratiquement sentir qu'à distance, nous partageons ce moment. Je sais que nous livrons les mêmes batailles, que nous pensons aux mêmes choses, et que nous essayons l'un comme l'autre de remettre un peu de sens dans le chaos de la vie.

Layla se blottit plus étroitement contre lui pour écouter les battements de son cœur. Un battement solide. Fort. Stable. Tout, chez Arlo, exhalait la stabilité et la force. Elle avait toujours aimé cela, elle qui se sentait si incertaine, si hésitante.

— Je n'ai pas de balcon, avoua-t-elle. En plus, mon appartement est dans un immeuble ancien, un brownstone, et le porche donne directement sur le trottoir.

— Cela doit avoir des avantages, opposa-t-il en souriant. Tu as une vraie porte ?

Elle rit.

— Oui, avec un vrai verrou !

— C'est le genre de choses qui pourrait me rendre jaloux.

Elle leva les yeux vers son visage. Ce merveilleux visage. Ses fossettes. Ses yeux clairs et tendres. Les mèches blondes qui lui tombaient sur le front. Tant de souvenirs lui revenaient...

— Si tu veux, à mon retour je te ferai envoyer une porte.

— Donne-moi plutôt un vrai baiser tout de suite.

Son cœur se mit à battre follement dans sa poitrine dès que les lèvres d'Arlo se joignirent aux siennes. Elle s'accrocha à son cou et lui rendit passionnément son étreinte.

Arlo était d'autant plus sensuel qu'il n'était pas rasé, et qu'elle adorait sentir la caresse rugueuse de son menton sur sa peau. Leur baiser se faisait incandescent.

Glissant ses doigts dans ses cheveux, elle savoura la douceur soyeuse de ses boucles, tandis qu'il enroulait sa langue autour de la sienne, voluptueusement. Malgré elle, elle laissa échapper un gémissement de plaisir, et il la serra plus fort.

Elle ne voulait pas que ça s'arrête. Pas cette fois. Elle avait envie de lui, besoin de sentir son corps contre le sien, de se griser de ses caresses... de se noyer dans son regard.

Pas question de penser aux conséquences. L'instant présent était magique, et elle allait s'en délecter encore et encore.

— Qu'est-ce qu'on va faire ? chuchota-t-elle, à bout de souffle.

Il ne répondit pas. Il prit sa main et l'entraîna à sa suite.

11

L'atmosphère de la chambre d'hôtel était pratiquement suffocante, et l'ameublement élémentaire. Ils n'espéraient rien d'autre qu'un lit lorsqu'ils étaient arrivés à la réception, et une fois ici, dans la pénombre, ils n'avaient pas accordé une seconde d'attention au décor. Jusqu'à cet instant. Layla venait de repérer un lézard sur le mur opposé au lit. Ou plutôt des lézards.

— Ils nous observent, dit-elle à Arlo.

Étendu près d'elle sur le lit, il avait descendu le drap jusqu'au niveau du nombril alors qu'elle restait sagement dissimulée dessous.

— Ce sont des jing jok, expliqua-t-il. Ils portent chance. C'est pour cette raison que nous avons eu de la chance, cette nuit.

Elle sourit et tourna la tête vers le coin de la pièce où ils avaient jeté leurs vêtements en toute hâte. Deux bouteilles de vin vides étaient posées sur la table. Ils avaient acquis la seconde sur le chemin, en cherchant un hôtel. Des regrets ? Oh non. Au contraire. Elle ne s'était pas sentie aussi heureuse depuis longtemps, et elle aurait volontiers passé toute la journée ici, à faire l'amour avec Arlo, comme il leur arrivait parfois, cinq ans plus tôt, de s'accorder vingt-quatre heures de repos en tête à tête, rien que tous les deux, dans leur lit.

— Le petit déjeuner servi sur un plateau serait le bienvenu, remarqua-t-elle.

— Ne rêve pas, s'esclaffa-t-il. Et c'est plutôt l'heure du

brunch, je crois. Mais si tu veux, je peux descendre dans le hall et t'acheter quelques mauvaises sucreries au distributeur automatique ?

— Non merci, répondit-elle en riant. Je cuve encore mon vin.

— Il était bon, non ?

— Aussi épouvantable que celui que nous buvions quand nous étions étudiants. Je l'ai adoré.

Il l'attira au creux de son épaule et renchérit :

— Dans ce cas, cette chambre doit être à ton goût. Une vraie splendeur, n'est-ce pas ?

— C'est propre et nous sommes sur un matelas confortable, dans un vrai lit. Alors pour moi, tout est pour le mieux.

Il déposa quelques baisers sur ses cheveux.

— Je sais, soupira-t-il. Pour moi aussi, mais... Les meilleures choses ont une fin. Nous avons un hôpital à superviser, et l'infirmier qui tient la garde ne va pas rester tout l'après-midi.

— Comment a-t-il pu se rendre disponible si vite ? interrogea-t-elle.

— Sylvie l'a appelé. Un homme du village lui a dit que nous étions partis avec Virote. En fait, elle était en train d'acheter des pâtisseries à Dusit quand tout est arrivé.

— C'est un tout petit monde... Mais avant de partir, comme nous sommes des gens bien, nous devrions prendre des nouvelles de notre patient, tu ne crois pas ? s'enquit-elle.

— Oh si. Mais avant d'y aller, comme nous sommes des gens propres, nous allons prendre une douche, déclara-t-il. À toi l'honneur. Laisse-moi de l'eau chaude !

— Alors ça... Ce n'est pas sûr !

Elle rit de plus belle et enchaîna :

— Une vraie douche, avec un pommeau qui produit un véritable jet, et non pas un bout de tuyau accroché à un mur, et qui crachote de l'eau froide... Je compte bien en profiter !

Elle sourit et conclut :

— Mais ton calvaire est bientôt fini. J'ai pris contact avec un architecte qui viendra avec son plombier pour étudier la meilleure façon d'agrandir ta cahute, de la moderniser et de t'installer une salle de bains digne de ce titre.

Arlo ne répondit pas. Il n'écoutait pas vraiment ce qu'elle lui disait à propos de pommeaux de douche et songeait qu'il aurait donné n'importe quoi pour passer le reste de la journée ici, avec elle. Dans ce lit. À ne plus s'inquiéter de la survie des uns et des autres, ni de leur confort ; à se consacrer exclusivement à ses désirs et à ceux de Layla. Il sentait quelque chose d'étrange dans son cœur, un mélange de joie intense et de tristesse.

Cette mélancolie le poursuivit durant tout le trajet et, au moment où il vit se profiler le grand figuier devant lui, juste avant l'entrée du village, il arrêta le SUV sur le bas-côté.

— Quelque chose ne va pas ? s'enquit-elle.

— Non. Si. Peut-être. J'essaie seulement de retenir encore un peu cet instant. Parce que là, tout de suite, nous ne sommes rien d'autre que des amants bercés par la fatigue doucereuse du lendemain. Mais quand je dépasserai le grand figuier, nous redeviendrons un tandem de médecins appelés à faire face à tous ceux qui nous attendent impatiemment depuis notre départ. Alors je ne suis pas prêt. Je n'ai pas envie de dépasser le figuier.

Elle posa sa main sur la sienne en signe de complicité, mais elle soupira.

— Tu sais que nous allons probablement passer la nuit entière à rattraper le retard avec les malades, n'est-ce pas ?

— Et toi, tu sais que je n'ai pas à m'en préoccuper tant que je ne franchis pas le figuier ?

Il entrelaça ses doigts dans les siens et se tourna vivement vers elle.

— C'était si bon, Layla, et je ne parle pas seulement de sexe. C'était bon d'être avec toi, de parler avec toi, de ne rien faire – de tout faire ensemble. Comme avant.

Elle lui renvoya un regard empreint d'angoisse.

— C'est vrai, mais nous ne sommes plus les étudiants que nous étions alors, avec toute la vie devant eux…

— Tu veux dire que la vie s'en est mêlée et qu'elle a tout gâché ?

— Je n'irais pas jusque-là, mais la vie nous rattrape, oui. Nous comme les autres, Arlo. Quand on est jeune et qu'on vit un moment parfait, on croit qu'on va pouvoir le rendre éternel. Et puis avec l'âge et l'expérience, on se rend compte qu'ils sont rares et qu'ils ne sont rien d'autre que ça : des moments. Pas des bulles où tu pourrais te réfugier jusqu'à la fin de tes jours, bien à l'abri du reste de l'humanité. Et un figuier…

— Un figuier n'est qu'un figuier, lâcha-t-il sombrement. Je le sais. De toute façon, j'ai promis de passer un coup de fil aujourd'hui et si je veux pouvoir le faire, il faut qu'on rentre maintenant.

Il remit le moteur en marche et poursuivit :

— Et la première tâche consistera à vérifier les points de suture que j'ai posés au petit, l'autre jour, parce qu'il essayait de les arracher. Et il faudra aussi vérifier ce que Dusit a mangé, et s'il a bien…

Pourquoi diable s'était-il imaginé qu'elle comprendrait ? Qu'elle partageait son vague à l'âme et ses désirs – quand bien même ceux-ci n'étaient pas rationnels ? Layla était en mission. D'ici à quelques semaines, elle retournerait vers sa vie de luxe et de rigueur à New York, où elle pouvait à tout moment se plonger dans un bain à bulles, et dormir sur des matelas plus épais que le tronc du plus vieux figuier de cette jungle.

— Tu es réveillé ?

Layla passa la tête à l'intérieur de la cahute et vit Arlo allongé sur son futon. Ils avaient consacré la majeure partie de la nuit et de la matinée à traiter des problèmes sans gravité, lui au cours de ses visites au village, elle à l'hôpital.

— Pensri Buajan va bientôt arriver avec un chargement de vivres, et les invités vont suivre. Il semblerait que des femmes se soient encore rassemblées pour nous cuisiner les plats les plus succulents. Tout le village ne parle que de Virote et du fait qu'il soit miraculeusement en vie. Prépare-toi à être l'invité d'honneur d'une nouvelle célébration ce midi, déclara-t-elle joyeusement.

Comme elle s'approchait de lui pour lui parler, il se retourna afin de poursuivre sa sieste.

— Tu ne vas pas t'en tirer si facilement, Doc, répliqua-t-elle. Beaucoup de gens ont travaillé toute la journée pour nous préparer ce déjeuner de fête, il va falloir que tu fasses au moins une apparition.

Comme il ne répondait pas, elle enfonça deux doigts dans ses côtes.

— Hum. On n'empêche jamais le patient de se reposer, ronchonna-t-il. Et on ne le torture pas.

— D'abord, tu n'es pas mon patient. Ensuite, je ne torture pas : je prépare une séance de chatouilles au cas où tu essaierais de rester ici...

— Attention, Layla. C'est un jeu dangereux.

Elle se mit à glousser avec délice.

— Tu ne me fais pas peur. Tu n'as jamais été capable de mettre tes menaces à exécution, Arlo.

Elle avança la main vers ses pieds nus pour le chatouiller mais, cette fois, il fut plus rapide qu'elle : il lui saisit le poignet et la fit basculer près de lui sur le matelas.

— Non ! Non ! Ne fais pas ça ! supplia-t-elle.

— Tiens donc ! Mais si : des chatouilles !

— Si tu fais ça, je te jure que...

— Oui ? demanda-t-il d'un ton faussement innocent en la tenant si serrée contre lui qu'elle pouvait à peine respirer. Je t'écoute. Que feras-tu « si » ?

— Ça ! cria-t-elle en se tortillant en tous sens, certaine d'échapper à son emprise.

Mais il était trop fort, et elle ne parvint qu'à récolter quelques chatouilles sous les bras. Elle se mit à hurler de bonheur et de rage en même temps.

— Tu es ma prisonnière, conclut-il en la couvant d'un regard triomphant. Tu ne peux rien faire. Rien !

— J'ai relevé des défis beaucoup plus impressionnants que celui-ci, prévint-elle.

— Par exemple ?

— Par exemple, refuser un bonbon à James, petite brute de cinq ans qui s'était montré récalcitrant tout au long de l'examen et ne méritait pas de récompense. Alors... Il m'a mordu.

— Quoi ? lâcha-t-il en prenant un air scandalisé. Je vais aller le trouver et le provoquer en duel. Sauf si tu me donnes des bonbons pour lui.

— Toi, tu veux des bonbons ? railla-t-elle. Mais alors, tu es beaucoup plus corruptible que ce que je pensais.

— Totalement, reconnut-il. À condition que je choisisse moi-même mes bonbons sur ton corps. J'ai une petite idée de l'endroit où tu les caches...

Elle se mit à rire lorsqu'il passa une main sur ses hanches, et sentit aussitôt le désir monter en elle. Mais la raison l'emporta.

— Non, Arlo, voyons... Il n'y a pas de porte ! Je ne suis pas une exhibitionniste. Et le repas nous attend... Viens.

— Pourquoi faut-il que tu te montres toujours aussi raisonnable ? protesta-t-il en relâchant son étreinte.

Elle se releva d'un bond, rajusta sa tenue et se dirigea vers la sortie.

— Parce qu'il faut bien que l'un de nous deux le soit, Arlo, répondit-elle.

Comme il avait l'air profondément contrarié, elle se retint de rire et ajouta :

— Je suis vraiment heureuse d'être venue ici, tu sais. Pas à cause de ma promotion. C'est merveilleux de te retrouver et de renouer cette complicité. Elle m'a manqué. Tu m'as manqué.

Elle se mordit la lèvre en voyant son visage s'assombrir. Ce n'était pas ce qu'il espérait lui entendre dire. Elle regretta aussitôt ses paroles. Non ce n'était pas une bonne idée de tenir ce discours-là alors qu'ils savaient, l'un comme l'autre, qu'ils ne retrouvaient cette vieille complicité que pour la perdre à nouveau. D'ici quelques semaines, tout serait terminé.

Ce qu'ils vivaient s'appelait une récréation. Une parenthèse. Mais ensuite...

— Maintenant qu'Achara est rentrée chez elle, j'aimerais passer la voir. Je te rejoindrai tout à l'heure, promit-il d'un ton froid.

Sur ces mots, il se leva, et Layla lui simplifia les choses en quittant la cahute. Il avait raison. Ce petit jeu était dangereux.

L'après-midi était bien entamé, et il y avait longtemps que la fête était terminée. Arlo n'était pas rentré. Layla partait à pied assurer une urgence à deux kilomètres de l'hôpital, et toutes ses pensées se tournaient vers lui. Vers eux. Elle savait pourquoi il restait distant et comprenait ses raisons d'agir ainsi. Elle-même commençait à se demander s'ils n'avaient pas commis une terrible erreur en prenant cette chambre d'hôtel. En cédant à leur désir. Seigneur, comment auraient-ils pu résister plus longtemps ? Mais elle se rappela que la majeure partie de sa mission restait encore à accomplir ; et que, plusieurs années plus tôt, la perspective de la fin les avait rendus fous. Pas question de revivre cette épreuve. Alors que faire ?

Depuis quelques jours, elle ne parvenait plus à se représenter ni chez elle, dans son appartement de Manhattan, ni à l'hôpital d'Ollie, dans le grand bureau administratif où elle passerait une bonne partie de ses journées, si elle était promue.

Elle évitait de réfléchir à tout cela car elle savait qu'elle perdait pied. De quoi avait-elle envie ? Elle n'en avait plus aucune idée. Où était sa place ? Mystère.

Serrant les poings sur le volant, elle accéléra l'allure, comme elle parvenait près de la maison où elle avait été appelée. Sans doute était-elle surmenée. Cette nouvelle activité, l'agitation, la vie avec Arlo... Oui : il était normal qu'elle soit dans le flou. Avec un peu de chance, ce soir, elle pourrait se coucher plus tôt que la veille, dormir davantage et, dès le lendemain, elle se sentirait plus...

— Je ne vous imaginais pas comme ça.

Elle leva les yeux vers l'homme assis sur le perron de sa cahute. Il avait la soixantaine, une magnifique chevelure grise et un visage incroyablement séduisant. Il était un peu rouge et semblait respirer avec difficulté. Et il ne s'agissait pas d'un autochtone.

Elle haussa les sourcils.

— À quoi vous attendiez-vous ? demanda-t-elle.

— Eh bien, à un homme blond. Arlo.

Il rit et ajouta :

— Mais c'est une heureuse surprise. Il y a un bon bout de temps que je n'ai pas consulté un médecin et j'ai beaucoup de chance de tomber sur une femme.

Flattée, elle sourit.

— Eh bien en ce qui concerne Arlo, euh... Je ne sais pas exactement où il est. Je suppose qu'il répond à une urgence à l'extérieur. Je suis le Dr Layla Morrison.

En lui tendant la main, elle fixa attentivement son regard et enchaîna :

— Et je suppose que vous êtes l'un des Dr Benedict. Et puisque vous n'êtes ni le grand-père ni le fils, il me reste à parier que...

— C'est exact, admit-il en serrant chaleureusement sa main Je suis Wade. L'air de famille serait donc si frappant ?

— Oh oui ! acquiesça-t-elle, amusée. Mais il faut dire que je connais assez bien les deux autres pour reconnaître un Benedict au premier coup d'œil. Mais dites-moi... Qu'est-ce qui vous arrive ?

— Morsure de serpent, hélas. Juste au-dessus de ma botte droite.

Elle s'agenouilla pour rouler le pantalon de toile de Wade et regarder la plaie. La trace des crocs était très nette, la zone enflée. Il y avait aussi une trace de succion en forme de croix là où le père d'Arlo avait tenté d'aspirer le venin.

— Dire que vous portez un pantalon sur des bottes… Ici, je vois souvent Arlo se promener en sandales. Vous n'avez pas eu de chance, souffla-t-elle.

— Je l'ai averti cent fois, répondit-il en soupirant. La dernière fois, du temps où nous faisions équipe ici, lui et moi, je lui ai donné de l'argent exprès pour qu'il s'achète une bonne paire de bottes. Vous savez ce qu'il en a fait ? Il a acheté des béquilles à une vieille dame.

Layla sourit. C'était Arlo tout craché.

— Cela n'a pas l'air de vous étonner. Vous connaissez trop bien mon fils, ajouta-t-il en riant.

— Il vous a parlé de moi ? s'étonna-t-elle.

— Disons qu'il n'aime pas beaucoup s'épancher auprès de son vieux père, mais… Je sais que vous avez joué un rôle majeur dans sa vie.

12

— Je suis ravi de faire enfin votre connaissance, enchaîna Wade. Vous avez eu une merveilleuse influence sur lui. Je n'ai cessé d'espérer qu'il rencontre un jour quelqu'un comme vous.

Layla restait sans voix.

— Mais je... Je ne voudrais pas que vous vous mépreniez. Je suis ici en mission provisoire. Arlo et moi n'avons jamais envisagé d'être ce que vous avez été, votre femme et vous-même.

— Je le sais. Il m'a dit que vous étiez ambitieuse. Mais l'ambition est un objet très étrange, Layla. Un objet qui se transforme en même temps que vous. Du reste, Arlo est aussi quelqu'un d'ambitieux. Un jour, il m'a dit qu'à son avis, votre rupture était liée à votre ambition. Il lui arrive d'être si naïf ! Et têtu comme une mule. Car je suis certain que la sienne a tenu le même rôle...

Il s'esclaffa et conclut :

— Mais j'en termine ici avec mon sermon paternel. Alors dites-moi, comment trouvez-vous cette morsure ?

— C'est vous le spécialiste, avoua-t-elle. Je n'y connais rien en serpents. Vous l'avez identifié ?

— Oui. C'est un serpent à col rouge. En général, ils sont parfaitement inoffensifs mais j'ai dû faire quelque chose qui a mis celui-ci en rage, parce qu'il m'a sauté à la jambe sans me laisser le temps de réagir.

— Et vous qui savez de quoi nous parlons... Vous êtes en danger ? s'enquit-elle, non sans inquiétude.

— Ma foi... Un peu, admit-il.

Elle hocha la tête et déglutit lentement.

— Combien de temps a-t-il tenu ses crocs dans votre mollet ? Moins d'une seconde ? Une à trois secondes ? Cinq ? Dix ? Soixante ?

— De trente à quarante. Il refusait de lâcher.

— Ce qui signifie qu'il a eu amplement le temps de dégorger son venin, observa-t-elle. Du reste, il vous a mordu deux fois.

— Un enragé, je vous le disais, s'exclama Wade. Oh le sale animal ! Il s'est...

— Gardez votre calme, ne vous énervez surtout pas. Nous ne voulons pas que cette saleté circule plus vite dans votre sang.

— Ce que je voudrais très volontiers, c'est un verre de whisky. Je sais qu'Arlo préfère le vin. Vous aussi ?

— Oui, dit-elle en rougissant au souvenir de leurs deux dernières bouteilles et de la nuit torride qui avait suivi. Ce qui vous prouve que je n'ai pas seulement une bonne influence sur lui !

— Permettez-moi de ne pas partager cet avis. Votre influence est très bénéfique sur la tête brûlée qu'est mon fils, croyez-moi. Mais pour en revenir à mon problème, j'ai souvent traité des morsures, et c'est la première fois que je suis moi-même victime d'un serpent. Or je commence à avoir un avis pessimiste sur l'issue de cette mésaventure. D'autant plus que j'éprouve une forte nausée et un vertige tenace.

— Ne vous inquiétez pas, nous avons un très bon stock d'antivenin et...

— Non, coupa-t-il. Pas celui-ci. Ce qui complique la situation.

— Vous en êtes sûr ? demanda-t-elle d'une voix blanche.

Bon sang, ce n'était pas possible ! Arlo lui avait assuré qu'il était très prévoyant dans ce domaine !

— Certain. J'ai passé plusieurs décennies ici. Je sais reconnaître ce qui se tortille dans les hautes herbes à vingt mètres. Je sais aussi ce qui est disponible dans une pharmacie d'antivenin.

Ne surtout pas paniquer, se répéta-t-elle. Il fallait le soigner. Et ne pas paniquer.

— Je vais chercher Arlo, annonça-t-elle.

— Inutile. Il vous dira la même chose que moi. C'est fichu.

Cette fois, elle le prit par les épaules avec douceur, plongea son regard dans le sien et dit :

— Dr Benedict, je suis capable de faire une amputation la tête en bas dans un arbre, alors ce n'est pas un serpent qui va m'empêcher de vous soigner. Il existe une solution et nous allons la trouver. Restez calme, je reviens. Je vais chercher Arlo.

Comme elle voyait arriver la propriétaire de la cahute, une trentenaire nommée Naak, elle lui fit signe de ne pas bouger et de rester auprès de Wade.

— Naak va veiller sur vous en mon absence. Vous voulez bien ?

Visiblement déstabilisé par ce qui lui arrivait, Wade hocha la tête, l'air hagard.

— Et dire que je m'apprêtais à refaire ma vie... J'étais venu l'annoncer à Arlo. Je comptais me remarier.

— Mais c'est merveilleux !

— *Si* je survis, ce sera peut-être merveilleux, railla-t-il. Mais ne vous inquiétez pas, je n'ai pas l'intention de mourir dans les dix minutes. J'ai fait ma demande en mariage il y a quelques semaines, alors si j'osais passer l'arme à gauche avant l'alliance à l'annulaire... elle me tuerait elle-même !

Layla sentit son cœur fondre de tendresse et de compassion pour cet homme qui avait transmis – entre autres – son étonnant sens de l'humour à son fils.

— Je reviens tout de suite ! promit-elle encore, avant de piquer un sprint.

Layla courut si vite à travers tout le village, demandant à chacun où était Arlo, qu'elle manqua tomber à terre en le découvrant chez Dusit.

— Oh Arlo ! Dieu merci ! Tu es là ! haleta-t-elle.

— Layla ? s'étonna-t-il en lâchant son glucomètre.

Elle s'appuya contre le mur. Sa chemise lui collait à la peau. Elle avait chaud ; la tête lui tournait. Pantelante, elle saisit la manche de sa blouse, planta son regard dans le sien et lâcha :

— Ton père ! Serpent à col rouge... Ça ne va pas du tout !

— Bon sang ! répliqua-t-il en ramassant sa trousse pour se précipiter dehors avec elle.

Il pressa le pas, et elle trottina de son mieux pour revenir à sa hauteur.

— Depuis combien de temps ? demanda-t-il.

— Une vingtaine de minutes, je pense.

— Des symptômes ?

— Oui. Nausée, vertige, fièvre. Arlo, ton père dit que nous n'avons pas l'antivenin qu'il lui faut.

Horrifiée, elle le vit confirmer d'un hochement de tête.

— Personne ne l'a. Il est fabriqué au Japon et très peu commercialisé parce que ces serpents-là mordent rarement. Je n'ai jamais vu de patient atteint d'une morsure de col rouge.

Comme ils parvenaient devant la maison de Naak, il ajouta :

— C'est un serpent tellement docile que certains enfants du village jouent avec.

Elle leva vers lui un regard inquiet.

— Eh bien celui-là n'avait pas envie de jouer. Il a mordu ton père deux fois et lui a injecté une forte quantité de venin. Wade dit que c'est mortel. C'est vrai ?

Arlo parut hésiter.

— Nous n'aurons peut-être pas le temps de faire venir ce dont il a besoin. Comme je te le disais, ce produit est fabriqué au Japon et... Mais oui, Éric ! Éric vit là-bas et il connaît beaucoup de monde... Il pourrait peut-être le récupérer et l'apporter ici.

De toute évidence, l'espoir revenait en lui, et il fouilla dans le fond de sa poche avant de lui tendre son appareil mobile.

— Prends mon portable, Layla, et appelle-le. Va le plus près possible de la réserve d'éléphants pour capter le satellite ! Il y a peu de chances que ça fonctionne, mais nous n'avons pas d'autre option.

— Arlo... Ton père a tenté d'aspirer le venin.

— Excellent réflexe. Avec un peu de chance, ça prolongera sa survie.

Layla reprit sa course, cette fois en direction de l'hôpital. Avec le SUV, elle pouvait être au refuge en moins de dix minutes et avoir la certitude de pouvoir passer cet appel. Pour la première fois depuis longtemps, elle savait quel était son rôle, et elle avait bien l'intention de le tenir à la perfection. Arlo avait besoin d'elle, et il pouvait compter sur elle. Jamais elle ne s'était sentie plus proche de lui. Et elle serait là, pour lui.

— Comment va notre victime du serpent à col rouge ? s'enquit Arlo d'un ton faussement enjoué alors qu'intérieurement, il était saisi par l'angoisse.

Son père était alité à l'hôpital.

— Ma foi, j'ai connu des jours meilleurs, avoua Wade.

— Comment as-tu réussi à te mettre dans une situation pareille, papa ? demanda-t-il en se penchant sur lui et en prenant sa main dans la sienne.

— En ne regardant pas où je mettais les pieds. Je devais être trop heureux. La tête ailleurs...

Arlo releva le drap et contempla la morsure. La jambe n'était pas encore nécrosée mais l'inflammation était sévère.

— Ah bon ? demanda-t-il distraitement. Et peut-on savoir ce qui te rendait gai comme un pinson ?

Il attrapa un masque à oxygène, le connecta et prévint son père :

— Si tu as quelque chose à me dire, c'est maintenant. Ensuite, tu devras chantonner de joie à l'intérieur de cet engin.

— Tu me facilites la tâche. Je ne savais pas comment t'annoncer cela, alors voilà : je vais me remarier.

Arlo se redressa et cligna des yeux.

— Vraiment ? Mais avec qui ? Comment l'as-tu rencontrée ?

— C'est une infirmière qui travaille avec moi à Angkor

Wat, au centre médical. Elle s'est retrouvée sous ma direction plusieurs fois et puis, de fil en aiguille... C'est une femme admirable et après tout, je n'ai pas un pied dans la tombe. Enfin, maintenant, si, et de façon littérale !

— Papa, ne dis pas n'importe quoi, opposa Arlo. Tu vas souffrir un peu, c'est sûr, mais...

Impossible de terminer sa phrase. Pour dire quoi ? Il afficha un sourire embarrassé. Impossible de mentir à ce vieux matou qui connaissait la situation aussi bien – sinon mieux – que lui. Aussi attrapa-t-il une bouteille de désinfectant. Dès qu'il eut commencé à nettoyer la plaie, il reprit :

— Est-ce qu'elle te rend heureux ?

— Et toi ? répliqua son père. Est-ce que Layla te rend heureux ?

— Ah. La question qui n'a jamais de réponse.

Son père fronça les sourcils.

— Oh si, fiston, elle a une réponse. Je l'ai lue sur son visage aussi bien que je la lis sur le tien.

Il voulut s'éponger le front, mais sa main tremblait trop.

— Alors qu'est-ce que tu comptes faire, mon garçon ? Parce que moi, si j'étais le médecin chef de cet hôpital, je jugerais le moment venu d'avertir le patient qu'il ne va pas s'en sortir.

Arlo regarda son père droit dans les yeux.

— Précisément, dit-il avec calme. Tu n'es plus le chef. Et Layla est en train de faire venir Éric du Japon. Il va monter sur son cheval blanc et t'apporter ton antidote. Alors maintenant, l'ordre du médecin c'est : repose-toi. Essaie de dormir. Moins tu seras actif, mieux cela vaudra pour empêcher le venin de se répandre.

Son père leva les yeux au ciel.

— Ce n'est pas ce que je t'ai enseigné quand tu avais quoi... Huit ans ?

Enfin, il consentit à fermer les yeux, et Arlo lui posa le masque à oxygène.

Arlo s'assit à son chevet, reprit sa main et murmura très bas :

— J'avais sept ans, papa, quand tu m'as expliqué combien

le travail que tu accomplissais ici avec maman était important. J'ai retenu toutes tes leçons.

Il resta de longues minutes, la tête pleine de souvenirs, s'efforçant de ne pas sombrer dans le pessimisme. Soudain, il sentit la main de Layla se poser sur son épaule.

— Ton frère prend le premier avion, annonça-t-elle. Il emporte une réserve d'antivenin. On va s'en sortir, Arlo. Ça va aller.

Lentement, Arlo se leva et l'entraîna dans le bureau.

— C'est vrai ? demanda-t-il anxieusement. Il peut venir ? J'espère qu'il ne sera pas trop tard...

— Pourquoi dis-tu cela ? protesta-t-elle avec gentillesse. Ne sois pas défaitiste, voyons.

— Je ne le suis pas. Mais le vol jusqu'ici prend un certain temps !

Il vit la peur passer dans le regard couleur de miel de la jeune femme. Elle avait fait le maximum. Elle avait couru en tous sens... Et ses efforts resteraient sans doute vains, songea-t-il sombrement.

— Combien de temps peut-il tenir ? interrogea-t-elle.

— Difficile à dire. Dix heures, peut-être douze.

— Alors ton frère arrivera à temps, assura-t-elle.

— Mais s'il tient une heure, Éric aura fait cet effort pour rien.

— Pas pour rien, Arlo, dit-elle en le contraignant à s'asseoir. Pour ton père. Ne baisse pas les bras. Je ne t'ai jamais vu renoncer, alors ce n'est pas le moment. Accroche-toi.

— Je me sens tellement las... C'est trop dur d'assumer ça tout seul. Recommencer chaque matin. À deux, mes parents se soutenaient mutuellement. Moi, je vis avec un chat musqué. Ça veut tout dire, non ?

Au-dehors, les villageois avaient commencé de se masser, sachant que le patient en danger était le père d'Arlo. Les gens apportaient de la nourriture, des boissons. Des femmes proposaient d'assurer l'entretien de l'hôpital. Des hommes venaient de s'installer de l'autre côté, devant la cahute, pour réparer le toit de leur médecin. Parce qu'ils l'aimaient. Parce qu'il faisait partie de leur quotidien. Layla en était profondément émue.

— Tais-toi et regarde dehors, suggéra-t-elle. Tu n'es pas seul, Arlo. Même Dusit est là. Il te porte un panier de pâtisseries.

Il haussa les épaules et rit.

— Oui, il est là pour sa prochaine injection et son test.

— Tu sais bien que tous ces gens te respectent et tiennent à toi. Il suffit d'ouvrir les yeux. Et si tu veux mon avis, en dépit des difficultés qui pèsent parfois trop lourd sur tes épaules, je crois que tu ne peux pas rêver mieux que ce que tu as ici.

— Je n'arrive même plus à dormir, murmura-t-il, découragé.

— Ne bouge pas.

Elle se posta derrière lui et se mit à lui masser le cou, les épaules. Dès qu'elle enfonça ses doigts dans sa masse musculaire trop tendue, il se mit à geindre de plaisir.

— La meilleure masseuse au monde, souffla-t-il. Depuis toujours, tu devines exactement le moment où j'ai besoin de tes services de masseuse... Comment fais-tu ?

— Nous ne sommes probablement pas doués dans bien des domaines, Arlo, mais j'ai toujours été attentive à toi. Il y a eu des nuits où je restais longtemps éveillée, à te regarder dormir.

— Oui, je le sais.

Layla resta les mains en l'air, stupéfaite de cet aveu.

— Non... Vraiment ?

— Oui, vraiment. Je faisais semblant de dormir. Dis-moi, qu'est-ce qui te donnait envie de veiller sur mon sommeil de cette façon ?

— Eh bien... J'étais hypnotisée par la façon dont tes boucles tombaient sur ton front avoua-t-elle. Et dans ton cou. T'ai-je dit que tu as le cou le plus sexy que j'aie jamais vu ? Il m'arrivait de le caresser tout doucement, quand tu dormais. Mais au fait, dormais-tu ?

— Non. En tout cas, pas tout le temps.

Ils restèrent silencieux un moment. Enfin, il lui prit la main pour qu'elle vienne s'installer face à lui, et il demanda :

— À ton avis, qu'a-t-il bien pu arriver à ce couple ?

Elle haussa les épaules et détourna les yeux.

— L'un est parti en Thaïlande, l'autre est restée. C'est sur cette base que s'est nouée notre relation et qu'elle s'est défaite. Dès le début, nous savions l'un comme l'autre que cela devait finir ainsi. Mais nous… En tout cas moi, je me suis laissé prendre au jeu en cours de route.

Il ne cessait de chercher son regard. Sa voix était grave.

— Espérais-tu que je resterais avec toi, Layla ?

— Y croire non, l'espérer, oui.

— Pourtant… Tu ne me l'as jamais demandé clairement.

Elle hésita longuement. Enfin, elle reprit :

— Arlo, tu étais le premier homme dont je tombais amoureuse. J'ai eu peur de la force de mes sentiments. Peur de t'entendre dire que tu ne resterais pas pour moi, parce que tu avais fait un autre choix. Peur de devenir trop dépendante de toi. Et toutes ces peurs, empilées les unes sur les autres, eh bien…

Mal à l'aise, elle releva les yeux vers lui et suggéra :

— Allons voir où en est ton père.

Wade semblait assoupi, mais son sommeil était très léger car il lui arrivait d'ouvrir les yeux.

— Tout se passe bien, papa, lança Arlo. Éric est en route.

Comme il retournait vers le bureau, elle lui emboîta le pas.

— Comment se fait-il que vous ne soyez pas plus proches, ton frère et toi ? interrogea-t-elle. C'est parce qu'il a beaucoup d'argent ? Sa fortune te gêne autant que la mienne ?

Cette fois, il parut légèrement agacé. Levant les yeux au ciel, il répondit :

— Non, Layla, je ne suis gêné ni par ton argent, ni par le sien. Je ne suis pas comme les autres. Je suis un homme simple. Pas dans ma tête, mais dans la façon dont j'ai choisi de mener ma vie. Je ne veux pas vivre dans le luxe, ça ne m'intéresse pas. Mais comme je suis pauvre, les gens partent du principe que j'ai des besoins inassouvis et ils me prennent en pitié. Alors ils décident de m'offrir des portes, des moustiquaires, un système de plomberie et un architecte pour transformer ma cahute en villa ou mon modeste hôpital en modèle de centre ultramoderne en pleine jungle. Tes intentions sont excellentes et généreuses, mais ce ne sont pas les miennes. Je ne veux pas de ce luxe !

Estomaquée par cette tirade, elle observa un long silence.

— Eh bien, lâcha-t-elle froidement. M'est-il arrivé une seule fois de faire quelque chose de bien pour toi ?

Il leva les yeux vers l'horloge murale derrière elle.

— L'heure tourne. Il sera bientôt trop tard.

— Je suis certaine que ton frère est en train d'atterrir. Il sera là dans deux heures.

Arlo lui décocha un regard absent. Un regard d'ailleurs... Comme si le désespoir l'avait happé.

— Mon père ne tiendra pas aussi longtemps.

13

In extremis. C'était ainsi qu'il fallait décrire l'entrée en scène d'Éric et la survie de son père, sauvé sur le fil du rasoir... Oui, il s'en était fallu de quelques minutes. Arlo regardait maintenant son frère installer Wade dans l'hélicoptère qui le mènerait à Bangkok pour y être soigné dans l'un des meilleurs hôpitaux. Éric promit de revenir chercher Arlo dès le lendemain pour qu'il lui rende visite.

Pour l'heure, comme Layla venait de se charger de l'essentiel des visites au village, il l'appela.

— C'est l'heure de la pause ! annonça-t-il.

— C'est vrai ? Je ne dis pas non !

— Alors viens.

Elle lui adressa un sourire complice.

— Tu me dois toujours une tasse de thé, rappela-t-elle.

— C'est exact. Que je me propose de te servir avec des bras autour de ton cou, sous le porche. Qu'en dis-tu ?

— Ah, c'est une proposition qu'il est impossible de refuser, admit-elle en riant.

Dix minutes plus tard, il honorait sa promesse, et elle buvait un oolong bien chaud, tout en savourant le contact de son bras autour de ses épaules.

— Je suis épuisée, avoua-t-elle. Je paierais cher pour un bon bain moussant.

— J'aurais aimé t'aider, mais... Je n'ai ni mousse, ni baignoire.

Elle sourit et répliqua d'un ton espiègle :

— Ça, c'est ce que vous croyez, docteur Benedict !

Il haussa les sourcils.

— Qu'est-ce que tu racontes ?

— Regarde !

Elle désigna la route, au loin. Deux hommes étaient en train de porter une vieille baignoire galvanisée vers leur hutte.

— Premier problème résolu ! chantonna-t-elle triomphalement.

— Layla... Elles servent à donner à boire aux buffles domestiques, lâcha-t-il d'un ton agacé plus qu'amusé. Pas à permettre aux gens de tremper dedans.

— Elles ont l'usage qu'on veut bien leur assigner, Arlo !

— Mais si tu la prends aux buffles, comment boiront-ils ? opposa-t-il avec vigueur. Tu veux assoiffer ces pauvres bêtes ?

C'était comme d'habitude, songea-t-il. Elle était animée des meilleures intentions, mais elle ne voyait qu'une toute petite partie du tableau.

Non, ce n'était probablement pas une bonne idée. Elle n'était pas prête. Elle ne le serait sans doute jamais. Il lui faudrait toujours des architectes et des livraisons...

— Écoute, je vais retourner vérifier mes dossiers, annonça-t-il en se levant. Nous pourrons discuter plus tard. Pour le moment, je n'ai pas le courage

— Le courage, répéta-t-elle d'un ton furieux. Qu'est-ce que ça veut dire, Arlo ? Que tu trouves tellement pénible de me parler que tu dois t'y préparer ?

— Plus tard. J'ai à faire, répliqua-t-il évasivement.

— Ah tu le prends comme ça ? Très bien. Moi aussi j'ai à faire. Je vais voir mes patients, et ne compte pas sur moi ce soir pour partager ton dîner : je vais rédiger un premier compte rendu pour Ollie. À plus tard.

Sur ces mots, elle tourna les talons.

Oui. C'était toujours la même Layla. Elle n'avait pas changé... *Rien* n'avait changé, entre eux.

— On dirait que la demoiselle n'est pas très contente de toi, observa Éric le lendemain, comme Arlo et lui étaient partis faire quelques pas dehors pour discuter.

Il était encore tôt dans la matinée, mais son frère avait tenu parole, et Arlo lui en était reconnaissant : il pourrait voir son père à l'hôpital avant midi, grâce à ce voyage en hélicoptère.

— Je ne sais pas ce que tu lui as fait, enchaîna son aîné, mais entre vous, je sens passer un vent glacial.

— Une discussion un peu vive hier, répondit-il. Enfin, je suis habitué. Layla est très ambitieuse, et cela nous a toujours causé des problèmes. C'est ce qui a tué notre relation, il y a de cela des années. Et comme de bien entendu, ce sont les mêmes problèmes qui s'invitent à notre table aujourd'hui... Je crois qu'elle va être obligée d'interrompre sa mission ici plus tôt que prévu. Cette promiscuité est nocive pour elle comme pour moi. Nous pouvons parlementer jusqu'à la fin des temps, ça n'y changera rien : nos destins nous entraînent dans des directions différentes, voilà tout.

— Tu en es sûr ? Il n'y a pas de compromis possible ?

— Comment ?

Arlo secoua lentement la tête et reprit :

— Je sais que tu es heureux et que tu voudrais que tout le monde connaisse aussi ce bonheur. Mais la vie ne fonctionne pas toujours comme ça.

— Ah non ? railla Éric. Alors écoute. J'ai renoncé à l'entreprise que j'avais bâtie et qui pesait plusieurs milliards, et je me suis installé à l'autre bout du monde, parce que j'aime Michi plus que tout. J'aurais encore fait beaucoup d'autres sacrifices pour être avec elle. Ce ne sont d'ailleurs pas vraiment des sacrifices en comparaison de tout ce que j'ai gagné en échange. Alors peut-être que ton histoire avec Layla est plus claire que tu ne le penses : il est possible que tu ne l'aimes pas assez, voilà tout. Bon, quoi qu'il en soit, il faut partir. À notre retour, qui sait ? Elle t'aura peut-être pardonné ton refus de regarder le véritable amour en face ?

— Quelle importance ? opposa-t-il. Nous en sommes déjà passés par là, Layla et moi. C'est juste l'histoire qui se répète.

— L'important, c'est que tu répares tout ça afin que tu puisses enfin l'épouser.

Les yeux ronds, Arlo le dévisagea :

— Qu'est-ce que tu racontes ? Qui parle de mariage ?

— Moi, s'esclaffa son frère. Et toi, si tu n'es pas trop stupide !

— Tu penses sincèrement que je peux me réadapter à la vie civilisée ? Retourner à New York et porter des chaussures qui font mal aux pieds ?

— Si Layla compte réellement pour toi, tu pourras tout faire.

Pensif, Arlo jeta un regard absent sur la route menant au village. Puis il sourit.

— J'ai un frère qui possède une compagnie aérienne d'envergure internationale. Alors revenir ici de temps à autre ne devrait pas poser de problème, n'est-ce pas ?

— Tu n'as pas à te faire de souci à ce sujet, non, rétorqua son aîné. Un appareil sera disponible pour toi de jour comme de nuit !

— Mon Dieu... Tu te rends compte de ce que je suis en train de dire ? Je vais devenir un matérialiste, comme toi !

Éric éclata de rire.

— Condoléances. J'en déduis que tu as fait ton choix ? Ta vraie vie t'attend à New York ?

— Au service de ma très ambitieuse épouse, je crois : oui !

Son frère l'invita à lui donner une chaleureuse accolade.

— Alors bienvenue sur le chemin qui fera de toi le plus heureux des hommes. Après moi, bien sûr ! Maintenant, partons. Tu vas me raconter comment tu comptes organiser les prochaines vacances. C'est toi et Layla qui nous rendrez visite au Japon, ou bien Michi et moi à New York ?

Layla n'avait pas eu l'intention d'écouter la conversation des deux frères, mais comme elle cherchait Arlo, afin de lui porter un message de sa part pour Wade... Elle l'avait trouvé. En train de confier à son frère qu'il espérait qu'elle parte. Que sa mission ici devait cesser. Et qu'ils avaient bien assez répété les erreurs du passé, depuis leurs retrouvailles.

Sa douleur était aussi intense que son humiliation. N'aurait-elle pas pu comprendre dès la veille au soir qu'elle devait plier bagage sur-le-champ ? Ne s'était-il pas déjà montré assez explicite ? Elle n'était qu'une arriviste matérialiste déterminée à changer le quotidien d'un homme parfaitement heureux de mener une existence aussi frugale que libre.

Cette fois, Arlo avait gagné. Les choses étaient claires, leurs destins respectifs scellés. Elle avait sans doute manqué de célérité, mais le message de ce matin, elle le recevait cinq sur cinq.

Et ce fut sans une hésitation qu'elle alla téléphoner à l'infirmier afin qu'il vienne assurer la garde jusqu'au retour d'Arlo dans la soirée.

Puis, elle récupéra sa valise pour rentrer immédiatement aux États-Unis.

— Ce n'est rien, madame Anderson. Juste une petite infection de cette coupure superficielle. Vous pourrez récupérer votre ordonnance dans la salle d'attente.

Toute la journée, le défilé se poursuivait – consultations, supervision du service de chirurgie, administration générale. Elle ne pratiquait quasiment plus d'opérations elle-même, tant elle était accaparée par les tâches de direction, depuis qu'elle avait été promue par Ollie.

N'était-il pas étrange de travailler autant sans en retirer une véritable satisfaction ? Depuis un mois, elle s'efforçait de retrouver ses marques, de reprendre sa vie telle qu'elle la connaissait depuis des années, telle qu'elle lui convenait parfaitement... avant son séjour dans la jungle.

Mais elle n'y parvenait pas. Elle se réveillait en larmes, se couchait furieuse contre tel ou tel incident mineur du quotidien.

Elle dormait mal, tout l'ennuyait, et elle était désormais mal à l'aise en présence du grand-père de l'homme qui la plongeait dans cet état second. Dans cet abîme de doutes existentiels auxquels elle ne savait quelle réponse offrir. Enfin, peut-être que si. Elle avait pris une grande décision, en assurant son avenir au Texas. Désormais, elle était impatiente de quitter New York.

Baissant les yeux sur la liste des patients ayant encore rendez-vous avec elle aujourd'hui, elle fronça les sourcils et appela son assistante.

— Jackie ? Voulez-vous réimprimer ce document, s'il vous plaît ? Je n'arrive pas à lire le nom de la prochaine personne.

— Ah non ?

Jackie Hastings vint à côté d'elle et se pencha sur la liste, tout en vérifiant les informations sur sa tablette.

— Ah oui... Ma fiche informatique indique seulement que cette personne souffre d'un problème de cœur.

— « Cette personne » ? répéta Layla. Quel est son nom ? Fiqua ? C'est illisible. Est-ce un homme ou une femme ?

— Je ne sais pas. Voulez-vous que je fasse entrer ce mystérieux personnage en salle d'examen cardiologique ?

— Oui. Je m'y rends dans une minute.

Un instant plus tard, Layla pénétrait dans la petite pièce. Lorsqu'elle ferma la porte derrière elle, elle sursauta. Son patient venait de se tourner vers elle.

— Mais... Qu'est-ce que tu fais ici ? balbutia-t-elle, sidérée.

Arlo la contemplait. Un Arlo qu'elle n'avait plus revu depuis des années : rasé de près, sa crinière blonde impeccablement domptée, il portait une chemise blanche, un jean brut et des mocassins en cuir souple. D'un coup d'œil, elle vit la veste en tweed qu'il avait posée sur la chaise.

— Écoute, Arlo, je n'ai pas le temps de parler tout de suite. J'attends un patient.

— Monsieur Figuier ? C'est lui que tu attends ?

— Je...

— C'est moi, annonça-t-il en souriant.

Elle resta encore interdite un moment, se demandant si elle ne rêvait pas.

— Tu t'appelles monsieur Figuier ?

— Oui. Et je souffre d'un problème de cœur.

Effrayée, elle le regarda droit dans les yeux.

— Oh ! non, ce n'est pas possible...

— Si. Mais pas un problème cardiaque. Un *problème de cœur*, insista-t-il.

Cette fois, elle comprit.

— Ce n'est pas drôle ! protesta-t-elle.

— Là, je suis d'accord avec toi, dit-il doucement. Layla, je t'en prie, explique-moi. Pourquoi m'as-tu fait cela, ce jour-là ? Je pars à Bangkok voir mon père, je reviens... Tu as disparu.

Blême, elle lui fit signe de s'asseoir et alla elle-même tomber dans un fauteuil. Lentement, elle reprit son souffle et expliqua :

— Je suis partie parce que tu souhaitais que je m'en aille, Arlo.

Il la considérait avec un mélange de douceur et de gravité. Il était toujours aussi beau... Mais emprunté. Elle sentait qu'il n'était pas dans son élément.

— Peut-être. Il a pu m'arriver d'avoir envie de te réexpédier aux États-Unis par le premier avion, je l'avoue. Mais si j'avais su ce que tu t'apprêtais à faire, je t'en aurais empêchée.

Elle fronça les sourcils. C'était un mensonge.

— Pourquoi ? s'enquit-elle d'un ton méfiant.

— Parce que je t'aime. Parce que je veux passer le reste de ma vie avec toi. Parce que j'étais tellement idiot que je n'ai pas vu que j'étais en train de chasser hors de ma vie son élément le plus essentiel. La meilleure chose qui me soit arrivée. Toi, Layla. Durant mon existence tout entière, ou presque, j'ai été tellement sûr de ce que je voulais que j'ai eu peur... Notre rencontre changeait tout. Tu venais chambouler mon univers. Et comme nos aspirations étaient radicalement différentes, je me suis réfugié dans ma coquille. Aujourd'hui, je sais que je veux construire mon existence autour de toi.

— Les gens peuvent changer, Arlo, soupira-t-elle. En tout cas, moi, j'ai changé. Mais tu n'as pas voulu le voir. Moi-même, je me suis voilé la face durant des années, mais... Quand j'ai réalisé tout ça, il était trop tard. Tu avais décidé de te débarrasser de moi.

— Non, Layla, tu te trompes, asséna-t-il avec conviction.

— Alors pourquoi as-tu voulu que je m'en aille ? opposa-t-elle, sur la défensive.

— Mais... J'avais déjà changé d'avis, Layla ! C'est ce que je voulais t'annoncer, dès mon retour de Bangkok ! Que je partais avec toi. Que j'avais enfin ouvert les yeux !

Tristement, elle secoua la tête.

— Pourquoi ferais-tu cela, Arlo ? Ce n'est pas ta vie.

— La Thaïlande n'est pas ma vie non plus, si tu n'es pas auprès de moi, répliqua-t-il.

Elle ferma les yeux et tâcha de rassembler ses esprits. C'était l'instant T. Celui dont elle avait toujours rêvé. Alors qu'était-elle en train de faire ?

Comme elle sentait un conflit terrible se jouer en elle, il approcha et lui ouvrit les bras.

— Viens, dit-il. Tu sais que c'est ta place. Ici.

Durant une longue seconde elle hésita... Avant de se lever et de se précipiter pour se blottir contre lui.

— Je crois que je l'ai toujours su, acquiesça-t-elle. Même si je refusais d'admettre que je t'aime... Car je t'aime, Arlo.

— Moi aussi, je t'aime. Nous avons commis cette erreur tous les deux. Tu n'étais pas seule à te fourvoyer. J'ai été aveugle, moi aussi. Et puis le jour où tu es partie... D'abord, je suis entré dans une colère noire. Ensuite, je me suis résigné et enfin je me suis senti profondément blessé. Parce qu'il faut que tu le saches, Layla : juste avant de m'envoler pour Bangkok pour aller voir mon père, j'avais pris la décision de faire tout ce que tu souhaiterais pour te rendre heureuse.

— Mais... Tu m'as reproché de tenter de te changer. De vouloir faire de toi quelqu'un que tu n'es pas, rappela-t-elle.

— Oui, tu as toujours voulu me changer de façon subtile... Ou moins subtile. Parce que cela fait partie de notre dynamique. Et j'aime ça, Layla. Je sais que c'est à double sens. Dis-moi la vérité : pourquoi as-tu voulu venir effectuer cette mission en Thaïlande ?

— C'était un alibi pour te revoir, avoua-t-elle sans hésiter. Pour vérifier s'il existait encore quelque chose entre nous. Cela dit...

Elle rit et ajouta :

— Je voulais sincèrement cette promotion ! Ensuite, tout a changé. J'ai compris que tu avais raison. Que je ne suis pas faite pour la vie de bureau. Je suis médecin, et je veux être proche de mes patients. J'en ai eu la confirmation dès que je suis rentrée à New York, et... Je pars au Texas.

— Pardon ?

— Oui, j'ai accepté un poste en chirurgie. Aucune tâche administrative. Je prends mes fonctions la semaine prochaine.

Il resta sans voix durant un bref instant. Enfin, il sourit, plongea son regard dans le sien et demanda :

— Pourquoi ?

— Je viens de te le dire. Je ne veux pas me consacrer à des papiers. Et ici, Ollie me rappelle trop, enfin...

— Ton hôpital n'aurait pas besoin d'un autre médecin, par hasard ?

— Oh ! tu seras malheureux là-bas, Arlo.

Il secoua négativement la tête.

— Bien sûr que non, si tu y es. Qu'est-ce qui te fait croire ça ?

— On ne trouve pas de chats musqués, au Texas, répondit-elle.

— Eh bien puisque tu en parles, sais-tu que tu lui manques ? Et à moi aussi, tu me manques atrocement, Layla Morrison. Je t'aime. Je crois que je suis tombé amoureux de toi à l'instant où j'ai posé les yeux sur toi. Je ne désire plus rien d'autre que de passer le restant de mes jours auprès de toi.

L'émotion montait en elle. Elle la sentit déborder. Cette

déclaration représentait tout ce qu'elle avait espéré depuis... Depuis leur toute première rencontre.

— Oh ! Arlo... Je suis tellement fière de toi, confessa-t-elle, les larmes aux yeux. Quand je t'ai vu travailler dans la jungle, les cheveux hirsutes, dans ton bermuda et tes sandales... Tu m'as éblouie par ton dévouement et ton talent. Depuis longtemps je savais que toi, tu avais trouvé ta place dans le monde. Et je t'enviais.

— Ma chance dans la vie, ce n'est pas un lieu, Layla. C'est toi. Et maintenant que je l'ai compris, je ne la laisserai plus me filer entre les doigts. Alors si tu veux que nous partions pour le Texas, va pour le Texas !

— Ou un petit village en Thaïlande ? suggéra-t-elle.

Il la considéra avec stupeur.

— Vraiment ? Tu ferais ça ?

Elle rit.

— En achetant mon billet d'avion pour Austin, j'en ai également pris un pour la Thaïlande. Ils sont tous les deux épinglés au mur de ma cuisine et chaque fois que je passe devant, je me demande lequel je vais utiliser.

— Et ?

— Et en général, je me mets à pleurer, admit-elle.

— Parce que ? insista-t-il.

— Parce que celui dont j'allais probablement me servir n'était pas celui que je souhaitais réellement utiliser.

— Eh bien si tu décides de te servir du billet pour le Texas, j'en achèterai un aussi. Et un chapeau pour me couler dans le décor, je suppose.

Cette proposition la fit fondre de tendresse.

— Et cacher tes magnifiques cheveux ? Il n'en est pas question. Moi aussi, je te veux, Arlo. Mais tel que tu es. Et c'est dans la jungle que tu es toi-même. Je serai heureuse là où tu es heureux.

— Mais... Et le Texas ?

Elle haussa les épaules.

— Je ne peux pas me résoudre à m'installer dans un endroit où on ne trouve pas de civettes. Je veux que l'endroit où nous serons nous corresponde, qu'il nous ressemble - qu'il soit bien à nous.

— Ah... Tu veux donc dire, un endroit avec une porte ?

Des éclats espiègles dansaient dans son regard clair.

— Évidemment, certifia-t-elle. Il nous faut une porte.

— Tu veux dire ? Pour ?

— Et comment, s'exclama-t-elle. Tout le temps. Dès que possible !

Et pour toute la vie. Elle voulait l'aimer, travailler auprès de lui, faire équipe avec lui. Ils formaient un merveilleux tandem. Et elle avait déjà appris à chérir l'existence exotique qu'ils menaient ensemble. Désormais, il leur suffirait de ne plus oublier qu'ils étaient fous l'un de l'autre.

Épilogue

— C'est un moment merveilleux, dit Arlo en déposant Mali dans les bras de ses nouveaux parents, Éric et Michi.

Le bébé avait été abandonné au refuge pour éléphants, et dès qu'il avait rapporté cet épisode à son frère, ce dernier et son épouse avaient sauté dans un avion pour venir l'adopter. Ils voulaient donner une petite sœur à leur fils, Mali avait besoin de parents aimants et dévoués : c'était une solution idéale.

Aussi, dès que les formalités avaient été réglées, Arlo avait accepté de célébrer l'événement au Japon. C'était un peu la lune de miel que Layla et lui n'avaient pas encore eue, et son père s'était porté volontaire pour aller superviser l'Hôpital du Bonheur en compagnie de sa nouvelle épouse.

Naturellement, une lune de miel avec une épouse radieuse et enceinte de cinq mois prenait une tout autre dimension.

— Je suis heureuse que votre famille trouve une place pour Mali, déclara-t-il.

— Nous aimerions poursuivre l'aventure et en adopter un ou deux autres, dans les années qui viennent, révéla Michi, sans détacher les yeux du bébé.

Elle et Éric semblaient si bouleversés qu'ils tenaient leur petite fille comme un miracle tombé du ciel... Et sans doute Mali l'était-elle, au fond !

— Et vous ? s'enquit soudain la nouvelle maman. Vous attendez une fille ou un garçon ?

Arlo afficha un sourire énigmatique. Il ne comptait pas révéler tout de suite qu'il s'agissait des deux. Layla était enceinte de jumeaux, une fille et un garçon qu'ils baptiseraient respectivement Alice Joy, en l'honneur de sa mère, et Oliver Ward, en guise d'hommage à son père et à son grand-père.

— Mais où est Layla ? s'inquiéta soudain Michi.

— Elle arrive. Elle a repéré des vêtements pour bébé dans une boutique, et aucune force au monde n'aurait pu la retenir de foncer faire ce shopping, expliqua-t-il en riant.

Il savait qu'elle avait besoin de ce genre de réconfort. Lorsqu'elle avait annoncé l'heureuse nouvelle à ses parents, ils s'étaient contentés de lui adresser un chèque. Elle en avait été profondément heurtée.

Mais ils étaient si heureux, dans leur petit village de la jungle, qu'ils se considéraient comme le couple le plus chanceux du monde. La venue de deux enfants changeait la donne : Layla s'était bravement résolue à ce que la famille s'installe dans une véritable maison, beaucoup plus grande et mieux équipée. C'était Arlo qui avait dû lui jurer qu'ils feraient de leur petite cahute une sorte de maison de vacances où passer des week-ends avec les jumeaux.

Il se retourna et vit sa princesse arriver. Ses cheveux cascadaient sur ses épaules, son regard brillait de bonheur – c'était la plus belle des femmes.

— Tu veux t'asseoir, ma chérie ? demanda-t-il en lui désignant les fauteuils au centre de chaque allée.

— Non ! Ce que je veux, c'est passer du temps avec mon neveu Riku, répliqua-t-elle en désignant l'un des gros sacs qu'elle avait emportés.

Elle sourit et précisa :

— J'ai plein de choses pour lui.

— Des chaussures, peut-être ? interrogea-t-il, amusé.

— Pas cette fois. Bien que j'aie songé à lui faire cadeau de tes sandales, Arlo... Mais je n'ai pas osé les jeter. Nous les laisserons dans la cahute, au cas où.

— Dis plutôt que tu y es très attachée. Qu'elles ont une

valeur sentimentale à tes yeux, roucoula-t-il en l'attirant près de lui pour déposer un baiser sur son front.

— Sans doute ! admit-elle. Je ne suis pas prête à les voir partir. Donne-moi un peu de temps.

— Nous avons tout le temps devant nous, Layla. Tout le temps que tu voudras.

Parce qu'ils savaient ce dont ils avaient besoin, désormais : rester l'un auprès de l'autre. Pour toujours.

ABIGAIL GORDON

Un tendre engagement

Traduction française de
CAROLINE JUNG

BLANCHE

HARLEQUIN

Titre original :
A FATHER FOR POPPY

Ce roman a déjà été publié en 2020.

1

Ils avaient fait l'amour une dernière fois, alors que le soleil étirait ses rayons dorés sur leurs corps enlacés. Comme toujours, ce fut un moment délicieux — doux, sauvage et passionné à la fois. Pourtant, la tristesse avait envahi Tessa à l'idée que leur histoire se termine. Ni elle ni Drake ne le disaient explicitement, mais il allait partir et son départ marquerait la fin de leur relation, elle le savait.

Dès le début, ils étaient tombés d'accord : il n'était pas question de s'engager, mais uniquement de profiter de ce que la vie leur offrait.

Le mariage était une mascarade, à ranger dans le même sac que les enfants et les emprunts immobiliers. Ayant passé son enfance entre deux parents qui se disputaient, se trompaient et avaient fini par divorcer, Tessa se méfiait des implications du port d'une alliance.

Elle avait donc gardé ses distances vis-à-vis de la gent masculine, jusqu'à ce que Drake Melford surgisse dans sa vie. Il n'exigeait rien d'elle, en dehors des moments où ils faisaient l'amour, et cela l'avait conquise. Pour son plus grand bonheur, ils n'avaient jamais évoqué la possibilité d'un quelconque engagement.

Ils étaient attirés l'un par l'autre comme deux aimants, au point de faire l'amour partout, chez l'un ou chez l'autre, sur le tapis du salon, sur la table de la cuisine, et même une fois sur un banc du parc désert, en pleine nuit. Jamais ils ne s'étaient préoccupés de l'avenir. Le présent leur suffisait.

Que s'était-il donc passé pour que cela change ? Pour que, dans la magie de cette rencontre, s'insinuent peu à peu le doute, l'appréhension, et le pressentiment d'une fin imminente ? Lorsqu'elle eut envie d'interroger Drake sur ce qui leur arrivait, leur accord tacite de non-engagement l'en empêcha.

A l'époque, son seul réconfort avait été de savoir qu'il n'y avait pas d'autre femme. C'était sa carrière qui les avait éloignés l'un de l'autre.

Depuis, les moments passés avec lui s'étaient transformés en souvenirs, qu'elle avait profondément enfouis en elle. Leurs rencontres passionnées appartenaient à un chapitre révolu de sa vie.

Mais la nuque d'un homme brun s'engouffrant dans un taxi à la gare de Londres suffit à faire soudain remonter en elle l'image de Drake Melford. Les souvenirs n'étaient manifestement pas si profondément enfouis dans sa mémoire.

Elle plissa les yeux. Ce n'était pas la première fois qu'elle prenait ses désirs pour des réalités. Elle avait souvent eu l'impression de le voir. Lorsque les souvenirs bruts et douloureux refaisaient surface dans la vie qu'elle s'était construite depuis qu'il était parti, elle devait déployer des efforts surhumains pour ne pas se laisser gagner par la mélancolie.

Elle gémit.

— Tout va bien, mademoiselle ? demanda, inquiète, la femme qui la précédait dans la file des taxis.

Elle s'appliqua à lui sourire, prétextant un point de côté — même s'il s'agissait en fait d'une épine fichée dans le cœur.

On était vendredi. Elle était à Londres pour la réunion annuelle des cadres de l'hôpital où elle travaillait. Elle passerait la nuit à l'hôtel et rentrerait le lendemain matin dans le Gloucestershire.

L'hôpital Les Horizons, où elle était cadre administratif, était situé en bordure de Glenminster, jolie ville entourée de collines verdoyantes. La réputation de l'établissement n'était plus à faire, notamment en matière d'ophtalmologie.

Les gens disaient parfois que l'hôpital comptait plus de cadres administratifs que de médecins. Elle avait un grand respect pour les équipes médicales, mais les médecins savaient-ils qu'elle devait parfois, elle aussi, se lever au beau milieu de la nuit ? Lorsque par exemple un patient fortuné quittait l'hôpital et exigeait que lui soient rendus les objets de valeur placés dans le coffre-fort dont elle était la seule à détenir la clé ?

On lui demandait souvent si elle n'aurait pas préféré un métier de soins plutôt qu'un poste administratif. Mais tous les aspects du fonctionnement de l'établissement la passionnaient. Une structure bien gérée, propre et accueillante, comptait autant pour la guérison d'un patient que les miracles accomplis chaque jour par les médecins, elle en était fermement convaincue.

Tandis que son taxi se garait devant l'immeuble où aurait lieu la réunion, Tessa se souvint d'une remarque du directeur de l'hôpital.

Le chef du service ophtalmologique, qui allait partir à la retraite, voulait profiter de la réunion pour faire ses adieux. Il allait être remplacé par une personne plus jeune, mais aux compétences exceptionnelles. Elle avait demandé de qui il s'agissait, mais le directeur, souriant comme à son habitude, était resté évasif :

— Vous saurez tout lors de la réunion.

Lorsqu'elle entra dans la salle de conférences, elle comprit soudain qu'elle n'avait pas rêvé, dans la file des taxis : Drake Melford était là.

Il bavardait avec un collègue, avec sa décontraction habituelle.

L'histoire était-elle en train de se répéter ?

Elle fit demi-tour et poussa la porte des toilettes, où elle scruta son visage blême dans le miroir. Elle ferma les yeux dans l'espoir de chasser Drake de son esprit. Comment avait-elle pu douter un instant ? Bien sûr qu'il était l'homme montant dans le taxi devant la gare.

Combien de fois avait-elle caressé cette nuque, embrassé la naissance de ses épaules carrées, glissé les doigts dans ses cheveux bruns ?

Mais elle ne pouvait pas rester plus longtemps aux toilettes. Il fallait retourner dans la salle de conférences. La réunion allait commencer d'un instant à l'autre.

Les membres du conseil d'administration avaient déjà pris place autour de la grande table ovale, où Drake, le directeur et le chef de service à la retraite occupaient une place centrale.

Lorsque Drake aperçut Tessa, les battements de son cœur s'accélérèrent. Que de regrets il avait eus dans sa vie ! Que leurs retrouvailles ne puissent avoir lieu de manière plus intime en fit aussitôt partie.

Mais peut-être était-il préférable qu'ils ne soient pas seuls. Après tout, il s'agissait des retrouvailles de deux vieux amis, pas de...

Pas de quoi ?

Tessa alla s'asseoir à une extrémité de la table et suivit le discours du directeur d'une oreille distraite. Il fit tout d'abord l'éloge du chef de service sur le départ, qui lui répondit par une brève allocution, puis le directeur présenta Drake à ceux qui travailleraient désormais avec lui. Il le décrivit comme une sommité en ophtalmologie qui, après avoir rempli ses obligations dans une clinique suisse, avait accepté de revenir à Glenminster prendre un poste de médecin chef de service.

S'ensuivirent des applaudissements nourris, auxquels Tessa se joignit sans enthousiasme. Drake se leva pour évoquer son plaisir d'être revenu au Royaume-Uni et son impatience à travailler avec les personnes présentes.

Tessa s'agita sur sa chaise. Cela avait tout l'air d'un rêve. Quand allait-elle se réveiller ?

Les questions courantes furent abordées, puis la réunion prit fin. Les participants se levèrent et se dirigèrent vers l'hôtel voisin, où un dîner était prévu.

Drake et elle ne s'étaient pas encore adressé la parole.

Alors qu'elle parlait avec un membre du conseil, Drake passa près d'elle.

— Bonjour,j Tessa, tu es toujours là à ce que je vois, dit-il.

Elle ne répondit pas, se contentant de lui adresser un sourire figé. Etre présentée comme faisant partie des meubles était assez peu flatteur.

Certains participants à la réunion, dont Drake et elle, avaient réservé une chambre à l'hôtel. Le sort les avait réunis sous le même toit ! Elle devait se pincer pour y croire. Ce n'étaient pas les retrouvailles que son cerveau fébrile avait imaginées lors de nuits sans sommeil...

Après le dîner, elle laissa ses collègues au bar et prit la direction de sa chambre. Il fallait qu'elle réfléchisse au calme aux événements de la journée. Leur première rencontre avait été bouleversante. Ces retrouvailles ne l'étaient pas moins, mais pour des raisons différentes.

Elle s'allongea dans son lit, les yeux grands ouverts.

Le plus incroyable était que, après s'être passée de Drake pendant trois ans, elle allait désormais le voir tous les jours. Comment était-ce envisageable ? Leur accord de l'époque avait permis à Drake d'accepter une promotion à l'étranger sans trop se poser de questions.

Elle n'avait eu aucune nouvelle de lui depuis. Pas un mot, pas un coup de téléphone.

A présent, ils seraient collègues.

Elle enfonça la tête dans son oreiller en gémissant.

Drake était monté dans sa chambre peu de temps après Tessa, contrarié. Lorsque, quelques années auparavant, on lui avait proposé un poste en Suisse, il avait sauté sur l'occasion. Sa relation avec Tessa s'était effacée devant cette formidable opportunité de se perfectionner, de faire progresser sa carrière.

Mais après quelques mois sans elle, il avait pris conscience de tout ce que son arrogante ambition lui avait fait perdre. Malheureusement, trop de temps s'était écoulé pour qu'il la recontacte. Il en avait éprouvé des regrets et de la honte.

Il ne savait pas ce qu'elle était devenue. Peut-être était-elle mariée et mère de famille ? Il espérait parfois pouvoir lui demander pardon, si l'occasion se présentait.

Par un étrange coup du destin, un poste s'était libéré à l'hôpital Les Horizons. Quand il avait appris que Tessa y travaillait toujours, il n'en avait été que plus réjoui.

Mais lorsqu'elle était entrée dans la salle de réunion et l'avait aperçu, il avait compris à l'expression de son visage que les retrouvailles risquaient de ne pas être aussi chaleureuses qu'il l'aurait souhaité.

En guise de salutation, il n'avait pas trouvé mieux que de souligner maladroitement qu'elle était toujours là, laissant involontairement entendre que sa carrière avait stagné pendant que lui s'était envolé vers les sommets.

Des sommets qui, d'ailleurs, ne manquaient pas en Suisse, mais qu'il n'avait jamais vraiment eu l'occasion d'explorer, lui qui avait passé son temps à travailler.

Oui, vu tout ce que Tessa et lui avaient vécu et partagé à l'époque, il aurait vraiment souhaité des retrouvailles différentes.

Dans sa chambre au fond du couloir, Tessa se remémora le jour où elle avait rencontré Drake, lors d'une réunion du personnel médical de l'hôpital. Il avait un poste dans un autre établissement et était venu présenter les avancées réalisées dans le domaine de la chirurgie oculaire.

Elle n'avait pas l'intention de s'attarder à la réunion, puisqu'elle travaillait dans l'administration, mais elle était curieuse de rencontrer l'homme qui était en train de se faire un nom en ophtalmologie.

En attendant que tout le monde arrive pour commencer la réunion, il bavardait de façon informelle avec un groupe d'infirmières, toutes pendues à ses lèvres.

En apercevant Tessa, il avait légèrement incliné la tête. Elle avait compris qu'elle lui plaisait.

Elle avait l'habitude des regards appréciateurs des hommes sur elle, mais cela n'allait jamais plus loin. De toute façon, son emploi du temps ne lui laissait pas le loisir de s'amuser.

Pourtant, cet homme grand et brun, venu d'ailleurs, lui avait d'emblée paru différent des autres. Elle avait compris pourquoi lorsqu'il s'était présenté.

Drake Melford était fréquemment mentionné dans les cercles médicaux pour son approche novatrice et peu orthodoxe, et les résultats très concluants qui en découlaient.

Tessa ne mit pas longtemps à comprendre que leur relation allait relever de cette même approche.

Ce jour-là, leur seul contact avait consisté en une brève poignée de main. Elle n'avait pas attendu la fin de la réunion et s'était éclipsée, le laissant au milieu de sa cour.

Le lendemain matin, à 6 heures, on sonnait à la porte. C'était lui.

— Je n'arrive pas à dormir tellement je pense à vous, avait-il déclaré. Puis-je entrer ?

Pieds nus, en chemise de nuit, elle avait hoché la tête et l'avait laissé entrer, comme s'il s'était agi de la chose la plus naturelle du monde.

Elle avait préparé un petit déjeuner, qu'ils avaient partagé en silence, les yeux rivés sur leurs assiettes, jusqu'à ce qu'il se lève, la prenne dans ses bras et l'emmène dans sa chambre.

La première fois qu'ils avaient fait l'amour avait été

sensationnelle. Ils étaient tellement en accord qu'elle avait eu l'impression de l'avoir attendu toute sa vie.

Après avoir refait l'amour, plus lentement, de façon plus sensuelle, il s'était allongé sur le couvre-lit de soie, la tête posée sur son bras replié, un sourire nonchalant aux lèvres.

— Je n'ai pas ressenti ça depuis des années. Tu es incroyable, Tessa.

C'était à ce moment-là qu'ils avaient conclu leur pacte, comblés et somnolents — mais tout à fait conscients de leurs paroles.

Ils prendraient les choses comme elles viendraient. Pas de liens, pas d'engagement, pas de promesses. Encore moins d'enfants ou de prêts immobiliers. Leur histoire était une relation à durée indéterminée.

La dernière fois qu'ils s'étaient vus, elle l'avait regardé, silencieuse et rembrunie, fourrer ses affaires dans ses valises. Elle n'avait rien dit parce qu'il n'y avait rien à dire. C'était clair depuis le début : pas d'engagement.

Mais elle aurait voulu changer les termes du contrat, elle n'était plus d'accord. En fait, elle était tombée amoureuse de lui, follement amoureuse...

Redevenir sa collègue de travail à Glenminster allait nécessiter quelques ajustements.

Elle ignorait désormais tout de lui et de sa vie. La sienne, en revanche, avait radicalement changé depuis qu'il était parti. Une adorable petite fille, Lily, qu'elle avait connue dans le service de pédiatrie et adoptée, faisait désormais partie de son existence. Non seulement Tessa avait fondé une famille, mais elle avait également souscrit un prêt immobilier.

Elle avait quitté l'appartement dans lequel elle avait vécu et aimé si passionnément, et acheté une petite maison en pierre typique de la région, non loin de l'hôpital. La vie avait recommencé à être belle, parce que l'amour s'y épanouissait de nouveau. Un amour un peu différent, certes, mais de l'amour tout de même.

Par la fenêtre de sa chambre, Drake contemplait les lumières des théâtres et des restaurants qui illuminaient la rue. Le ronron incessant de la circulation était bien loin du silence des montagnes enneigées de Suisse.

Trois ans plus tôt, il avait quitté Glenminster sans états d'âme. Tessa lui avait facilité la tâche. Elle n'avait pas semblé vouloir revenir sur le pacte qu'ils avaient conclu le jour de leur rencontre.

Pourquoi, dans ce cas, s'était-il précipité au Royaume-Uni dès que son contrat en Suisse était arrivé à son terme ? Pourquoi avait-il sauté dans le premier avion pour revenir à l'endroit où ils avaient vécu et où ils s'étaient aimés jusqu'à ce que sa fichue ambition les sépare ?

Il ne s'attendait pas à ce que Tessa lui saute au cou après l'avoir patiemment attendu pendant trois ans. D'ailleurs, la tête qu'elle avait faite en le voyant à la réunion ne lui avait pas échappé.

Si elle rentrait à Glenminster dans la matinée, accepterait-elle de faire le voyage avec lui dans sa voiture de location ? Peut-être avait-elle prévu de rester à Londres pour faire quelques courses ou aller au cinéma. Il ne pouvait décemment pas aller frapper à sa porte pour le lui demander, après trois ans de silence et tout ce qui s'était passé entre eux.

Il avait prévu de partir tôt. Son plan était de chercher un logement à Glenminster pour être installé lorsqu'il commencerait à travailler à l'hôpital Les Horizons. S'il ne croisait pas Tessa au petit déjeuner, il ne la reverrait que le lundi matin, au milieu de tout le personnel de l'hôpital.

Ce n'était pas l'idéal, mais plus vite il se ferait à l'idée qu'ils allaient être collègues, mieux ce serait.

Il descendit dans la salle de petit déjeuner où, à sa grande surprise, Tessa était attablée avec quelques autres lève-tôt. Il se dirigea vers sa table.

— Bonjour, j'ai loué une voiture pour pouvoir partir tôt. Veux-tu que je te ramène ?

— Non, merci, répondit-elle sans cesser de beurrer sa tartine. J'ai réservé un taxi pour me conduire à la gare.

— Tu vis toujours au même endroit ? demanda-t-il sans s'attarder sur son refus.

— Non, j'ai déménagé. A ce propos, si tu n'as pas encore de logement, il y a une maison sur le terrain de l'hôpital. L'ancien chef de service y vivait. Il la libère, maintenant qu'il part en retraite. C'est un patient reconnaissant qui l'a léguée à l'hôpital. Je pense que tu pourrais sans problème l'occuper.

— Je ne sais pas... C'est vrai que ce serait pratique d'habiter près de l'hôpital.

C'était incroyable. Finalement, elle avait envie de lui rendre service, après l'accueil pour le moins mitigé qu'elle lui avait réservé la veille. Il avait été tellement égoïste vis-à-vis d'elle !

— Je vais demander, à tout hasard, dit-il.

Tessa continua à beurrer son pain tout en s'interrogeant. Drake comptait-il emménager avec quelqu'un ?

La maison en question était une grande bâtisse ancienne, restée telle que son ancien propriétaire l'avait fait aménager, avec des plafonds voûtés, une superbe rampe d'escalier et de grandes pièces meublées d'antiquités. Un de ses atouts était sans conteste la proximité de l'hôpital.

— Maintenant que tu m'en parles, il me semble qu'on m'a proposé un logement quand j'ai signé pour le poste. Je me demande si ce ne serait pas celui dont tu parles. Mais j'ai tellement de choses en tête que je l'avais complètement oublié. En tout cas, merci, Tessa.

Elle haussa les épaules.

— Alors à lundi, fit-il.

Elle hocha la tête et se concentra sur son petit déjeuner, priant pour que son agitation intérieure soit passée inaperçue.

Lorsque le taxi arriva, elle quitta promptement l'hôtel sans se retourner.

A regret, Drake regarda Tessa sortir du hall. Elle préférait prendre le train ? Soit. Au moins s'étaient-ils adressé la parole. De plus, elle avait pris la peine de le renseigner sur la maison près de l'hôpital.

Mais pourquoi avait-elle déménagé ?

Elle adorait son ancien appartement. Elle n'aurait pas quitté son petit nid sans raison valable. Et il aurait été surprenant qu'elle soit toujours célibataire après trois ans.

Le jour de son départ, elle l'avait regardé préparer ses bagages sans un mot. Mais peut-être ne lui avait-il pas laissé l'occasion de s'exprimer, obsédé qu'il était par sa promotion en Suisse ?

Il avait fait un choix et en avait payé le prix.

S'il revenait à l'hôpital Les Horizons, ce n'était pas pour elle. Il voulait ce poste. Il était content qu'elle n'ait pas quitté Glenminster, mais il n'avait aucune intention de ressasser le passé.

Certes, jamais il n'avait oublié la passion avec laquelle ils s'étaient chaque fois jetés dans les bras l'un de l'autre. A tel point qu'il n'avait pas couché avec une femme depuis son départ. Il n'avait rencontré personne avec qui il ait eu envie de passer des moments comme ceux qu'il avait partagés avec elle. Comment aurait-il pu ? Ce qu'il avait vécu avec Tessa était extraordinaire.

Il ne regrettait pas pour autant d'avoir accepté la proposition suisse. Mais il était désormais de retour à Glenminster, pour le meilleur et pour le pire. Pour être honnête, il se demandait ce qui restait de leur histoire passée.

Manifestement, Tessa n'était pas enchantée de le revoir, c'était le moins que l'on puisse dire. Mais, derrière son accueil réservé, peut-être était-elle aussi curieuse que lui ?

La Tessa qu'il avait connue avant son départ pour la Suisse l'aurait certainement été.

Dans le train, Tessa se leva pour téléphoner à son amie Lizzie, qui gardait Lily depuis la veille. Lizzie était sa nounou et la seule personne chez qui Tessa pouvait imaginer laisser Lily pour la nuit.

Les nouvelles étaient bonnes. A part quelques larmes au coucher, que l'histoire du soir avait rapidement séchées, Lily avait passé une bonne soirée en leur compagnie. Puis elle avait dormi d'une traite jusqu'au matin.

— Je devrais arriver vers midi. Je passerai directement chez toi, dit Tessa.

— Je peux aussi venir t'attendre à la gare avec Lily. Elle est très impatiente de te voir !

— Je n'osais pas te le demander. Je crois que je suis aussi impatiente qu'elle, dit Tessa avec de chaleureux remerciements.

Lizzie lui demanda si la réunion valait l'aller-retour en train et la nuit à l'hôtel, et Tessa avoua qu'elle était allée de surprise en surprise.

Elle ne regrettait pas d'avoir refusé que Drake la raccompagne à Glenminster, même si un trajet en voiture aurait été moins long qu'en train. L'idée d'être enfermée avec lui pendant quatre heures dans un espace aussi réduit était inconcevable.

Jusqu'à la veille, il était complètement sorti de sa vie et voilà qu'il réapparaissait, aussi simplement que le petit matin où il s'était présenté chez elle.

Elle aurait préféré qu'il ne revienne pas.

Désormais, il ne serait plus une figure fantomatique appartenant au passé, mais un homme qu'elle croiserait, verrait, entendrait. Et qu'elle devrait tenir à distance.

Depuis que Lily était entrée dans sa vie, tout avait changé.

La petite fille avait été admise dans le service de pédiatrie après avoir perdu ses parents dans un accident de voiture. On lui cherchait des parents adoptifs. Lorsqu'on l'avait amenée, avec une hémorragie à l'œil, Tessa s'était aussitôt sentie attirée par elle et avait passé de longues heures à son chevet, avant ou après le travail.

— C'est une personne comme toi qu'il lui faudrait, avait dit l'assistante sociale de l'hôpital.

— Moi ? En mère célibataire ? s'était-elle exclamée. Je ne vois pas où je trouverais de la place pour un enfant, avec la vie que je mène !

Mais l'idée avait fait son chemin et, plus elle y avait pensé, plus son envie de s'occuper de cette petite fille avait grandi. Ainsi avait commencé la procédure d'adoption.

Avec le temps, elle était toujours plus convaincue d'avoir pris la bonne décision. La joyeuse petite fille que Lily était devenue ne faisait que le confirmer.

Si Drake s'imaginait reconduire le pacte qu'ils avaient conclu des années plus tôt, il risquait d'être déçu. Tessa se carra dans son siège. Maintenant que sa vie avait pris cette nouvelle tournure, elle aurait même préféré qu'il reste là où il avait été si pressé de partir.

Lorsqu'elle descendit du train, Lizzie et Lily l'attendaient sur le quai.

— Mamounette ! s'écria la petite fille en la voyant.

C'était le nom par lequel elle avait souhaité que Lily l'appelle. Elle ne voulait pas se faire appeler maman, pour que Lily n'oublie pas sa mère biologique.

— Où sont les garçons ? demanda Tessa.

Lizzie avait des jumeaux de l'âge de Lily.

— Ils sont restés à la maison avec Daniel. Il a pris quelques jours.

Tenant chacune Lily par une main, elles se dirigèrent vers la voiture de Lizzie.

— Alors, que s'est-il passé à Londres ? demanda cette dernière. Tu avais l'air troublée, au téléphone.

— Tu ne vas pas me croire. Devine qui prend le poste de chef du service d'ophtalmologie à l'hôpital lundi...

— Aucune idée. Qui ça ?

— Drake. Le nouveau chef de service s'appelle Drake Melford !

— Quoi ? Drake ? Il est revenu à Glenminster ?

Lizzie s'arrêta un instant et la regarda dans les yeux.

— Comment prends-tu cela ?

— Pour être honnête, je suis secouée. J'ai une vie rangée, je suis heureuse avec Lily et mon travail me passionne. Je n'ai pas envie que cela change.

— Tu lui as parlé ?

— A peine. Il m'a proposé de me ramener de Londres en voiture. J'ai refusé, cela va sans dire.

— Il commence bientôt ?

— Lundi. Je n'ai même pas le temps de me faire à l'idée. Cela dit, rien ne peut ébranler la vie que j'ai construite avec Lily. Drake fera partie de ma vie professionnelle, puisque je n'ai pas le choix. Mais pour le reste, il ne sera pas plus présent qu'il ne l'a été ces trois dernières années.

Le lundi matin, Tessa se réveilla agitée. Elle allait passer toute la journée en présence de Drake. Il lui fallut un long moment avant de pouvoir penser à autre chose.

Non seulement ils se trouveraient au même endroit ce jour-là, mais ils s'y côtoieraient tous les jours, ou presque, à l'avenir. Leurs vies professionnelles seraient désormais imbriquées. Elle l'imaginait déjà entrant dans la salle de repos avec son aisance et son charisme habituels, tandis qu'elle déploierait des efforts démesurés pour ne pas craquer.

Par chance, elle ne travaillait pas dans un service, ni au bloc. Son travail administratif la retenait dans son bureau, où elle essaierait de passer le plus de temps possible.

Etait-elle lâche ?

De toute façon, elle ne pourrait pas passer sa vie enfermée dans une pièce. L'amélioration des conditions de soin à l'hôpital impliquait qu'elle aille aussi à la rencontre du personnel.

Elle avait gravi les échelons grâce à ses compétences, son efficacité et son professionnalisme, acquis au cours d'années d'expérience. Elle avait d'abord travaillé sur des navires de croisière, avant de revenir sur la terre ferme et d'intégrer l'administration hospitalière. Que serait devenue sa vie si elle avait continué à travailler sur des bateaux et n'avait jamais rencontré Drake ?

Peu importait la réponse. Ce qui était fait était fait. D'ailleurs, elle ne regrettait pas ses choix, puisqu'ils l'avaient conduite jusqu'à Lily. Et elle adorait habiter cette ville au patrimoine architectural exceptionnel, dans laquelle il était si agréable de vivre et de se promener.

Son amie Lizzie vivait de l'autre côté de l'hôpital, à la périphérie de la ville. Tessa avait une confiance absolue en elle. De son côté, Lizzie était contente du revenu que la garde de Lily lui procurait. Et cela leur donnait l'occasion de se voir plus souvent.

Lorsque Tessa arriva à l'hôpital, après avoir déposé Lily, ce qui devait être la voiture de location de Drake était sur le parking, au milieu des véhicules du personnel.

Elle était étonnée que cela ne suscite pas plus d'intérêt en elle, après la passion avec laquelle elle l'avait aimé. Ses sentiments amoureux s'étaient-ils transformés en dépit parce qu'elle avait été écartée sans autre forme de procès à la faveur d'une promotion professionnelle ?

Lorsqu'elle arriva dans son bureau, sa secrétaire, Jennifer, une femme d'une quarantaine d'années, se précipita vers elle. Le nouveau chef de service était passé la saluer.

— Incroyable, non ? fit-elle avec enthousiasme. A mon avis, son prédécesseur ne savait même pas que nous existions.

L'espoir de Tessa de s'enfermer dans son bureau à l'abri de Drake s'amenuisait. D'autant que Jennifer reprit :

— Il a annoncé une réunion à 17 heures ce soir, l'ensemble du personnel est convié. Il espère nous y voir toutes les deux. Mais allez-vous pouvoir rester ?

Tessa quittait en général l'hôpital à cette heure-là pour aller chercher Lily.

C'était un véritable dilemme. Professionnellement, elle était censée assister à la réunion, ne serait-ce que pour accueillir et soutenir le nouvel arrivant. S'il ne s'était pas appelé Drake Melford, elle aurait immédiatement appelé Lizzie pour l'informer des circonstances et lui demander de garder Lily un peu plus longtemps.

Mais Tessa hésitait. Elle s'était déjà privée d'une partie de son week-end avec sa fille pour raisons professionnelles.

Etait-elle en train de se chercher des excuses pour ne pas assister à la réunion ? Drake ne risquait-il pas de penser qu'elle se dérobait parce que c'était lui ? Peut-être ferait-elle mieux d'y aller, comme si de rien n'était.

Mais à quoi était-elle en train de jouer ?

Elle était libre de ses mouvements, indépendamment de lui. Elle n'irait pas à la réunion. Si elle ne le voyait pas dans la journée, elle lui expliquerait le lendemain qu'elle avait eu autre chose à faire, de tout aussi important.

Quelle journée éprouvante !

Drake traversa le hall pour se rendre à la réunion qu'il avait convoquée à 17 heures avec le personnel.

Tessa serait-elle là, lorsqu'il s'adresserait à sa nouvelle équipe ? Il l'espérait. Il n'avait aucune intention de la mettre dans l'embarras ou de la faire souffrir, mais après tout ils étaient collègues et adultes.

L'agitation et l'insatisfaction qu'il avait ressenties en Suisse étaient sans doute dues au fait d'être parti sans avoir noué de liens plus forts avec elle. Mais la réciproque n'était sans doute pas vraie. Il n'avait pas l'impression de lui avoir manqué. Si elle avait refait sa vie avec un autre homme, il n'aurait à s'en prendre qu'à lui-même.

Par la fenêtre, il aperçut Tessa qui montait au volant d'une voiture sur le parking de l'hôpital. Il plissa les yeux. La voiture démarra et s'éloigna. Il avait la réponse à sa question.

De toute évidence, elle avait mieux à faire qu'assister à sa présentation. Il lui faudrait déployer d'autres ressources que son charme pour se rapprocher d'elle. Mais avait-il vraiment envie de se rapprocher d'elle ?

Quelques minutes plus tard, il se trouvait face aux membres du personnel. Il leur assura qu'il accorderait la plus grande attention à tous les aspects du fonctionnement de son service. Rassurés que la réunion ne s'éternise pas à la fin de leur journée de travail, la plupart d'entre eux quittèrent la salle, à l'exception d'une poignée qui souhaitait voir de plus près leur nouveau chef de service.

2

Après le départ des derniers participants à la réunion, Drake sortit à son tour. Il avait faim.

L'idée de s'attabler dans un bon restaurant ne lui avait pas sitôt traversé l'esprit qu'il roulait déjà vers le centre-ville. En chemin, il passa devant un parc qui fit remonter en lui des souvenirs aussi précis que si cela avait été la veille. Il se revit avec Tessa, faisant l'amour dans le parc vide, avec la lune pour seul témoin. Se rappelait-elle cet épisode ? Y pensait-elle lorsqu'elle passait par là ?

Il continua sa route et faillit percuter le trottoir en apercevant Tessa en personne sous le porche d'une petite maison au bord de la route.

Voilà donc où elle avait déménagé.

Elle parlait à un homme d'à peu près son âge, qu'elle serra dans ses bras au moment même où Drake passait à leur hauteur. Ce devait être l'homme qui avait pris sa place dans son cœur.

Il tenta de balayer un petit pincement au cœur d'un haussement d'épaules.

Elle avait refait sa vie ? Et alors ?

En attendant, il savait où elle passait son temps lorsqu'elle n'était pas à l'hôpital.

Pour sa part, il était allé jeter un coup d'œil à la maison près de l'hôpital. Le directeur de l'hôpital lui avait effectivement laissé un mot confirmant qu'il pouvait s'y installer, ainsi qu'un trousseau de clés. Ce n'était pas le genre de logement dont il avait l'habitude. La bâtisse était assez sombre, alors qu'il avait besoin de lumière et de couleur. Mais sa proximité avec l'hôpital faisait d'elle le logement idéal en cas d'urgence. Aussi avait-il décidé de s'y installer, le temps de trouver autre chose.

Le restaurant dans lequel il alla dîner était en revanche tout à fait le genre d'établissement qu'il aimait fréquenter. Mais il ne prêta qu'une attention distraite à ce qu'on lui servit. Il avait le poste qu'il convoitait depuis toujours, dans sa ville natale, et un logement que beaucoup de gens lui auraient envié. Pourtant il n'était pas satisfait.

Revenir sur les lieux où Tessa et lui avaient été si liés était une erreur. Il lui avait fallu de la distance pour se rendre peu à peu compte qu'il s'était séparé de l'une des choses les plus précieuses de son existence, simplement pour satisfaire ses ambitions. Qu'espérait-il ? Qu'elle aurait patiemment attendu son retour et lui sauterait au cou ?

Elle était toujours aussi belle que dans son souvenir, mais elle ne faisait preuve d'aucun intérêt à son égard.

Il était encore tôt : il passerait la voir en sortant du restaurant. Si elle le lui permettait, il remettrait les compteurs à zéro en lui demandant pardon pour son comportement stupide. Mieux valait repartir sur des bases saines, puisqu'ils auraient à se croiser régulièrement dans le cadre de leurs activités professionnelles à l'hôpital Les Horizons.

Lorsque Tessa ouvrit la porte à Drake, la scène qui se présenta à lui lui coupa le souffle.

Non seulement il se trouvait face à la femme qu'il regrettait d'avoir quittée, mais il aperçut également derrière elle, sur la dernière marche de l'escalier, une petite fille en chemise de nuit à fleurs. Elle le fixait de ses grands yeux noirs et avait des cheveux aussi bruns que les siens.

— C'est ta fille ? murmura-t-il lorsqu'il eut recouvré l'usage de la parole.

— Oui, répondit Tessa. Je te présente Lily.

— Quel âge a-t-elle ?

— Trois ans.

Il déglutit sans quitter la petite fille des yeux.

— C'est... C'est ma fille ? demanda-t-il d'une voix à peine audible en blêmissant.

Tessa secoua la tête et il lui sembla que ses yeux s'embrumaient.

— Lily est ma fille adoptive. Ses parents sont morts dans un accident de voiture. Nous nous sommes rencontrées lors de son séjour en pédiatrie suite à l'accident. Elle est restée assez longtemps pour que nous fassions amplement connaissance. J'ai fini par passer du temps avec elle tous les jours, dès que j'avais un moment de libre. Puis par faire une demande d'adoption.

Elle se retourna et tendit les bras à Lily, qui ne se fit pas prier.

— Cette petite fille me comble de joie.

— J'imagine, répondit-il d'une voix faible.

Il fit quelques pas, puis s'arrêta. Mieux valait poser la question maintenant et en avoir le cœur net.

— L'homme que j'ai vu tout à l'heure... c'est son père adoptif ?

— Non... Bien sûr que non ! dit-elle d'une voix soudain plus aiguë. Elle n'a pas de père adoptif et c'est très bien comme ça. C'était le mari de Lizzie, l'amie qui garde Lily quand je travaille. Il rapportait la poupée qu'elle avait oubliée chez eux.

La petite fille se frotta les yeux.

— Ah, dit-il, non sans soulagement. Je te laisse, alors. Ce doit être l'heure de lire une histoire. On se croisera peut-être demain à l'hôpital.

— Oui, peut-être.

Tessa regarda Drake partir avec soulagement. Son cœur battait la chamade et ses jambes flageolaient depuis qu'elle lui avait ouvert la porte. Il avait dû la prendre pour une folle de vouloir élever l'enfant d'une autre.

Comment allait-elle pouvoir travailler auprès de lui comme si de rien n'était alors que sa vie était si loin de celle qu'ils menaient à l'époque ?

— As-tu trouvé un logement ? lui demanda-t-elle par acquit de conscience alors qu'il s'apprêtait à monter dans sa voiture.

— Oui. J'ai trouvé les clés de cette espèce de mausolée dans mon vestiaire, accompagnées d'un petit mot me disant que je pouvais aller m'y installer. Comme c'est près de l'hôpital et que je n'ai pas le courage de chercher autre chose pour l'instant, je vais accepter.

— Cela n'a pas l'air de te réjouir.

— J'ai un toit au-dessus de la tête, c'est déjà bien. Mais la maison est énorme et plutôt sombre. J'aime la lumière et la couleur, comme tu le sais.

Elle le savait, en effet. Elle se souvenait du moindre détail le concernant, depuis le moment où il avait frappé à l'aube à la porte de son appartement, jusqu'au jour où il avait fait ses valises. Mais elle s'était efforcée de reléguer ces souvenirs dans un coin de sa tête et comptait les y laisser.

Il s'installa au volant et la salua d'un geste de la main. Elle serra Lily contre elle et l'emmena dans sa chambre. Aussitôt, les sensations que la présence de Drake avait réveillées s'évanouirent comme par magie. Quand elle était avec Lily, son monde se remettait à tourner rond.

Tessa dormit mal cette nuit-là. Elle avait l'habitude de se coucher tôt, peu après Lily, pour recharger ses batteries et affronter la journée du lendemain. Mais ce soir-là, après avoir éteint la chambre de sa fille, son monde n'avait pas tourné rond très longtemps.

Elle ne parvenait pas à effacer de son esprit l'image de Drake blêmissant à l'idée que Lily soit sa fille. Quand elle lui avait confirmé qu'il n'était pas le père, elle avait cru lire dans ses yeux son incrédulité à l'idée qu'elle ait pu adopter un enfant. Sur ce point il n'avait pas changé : de toute évidence, la paternité ne faisait toujours pas partie de ses priorités.

Pourquoi était-il revenu dans sa vie ? Pour lui gâcher son plaisir ?

Toutes les semaines, Tessa arpentait les couloirs des différents services de l'hôpital pour aller à la rencontre des patients. Elle les interrogeait sur ce qu'ils pensaient de la nourriture, de l'hygiène et des différentes installations. Elle prenait très scrupuleusement note de leurs réponses.

Le lendemain de la visite de Drake, elle se dirigeait vers le service de pédiatrie pour interroger les parents des enfants hospitalisés lorsqu'une infirmière l'interpella dans le couloir. Jane était de garde lorsque Lily avait été admise, elle avait assisté à tout le processus d'approche puis d'adoption de la petite fille.

— Quand est-ce que tu nous ramènes Lily ? demanda-t-elle.

La détresse de la petite fille blessée à l'œil les avait émues aussi fortement l'une que l'autre. Elles l'avaient vue arriver dans le service, tremblante de peur après l'accident qui avait coûté la vie à ses parents. Tessa avait aussitôt ressenti un instinct maternel aussi inattendu qu'irrépressible envers la petite fille. Face à cet élan du cœur, la promesse que Drake et elle s'étaient faite lui avait soudain paru égoïste et immature.

A l'époque, elle ne pensait pas le revoir un jour, mais elle se trompait. Mais pourquoi regrettait-elle égoïstement les conséquences que sa présence avait sur sa vie au lieu de se réjouir pour les patients qu'un grand ponte de la chirurgie ophtalmologique soit désormais en poste aux Horizons ?

— Je l'emmènerai te voir dès que possible, Jane. Mais les journées passent à une telle allure !

— Tu as vu le nouveau chef de service ? Si je n'étais pas amoureuse de mon Harry, je crois bien que je me laisserais tenter. Quel homme ! dit l'infirmière avant de repartir vaquer à ses occupations.

Levant les yeux, Tessa aperçut justement l'homme en question au bout du couloir. Il venait dans leur direction.

Elle sentit ses épaules se contracter, mais se ressaisit. Après tout, elle pouvait le considérer comme le nouveau chirurgien ophtalmologique plutôt que comme son ancien amant. Mais elle n'eut pas à se contrôler plus longtemps.

De loin, Drake la salua d'un bref geste de la main, et disparut.

La veille, Drake était rentré chez lui dans un état second. Il n'en revenait pas. Si Tessa avait déménagé, c'était pour élever cette petite fille orpheline. Comment aurait-il pu imaginer un tel scénario ?

Si elle s'était mariée et avait fait des enfants, il en aurait probablement été moins surpris. L'image de la petite fille brune assise sur les marches avait provoqué un véritable choc en lui. En voyant Tessa dans le couloir, il dut admettre que le choc ne s'était toujours pas dissipé.

Après avoir recueilli les commentaires et les appréciations des patients, Tessa avait passé le reste de la matinée avec la responsable du traitement du linge. Elle avait ensuite déjeuné rapidement puis regagné son bureau, où elle était demeurée tout l'après-midi.

Ce ne fut qu'au moment de partir qu'elle revit Drake.

Il se rendait au bloc opératoire. Comme le matin, il lui adressa une brève salutation. Au lieu d'y voir le signe qu'il tenait sa promesse de ne pas l'importuner, elle eut un soudain accès de mélancolie.

Elle se remémora leurs rencontres enfiévrées et la passion qui s'était peu à peu transformée en un amour fort et profond, sans grand rapport avec les promesses qu'ils s'étaient faites le premier jour. Si elle lui avait fait part de ses sentiments à ce moment-là, il aurait sans doute considéré cela comme une rupture de contrat.

Alors elle s'était tue.

Et maintenant, il allait rentrer à reculons dans sa grande maison trop sombre et elle passerait sa soirée seule dans son salon, pendant que Lily dormirait à l'étage. Leurs maisons respectives ne se trouvaient qu'à quelques minutes de distance, pourtant ils n'avaient jamais été aussi éloignés l'un de l'autre.

Pourquoi n'était-il pas resté en Suisse ? Ou ailleurs ? Au lieu de revenir à Glenminster et de réveiller des souvenirs qu'elle était parvenue à enfouir et à oublier depuis que sa petite fille lui avait redonné le goût de vivre ?

Elle avait observé l'expression de son visage lorsqu'il avait vu Lily, en chemise de nuit, assise sur les marches. Il était devenu tout pâle.

Pourtant, à l'hôpital, aucun autre médecin ne savait mieux que lui faire sourire les enfants, apeurés et inquiets, admis dans son service. Tout en les auscultant, il parvenait souvent à transformer leurs pleurs en éclats de rire.

A l'époque de leur première rencontre, il occupait un poste dans un établissement moins réputé que Les Horizons, mais il avait rapidement gravi les échelons et commencé à se faire un nom dans sa spécialité. Et elle travaillait comme cadre intermédiaire aux Horizons, où il était venu faire son intervention ce soir-là.

Elle avait été attirée par sa personnalité comme par un aimant. Au premier regard, elle avait été envoûtée. Elle avait rencontré un autre électron libre, aussi anticonformiste qu'elle, et s'était imaginé que leur pacte survivrait à tous les obstacles.

C'était compter sans l'ambition de Drake, sans sa détermination à faire partie des meilleurs de sa profession. Il était parti vers d'autres horizons, prenant sans doute le silence qu'elle avait gardé pour du consentement. Il l'avait laissée seule ramasser les morceaux de son cœur brisé.

Heureusement qu'ils n'avaient pas vécu ensemble, que chacun avait gardé son autonomie et son propre espace !

Lorsque les jours étaient devenus des semaines puis des mois, elle avait ressenti un vide vertigineux. Jusqu'à ce que Lily surgisse, lui offrant une autre perspective sur sa vie. Que valaient ses petits malheurs face au drame que l'orpheline avait déjà vécu dans sa courte existence ?

Lorsque Tessa sonna chez Lizzie et Daniel pour récupérer Lily, elle éprouva une joie indicible à l'idée de serrer sa petite dans ses bras.

— Alors, cette nouvelle journée avec Drake dans les parages ? demanda Lizzie à Tessa.

Lizzie avait assisté au départ de Drake et savait combien Tessa avait souffert. Elle l'avait aussi trouvée très courageuse de se lancer dans la procédure d'adoption.

— Pas mal, répondit Tessa. Nous nous sommes croisés mais il ne m'a pas spécialement parlé. Je crois qu'il a compris le message.

— Tu es sûre que tu lui as envoyé le bon ? demanda Lizzie en la regardant du coin de l'œil.

— Oui. Sans aucun doute, répondit précipitamment Tessa.

— Tant mieux, alors. Il est venu seul ? Il n'a pas emmené de femme ou de fiancée ?

— Pas que je sache. Ah, d'ailleurs, je ne t'ai pas dit : il est passé chez moi hier soir. Quand il a vu Lily, tu sais ce qu'il m'a demandé ? Si c'était sa fille. Il n'était vraiment pas du genre à vouloir des enfants. Il a eu l'air soulagé d'apprendre qu'elle n'était pas de lui.

— Il n'a pas changé, n'est-ce pas ?

— Je n'en ai pas l'impression. Et maintenant qu'il a pris ce poste à l'hôpital, je suis contente de ne pas avoir à travailler au bloc ou dans les services. Par chance, avec mon métier, nos chemins ne se croiseront pas très souvent.

Elle soupira.

— Il habite la grande maison près de l'hôpital, mais il n'a pas l'air de s'y plaire. Il n'est pas assez solitaire pour ce genre d'endroit. Dès qu'il aura repris ses marques, on retrouvera le vrai Drake Melford.

Après avoir couché Lily, Tessa alla s'asseoir dans le jardin. Le soleil descendait derrière les collines verdoyantes au milieu desquelles la ville avait été construite. La dernière soirée qu'elle avait passée avec Drake lui revint à la mémoire.

Elle s'était juré de ne jamais plus souffrir pour un homme. Elle avait tenu bon, refusant poliment mais fermement les avances que certains lui avaient faites après le départ de Drake.

A l'époque, elle ne s'attendait pas spécialement à ce qu'il lui donne des nouvelles, son silence ne l'avait donc pas étonnée. Mais elle se rendait compte qu'une partie d'elle-même était toujours blessée qu'il ne l'ait même pas appelée, ne fût-ce que pour lui dire si son nouveau travail lui plaisait.

Puis elle avait fini par sortir du tunnel. Lily avait croisé son chemin, Tessa s'était remise à vivre et à aimer. Et elle avait décidé que rien n'interférerait jamais avec ce bonheur intense.

Tous les samedis, Tessa emmenait Lily chez son grand-père maternel, Randolph Simmonds, qu'elle avait rencontré au chevet de la petite fille, à l'hôpital. A l'époque, il était miné par le fait d'être trop âgé pour pouvoir s'occuper de Lily.

Lorsqu'il avait entendu dire, quelque temps plus tard, que la jeune femme blonde, gestionnaire à l'hôpital, qui trouvait toutes les occasions pour venir voir Lily dans sa chambre, avait le projet de l'adopter, il avait été fou de joie. Ensemble, ils avaient décidé que Lily verrait son grand-père toutes les semaines.

Il vivait dans un immeuble Régence du centre-ville, dans un appartement donnant sur l'un des parcs, non loin des jolies rues piétonnes. Chaque samedi, il insistait pour inviter Tessa et Lily dans un bon restaurant, puis les emmenait se promener dans les collines et les charmants petits villages disséminés sur les pentes verdoyantes.

Randolph devait depuis quelque temps consulter un ophtalmologiste. Sa première question, lorsqu'elles arrivèrent chez lui, fut de savoir si le nouveau chef de service était arrivé. Il tenait absolument à ce que Drake Melford se charge en personne, le cas échéant, de son intervention chirurgicale.

— Oui, il est là depuis une semaine, répondit-elle. Avez-vous pris rendez-vous ? Sinon, je crains que vous ne deviez vous inscrire sur la liste d'attente. Drake est très occupé.

— Vous l'appelez par son prénom ? Vous avez déjà sympathisé ?

— En fait, je l'ai connu bien avant qu'il devienne un grand ponte de l'ophtalmologie, répondit-elle. Mais cela faisait des années que je ne l'avais pas vu. Voulez-vous que je prenne rendez-vous pour vous ? Vous pouvez aussi passer par votre médecin généraliste ou votre propre ophtalmologiste, qui le contacteront s'ils le jugent nécessaire.

— Je veux bien que vous preniez rendez-vous pour moi, répondit le vieil homme. Je n'ai plus le courage de faire le tour des salles d'attente.

Il jeta un coup d'œil à Lily qui était sortie jouer dans le jardin.

— Comment va-t-elle ? Continue-t-elle à les appeler dans son sommeil ?

— Non, elle ne le fait pratiquement plus. Je lui ai appris à m'appeler mamounette, afin qu'elle n'oublie pas sa maman. Cela a l'air de lui convenir.

— Peut-être qu'un jour, elle aura aussi un papounet.

— Peut-être. Mais ce n'est pas ma priorité. Pour l'instant, nous sommes bien tous les trois, non ?

Randolph soupira.

— Vous êtes un ange tombé du ciel, Tessa.

Tessa, Lily et Randolph entrèrent dans le restaurant que le vieil homme avait choisi. Tessa balaya la salle du regard et s'immobilisa.

Drake Melford était assis à une table. Seul. C'était, servi sur un plateau d'argent, l'occasion de prendre rendez-vous pour Randolph sans se retrouver en tête à tête avec lui dans un bureau.

— N'est-ce pas justement le Dr Melford ? s'exclama Randolph. J'ai vu sa photo dans le journal.

— C'est bien lui, en effet. Venez, je vais vous présenter.

Drake les avait vus et se leva lorsqu'ils approchèrent de sa table. Il jeta un coup d'œil appuyé à la petite fille qui donnait la main à son grand-père et regardait tout ce qui se passait autour d'elle.

— Quelle surprise, Tessa ! Je ne m'attendais pas à te voir ici, dit-il.

Il jeta un coup d'œil interrogateur au vieil homme.

— Je te présente Randolph Simmonds, le grand-père de Lily.

— Nous étions justement en train de parler de vous. J'ai besoin de consulter pour mes yeux et Tessa se proposait de prendre rendez-vous pour moi. Et hop ! Vous apparaissez, comme par enchantement ! dit Randolph d'une voix enjouée en lui serrant la main.

— Voulez-vous vous joindre à moi ? demanda Drake en désignant les trois chaises vides à sa table. Vous m'expliquerez en quoi je peux vous aider.

Il appela un serveur et demanda qu'on apporte une chaise haute pour Lily.

Tessa sentit les battements de son cœur accélérer. La situation prenait une drôle de tournure, mais il était difficile de refuser maintenant que Randolph s'était mis à expliquer ses problèmes de vue. Tentant d'ignorer ses jambes flageolantes, elle se pencha vers Lily.

Puis la voix de Drake lui parvint, la sortant de son état second. Elle se redressa.

— J'étais en train d'expliquer à M. Simmonds que je me suis

installé dans la maison de mon prédécesseur, à côté de l'hôpital. Je recevrai les patients dans le cabinet qu'il y a installé. Je vais demander à ma secrétaire de prendre contact avec vous lundi matin, si cela vous convient.

Le serveur apporta des menus.

Elle choisit le poisson accompagné de légumes du jardin et commanda une portion plus petite pour Lily.

Une fois qu'ils auraient déjeuné, chacun repartirait de son côté et on n'en parlerait plus. C'était compter sans le charme de Drake, sous lequel tombaient tous ceux qui le rencontraient. Randolph ne fit pas exception et discutait avec lui avec un plaisir non dissimulé.

Mais il ne se fit pas prier lorsque Tessa suggéra qu'ils s'en aillent. Lily, elle, semblait conquise. Elle descendit de sa chaise haute et fit le tour de la table pour demander à s'asseoir sur les genoux de Drake. Là, elle se mit à sucer tranquillement son pouce.

Après un instant de stupeur, Drake referma les bras autour d'elle.

Quelle situation insensée ! Non seulement Randolph s'était laissé séduire, mais Lily avait décelé en Drake quelque chose qu'elle n'avait trouvé en aucun des hommes qu'elle avait rencontrés depuis la mort de son père. Mais quoi ? Qu'avait-elle pu trouver chez un homme qui fuyait les enfants et la vie de famille ?

Comme s'il lisait dans ses pensées, Drake souleva Lily et la posa par terre puis l'accompagna jusqu'à Tessa.

— Je te rends ta fille, dit-il.

— Nous allons partir. Randolph a prévu de nous emmener nous promener dans les collines, n'est-ce pas, Randolph ?

— Effectivement, dit le vieil homme. Je suis ravi de vous avoir rencontré, docteur. Si vous n'êtes pas trop occupé et si vous acceptez, c'est nous qui vous inviterons samedi prochain à déjeuner.

Drake ne répondit ni oui ni non et se contenta de sourire.

Pourvu qu'il décline l'invitation, la prochaine fois qu'ils se parleraient.

— Qu'est-ce que vous avez contre lui, Tessa ? demanda Randolph lorsqu'ils eurent quitté Drake. J'ai l'impression que vous n'appréciez pas sa compagnie. Personnellement, je trouve que c'est un homme charmant. D'ailleurs, je ne suis pas le seul. Notre petite Lily l'a adoré.

— Oui, j'ai vu. C'est juste que Drake et moi avons eu un différend, il y a quelques années.

— Vous ne l'avez toujours pas résolu ? Vous lui gardez rancune depuis tout ce temps-là ?

Ce n'était pas de la rancune, mais une souffrance qui ne s'était jamais apaisée. Une cicatrice profonde, dans sa chair et dans son âme.

Mais elle ne pouvait pas expliquer cela à Randolph. Aussi se contenta-t-elle de hausser les épaules en silence.

Randolph aimait beaucoup Tessa, sa présence apaisait nombre de ses angoisses liées à la mort des parents de Lily. Elle lui avait rendu le sourire et rien n'était plus important à ses yeux que de voir sa petite-fille de nouveau heureuse.

Sur le chemin du retour, il prit conscience qu'il ne connaissait rien de Tessa, à part ce qu'il voyait d'elle. C'était une jeune femme d'une trentaine d'années, jolie et sympathique. Pour ce qu'il en savait, elle était célibataire, mais il avait dû y avoir des hommes dans sa vie, avant qu'elle adopte Lily.

D'ailleurs, ce médecin, Drake Melford, n'en avait-il pas fait partie ?

Une fois la petite famille partie, Drake demeura attablé encore un moment. Il était sous le choc. Pourquoi cette petite fille était-elle venue s'asseoir sur ses genoux ?

C'était une erreur d'être revenu à Glenminster, qui était

certes sa terre natale, mais aussi l'endroit où il avait vécu cette histoire incroyable avec Tessa. A quoi s'attendait-il, en prenant la décision de revenir ? Pensait-il que rien n'aurait changé et que Tessa serait là, comme elle l'avait été trois ans plus tôt, disponible et passionnée ?

En tout cas, jamais il n'aurait imaginé la retrouver avec un enfant.

Ce n'était pas le sien, certes. De toute façon, jamais elle n'aurait fait un enfant avec un irresponsable comme lui.

C'était une petite fille adorable. Aussi gentille que son grand-père. Quel soulagement que Tessa et Lily ne soient pas seules au monde, qu'elles fassent partie d'une famille ! Quels que soient les problèmes de vue qui préoccupaient le vieil homme, il y prêterait la plus grande attention.

Qu'allait-il faire de son week-end ?

Il sortit du restaurant et se dirigea vers le centre-ville. Un cinéma ou un théâtre, peut-être ?

Mais la programmation ne le tentait pas. Il passa son chemin et se mit à marcher en direction de l'appartement qu'il occupait lorsqu'il avait rencontré Tessa.

Il aurait été prêt à l'acheter, en souvenir de tout ce qu'il y avait vécu. Et cela lui aurait donné l'occasion de quitter cette grosse maison près de l'hôpital.

Mais aucune pancarte ne signalait qu'il était en vente.

Il regagna sa voiture, reprit la route en sens inverse, et rentra à contrecœur dans le blockhaus.

De retour chez elle, Tessa regretta le déjeuner avec Drake. Elle n'aurait pas dû suggérer à Randolph de lui demander un rendez-vous. S'ils n'en avaient pas parlé, Lily ne serait jamais allée s'asseoir sur ses genoux.

Jusqu'à récemment, elle s'était sentie comblée par la vie, mais l'avenir lui paraissait soudain moins clair.

Après le déjeuner, Randolph, Lily et elle étaient allés se

promener, comme de coutume. Mais Randolph ne s'était pas montré aussi enjoué que d'ordinaire. Probablement parce qu'elle n'avait pas eu le courage de lui dire comment elle avait connu Drake Melford.

3

Tessa aimait beaucoup les samedis en compagnie de Randolph, mais les dimanches où elle se retrouvait seule avec Lily étaient des journées qu'elle chérissait par-dessus tout.

Le matin, elle vaquait aux tâches ménagères pendant que Lily jouait puis, si le temps le permettait, elles partaient s'installer au parc avec un pique-nique.

Une fois de plus, Tessa avait mal dormi. Elle s'était tournée et retournée dans son lit en repensant à la rencontre au restaurant. Quelle idée d'avoir mis le grand-père de Lily en relation directe avec Drake !

Comme toujours, ce dernier s'était montré courtois et agréable, et avait charmé son public par ses bonnes manières. Peut-être devrait-elle lui présenter des excuses pour s'être montrée aussi peu sympathique. Même Randolph avait remarqué que quelque chose clochait !

Comme cette pensée lui traversait l'esprit, elle entendit des bruits de pas et sentit un petit corps tout chaud se glisser dans son lit, signe que l'heure du petit déjeuner était imminente.

Petit à petit, elle se détendit. Les préoccupations de la nuit semblèrent se dissiper avec la lumière du jour et ce fut le cœur léger qu'elle emmena Lily pique-niquer au parc.

Elle gara sa voiture et se dirigea vers le terrain de jeux en priant pour que Drake n'occupe pas toutes ses pensées. Pourrait-elle avoir une journée de répit ?

Ses vœux furent exaucés et elle passa un après-midi agréable, se demandant simplement ce qu'il pouvait faire de son côté. Il était peu probable qu'il reste enfermé dans sa grande maison. Il avait dû trouver un prétexte pour s'en échapper.

Tessa se trompait. Drake passa la journée chez lui à mettre de l'ordre dans le cabinet médical afin de pouvoir recevoir des patients dès le lundi. La rencontre avec Randolph Simmonds n'était certainement pas étrangère à l'impatience avec laquelle il voulait que tout soit prêt à fonctionner dès le lendemain.

Le déjeuner l'avait amusé, même s'il avait été surpris par la spontanéité avec laquelle la petite Lily s'était approchée de lui. La contrariété de Tessa ne lui avait pas échappé, raison pour laquelle il s'était empressé de ramener la fillette auprès de sa mère.

L'aménagement de la maison lui creusa l'appétit, mais il n'eut pas envie de retourner déjeuner en ville. En fait, il ne voulait pas passer devant chez Tessa et encore moins devant le fameux banc du parc. Aussi se contenta-t-il de sortir un plat cuisiné du congélateur.

La nuit fut longue, entre les grincements du vieux lit à baldaquin et l'odeur de naphtaline qui émanait des armoires. Il eut donc tout le temps de réfléchir. Il irait consulter le dossier médical de Lily. Il voulait vérifier le traitement qu'elle avait reçu pour le traumatisme à l'œil subi lors de l'accident de voiture qui avait tué ses parents. Puis il demanderait à Tessa de le laisser procéder à de nouveaux examens, afin de vérifier si la vue de sa fille était tout à fait rétablie.

Cela n'avait rien à voir avec le fait que Lily ait demandé à s'asseoir sur ses genoux. Il s'agissait d'un geste purement professionnel.

Le jour où il avait pris son poste, il avait reçu un petit garçon de cinq ans à qui il manquait un œil. L'enfant était né avec une cavité oculaire vide. Il était venu le voir pour une visite de contrôle. Drake aurait souri de la facilité avec laquelle l'enfant ôtait son œil artificiel et le remettait en place, si la situation n'avait pas été aussi triste.

Tessa n'eut pas de nouvelles de Drake de tout le dimanche, mais il sembla vouloir rattraper le temps perdu dès le lundi matin. A peine s'était-elle installée à son bureau qu'il se manifesta.

Il frappa et entra, posant aussitôt sur elle un regard insondable qui fit redoubler les battements de son cœur.

Mais il était hors de question de lui révéler l'effet qu'il produisait sur elle. Car cela n'avait plus rien à voir avec l'élan passionnel qui les avait jetés dans les bras l'un de l'autre. Désormais, elle considérait sa présence davantage comme une menace que comme une occasion de se réjouir. Il compromettait l'équilibre qu'elle avait enfin trouvé dans sa vie.

Elle le regarda d'un air interrogateur.

— J'ai jeté un coup d'œil au dossier médical de ta fille, dit-il sans préambule. Veux-tu que j'examine Lily pour contrôler ses yeux et sa vue, et voir si l'opération n'a pas laissé de séquelles ?

— Heu... Oui, répondit-elle, prise de court.

Il était le meilleur dans sa spécialité. C'était une proposition qui ne se refusait pas. Cependant, elle n'avait pas envie de lui être redevable. Surtout, elle ne voulait pas rallumer la flamme qui avait brûlé entre eux trois ans plus tôt, jusqu'à ce qu'elle comprenne, à ses dépens, que ce qu'ils avaient vécu ensemble n'avait aucune importance à ses yeux.

S'ils avaient passé moins de temps à faire l'amour et davantage à faire connaissance l'un de l'autre, comme c'était le cas lorsqu'on rencontrait quelqu'un, elle se serait sans doute épargné bien des souffrances et des humiliations.

Mais peut-être Drake avait-il l'habitude de ce genre de relation. Jamais elle ne lui avouerait à quel point elle avait souffert qu'il profite du pacte qu'ils avaient conclu après les premières heures de magie.

Drake fronça les sourcils. De toute évidence, Tessa ne lui faisait pas confiance. Lui en voulait-elle encore que sa fille soit venue s'asseoir sur ses genoux, lors du repas au restaurant ?

— Tu n'as pas l'air convaincue, dit-il en se tournant vers la porte. Les derniers examens datent un peu. Je pensais simplement qu'un contrôle pouvait être utile.

— Je suis désolée de te donner l'impression que je doute, dit-elle, un peu gênée. Je suis simplement surprise par la proposition. Je ne m'y attendais pas, mais oui, je serais ravie d'avoir ton avis sur l'état de ses yeux et de sa vue. Jusqu'à présent, tous les examens se sont révélés bons, mais je me fais parfois du souci, c'est vrai.

— Tu dois me faire confiance, dit-il.

— Mais c'est le cas ! s'exclama-t-elle.

— Bien. Dans ce cas, j'en parlerai à ma secrétaire. Elle trouvera un créneau pour que tu m'amènes ta fille.

— Elle s'appelle Lily ! dit-elle sèchement. J'imagine que tu me prends pour une folle d'avoir adopté, après le pacte que nous avions conclu ?

— Je ne me permettrais pas de juger qui que ce soit, répondit-il. Tout ce que je peux dire, c'est que tu sembles heureuse de vivre la vie que tu as choisie.

Ce qui, pour lui, était loin d'être le cas...

— Ce serait bien qu'on aille boire un verre, un de ces jours, ajouta-t-il, à sa grande surprise.

— Je ne sors pas trop le soir, répondit-elle en rougissant.

— Tu n'as pas de baby-sitter ? Et ton amie qui la garde dans la journée ?

— Lizzie s'occupe déjà suffisamment de nous pour que je ne lui impose pas aussi Lily le soir. Ma vie a changé, Drake. Désormais elle est plus rangée, j'ai des responsabilités que je n'avais pas auparavant...

— Tu n'as pas à te justifier, Tessa. Je me disais simplement que ce serait sympa de passer un moment ensemble, pour discuter.

Si tu veux, on peut déjeuner à la cafétéria de l'hôpital. Ce n'est pas très dépaysant, mais ce serait peut-être plus pratique.

— D'accord, dit-elle en souriant.

Déjeuner avec lui à l'hôpital ne leur laisserait pas beaucoup de temps pour parler, mais, après tout, c'était mieux ainsi. Elle n'avait pas envie de passer un repas à évoquer le bon vieux temps en occultant la façon dont leur histoire s'était terminée.

Jennifer, la secrétaire de Tessa, pénétra dans le bureau adjacent, prête à affronter la semaine qui commençait. Drake se retira.

Une fois seule, Tessa se retint de pleurer. Depuis que Drake était à l'hôpital Les Horizons, il n'avait pas eu une minute à lui. Pourtant, il avait pris la peine de consulter le dossier médical de Lily et lui avait proposé de l'examiner.

Ce qui posait problème, c'était l'attitude de Drake dans la vie privée. Elle savait les risques de ce genre d'histoires. Si seulement elle ne s'était pas laissé envoûter...

Elle repensa à la façon dont il avait réagi, la première fois qu'il avait vu Lily. Quelle aurait été sa réaction si elle lui avait annoncé que Lily *était* sa fille ?

Aurait-il été capable de prendre ses responsabilités de père ? Se serait-il impliqué dans l'éducation de Lily, dans sa vie ?

Tessa fit un effort pour mettre ses ruminations de côté et appela Jennifer, ce qui marqua le début officiel de sa journée de travail.

Pendant ce temps, quelque part dans le vieux bâtiment pittoresque qui avait autrefois été une filature de laine, Drake et son équipe se préparaient à une opération. Il enfila sa blouse, et, repensant à la conversation un peu guindée qu'il avait eue avec Tessa, il pria pour qu'un petit miracle s'accomplisse dans sa propre vie.

Si, trois ans plus tôt, elle avait manifesté le moindre mécontentement à l'idée qu'il parte du jour au lendemain, il en aurait tenu compte. Mais l'euphorie qu'un chasseur de tête le contacte pour un poste en Suisse lui avait fait oublier tout le reste. Au cours des derniers jours qu'il avait passés à Glenminster, Tessa s'était montrée plutôt calme et réservée. Si elle avait protesté, aurait-il été capable de l'écouter alors qu'il était déjà ailleurs en pensée ?

Les trois années en Suisse avaient été les plus froides et les plus solitaires de sa vie. Il avait acquis des connaissances et des compétences sans égales, ce qui faisait de lui l'un des meilleurs spécialistes en ophtalmologie. Mais il n'avait jamais vraiment cessé de penser à Tessa et à la magie de leur relation. Comment avait-il pu en faire aussi peu de cas au moment de partir ?

Lorsqu'on lui avait proposé le poste de chef de service à l'hôpital Les Horizons, il n'avait pas hésité un instant.

Il se doutait que Tessa avait poursuivi son chemin et sans doute rencontré d'autres hommes, mais jamais il n'avait envisagé qu'elle partage désormais sa vie avec une petite fille. Il était admiratif, tout en redoutant les implications potentielles.

A la fin de la journée, il prit son téléphone.

— Tessa, je suis désolé de ne pas t'avoir appelée plus tôt, mais je n'ai pas eu une minute de libre de la journée. Te serait-il possible d'amener ta fille samedi matin ? J'ai déjà donné rendez-vous à son grand-père dans la matinée. Il m'a invité à déjeuner après la consultation, ce que j'ai accepté de bon cœur. Lily sera peut-être rassurée d'être chez le docteur avec lui ? Qu'en penses-tu ?

— Pourquoi pas ? Cela dit, Lily te connaît déjà.

Tessa se carra dans son fauteuil. Elle se serait bien passée d'un autre déjeuner embarrassant.

— Je te laisse décider ce qui est le mieux, dit Drake. Mais je n'ai déjà presque plus de place cette semaine.

Tessa raccrocha et prit son sac.

Lorsqu'elle arriva chez Lizzie, son amie la dévisagea d'un drôle d'air.

— Tu as l'air bien sérieuse, dit-elle.

— Honteuse serait plus approprié, dit Tessa en esquissant un sourire. Drake s'est montré gentil et attentionné mais je suis un vrai hérisson avec lui. Il a proposé d'examiner les yeux de Lily pour s'assurer que l'accident et l'opération n'avaient pas laissé de séquelles, et moi...

— Tu n'as pas refusé, tout de même !

— Non, mais... Disons que je n'ai pas fait preuve d'un grand enthousiasme. Il veut que je l'emmène à l'hôpital samedi matin, en même temps que Randolph qui a déjà un rendez-vous. Il pense que cela la rassurera.

— C'est plutôt gentil, en effet, dit Lizzie.

— Je sais, mais... J'ai l'impression qu'il est sans arrêt dans mes pattes.

— Et cela ne te plaît pas ?

— Je ne suis pas sûre de pouvoir le supporter. Mais pour Lily, j'aurais tort de refuser. Tu as raison, ce soir, quand elle sera couchée, je l'appellerai pour lui dire que j'accepte sa proposition.

Le téléphone sonna alors que Tessa venait de donner son bain à Lily. C'était Randolph. Il avait parlé à la secrétaire du Dr Melford, qui lui avait proposé un rendez-vous le samedi matin.

— C'est parfait, n'est-ce pas ? dit le vieil homme d'une voix enjouée. Et elle a ajouté que le Dr Melford acceptait avec plaisir notre invitation à déjeuner après la consultation. J'espère que cela vous convient, Tessa. J'ai cru comprendre que vous ne faisiez pas vraiment partie de son fan-club.

— Drake m'a proposé d'examiner aussi Lily. Il veut s'assurer que sa vision est bonne et que son opération n'a pas laissé de séquelles. Il m'a demandé de l'emmener en même temps que vous à son cabinet. Il souhaite qu'elle assiste à votre consultation, pour être déjà familiarisée avec l'examen quand ce sera son tour. C'est vraiment très gentil de sa part, et je peux difficilement refuser d'aller déjeuner avec lui ensuite. Mais, pour être totalement honnête, je m'en serais bien passée.

— Vous êtes vraiment fâchée, alors, dit Randolph, déçu.

Elle évita d'entrer dans des explications qui l'auraient menée trop loin, et ne précisa pas qu'elle n'avait pas donné de réponse définitive à Drake au sujet du rendez-vous. Certes, la proposition était vraiment généreuse et Tessa lui était reconnaissante de bien vouloir examiner Lily. Mais elle avait l'impression de ne plus savoir communiquer avec lui. Pour la santé de sa fille, elle accepterait son offre et emmènerait Lily à son cabinet en même temps que Randolph.

Une fois que Lily fut couchée, Tessa alla s'asseoir sur la terrasse. Dans quelques semaines, la campagne se teinterait des couleurs ambrées de l'automne. Elle prit une profonde inspiration, les yeux fixés sur le ciel rougeoyant. Elle s'était sentie si bien, depuis qu'elle s'était installée dans cette maison avec Lily. Pourquoi avait-il fallu que Drake revienne ?

Pourquoi n'était-il pas resté en Suisse, ou ailleurs ?

Certes, vu les compétences qu'il avait acquises, son retour ne pouvait qu'être profitable à l'hôpital Les Horizons. Elle-même ne profiterait-elle pas de son expertise, comme tous les patients de la région ayant besoin d'un bon ophtalmologiste ? D'ailleurs, Drake n'était pas seulement bon, c'était — et de loin — le meilleur.

Il faudrait simplement qu'elle oublie qu'il avait été son amant. Y parviendrait-elle ? Probablement, si elle pouvait se réfugier dans des endroits où il ne viendrait pas traîner et lui rappeler tous les bons moments qu'ils avaient partagés. Les bons et les moins bons.

Lorsqu'elle se décida enfin à le rappeler, Drake ne répondit pas. Il était probablement sorti dîner. Quelques images de leur relation passionnée lui revinrent, aussitôt chassées par celle de Lily dormant à l'étage, innocente et bienheureuse.

Elle rappela et, cette fois, Drake décrocha.

— Parfait, dit-il lorsqu'elle eut confirmé le rendez-vous de Lily, elle sera en confiance si elle voit son grand-père subir l'examen avant elle.

— Hmm, répondit-elle vaguement.

Elle voyait déjà le repas qui suivrait la consultation, semblable en tout point au déjeuner pénible et guindé qu'elle avait déjà dû supporter la semaine précédente.

Lorsqu'elle avait parlé à Lizzie de l'envie de Drake qu'ils passent un peu de temps ensemble, son amie avait essayé de creuser.

— Qu'est-ce que cela signifie, selon toi ? Qu'il est désolé de ce qui s'est passé entre vous et veut s'excuser ? Ou bien qu'il essaie juste de renouer le dialogue pour avoir de bonnes relations avec une collègue ?

— Il a fait allusion à notre histoire, quand nous avons parlé, avait répondu Tessa. Notamment au fait que je n'aie rien dit de particulier lors de son départ. Mais nous avions été clairs, notre relation était une histoire sans engagement. Et quand il est parti, il était tellement enthousiaste ! Je pense qu'il y serait allé quoi qu'il arrive, même si nous avions officiellement été en couple.

Elle soupira.

— De toute façon, en ce qui me concerne, son retour ne change rien et c'est très bien comme ça.

Le samedi, Tessa troqua sa blouse et ses sabots de travail pour une jolie robe bleue, une petite veste en lin assortie, et des sandales à talon. Lily, elle, était toute de rose vêtue, chaussures comprises.

Plus le rendez-vous au cabinet de Drake approchait, plus Tessa sentait la tension monter en elle. Elle appréhendait de le revoir. De plus, la consultation d'ophtalmologie faisait remonter des souvenirs de l'époque où Lily avait été victime du terrible accident qui avait coûté la vie de ses parents. En un instant, la petite fille s'était retrouvée orpheline et avait failli perdre un œil.

Mais c'était aussi la période où elles s'étaient rencontrées à l'hôpital.

En fait, Tessa s'apprêtait à vivre ce qu'elle avait de toutes ses forces cherché à éviter. Que Drake examine l'œil de Lily ne lui posait pas de problème, bien au contraire. Mais enchaîner avec un déjeuner au restaurant n'avait rien d'attrayant. C'était une véritable épreuve. Plus vite elle serait passée, mieux ce serait.

Depuis l'opération, Lily n'avait eu aucun symptôme alarmant concernant son œil blessé. Mais une consultation chez un spécialiste émérite ne se refusait pas.

Dans un premier temps, elles assistèrent donc à la consultation de Randolph, que Lily suivit avec la plus grande attention. Lorsque l'examen prit fin, Tessa alla prendre la place du vieil homme, Lily sur les genoux, afin que Drake l'examine. Mais la petite fille fit soudain acte de rébellion et se tortilla jusqu'à ce qu'elle la laisse descendre.

— C'est toi d'abord, mamounette, dit-elle.

Face à la résistance de sa fille, Tessa se prêta au jeu, sous le regard amusé de Drake. De toute évidence, l'imprévu ne le troublait pas.

— Ne me touche pas, dit-elle à voix basse.

— Bien sûr que non, répondit-il. Je n'en avais aucune intention. Voici les instruments que je vais utiliser pour Lily, mais, si elle ne veut pas se faire examiner, je ne peux pas la forcer. A moins d'utiliser le charme que je garde en réserve pour les cas difficiles. Cela dit, te voir subir l'examen suffira peut-être à la convaincre.

Il s'éclaircit la gorge et poursuivit à voix haute, afin d'être entendu, en particulier de Lily.

— Bien. Pose ton menton sur ce rebord, Tessa, et fixe le point vert.

Après avoir vu sa mère se plier à l'exercice, Lily ne se fit pas prier. Elle grimpa de nouveau sur ses genoux et suivit les consignes de Drake.

— Voilà, c'est fini, dit ce dernier avec un grand sourire.

Tessa fit descendre Lily et alla l'installer près de son grand-père.

— Tout va bien. Elle n'a aucun problème aux yeux, et sa vue est excellente, dit Drake plus sérieusement, redevenu un ophtalmologiste en plein travail. Je vais rédiger un compte rendu, tu pourras passer le prendre à l'hôpital à mon bureau lundi matin.

— D'accord. Merci de nous avoir consacré ta matinée, Drake. Je réglerai nos dettes à ce moment-là.

— Il n'y a pas d'urgence, répondit-il.

Il fronça légèrement les sourcils, manifestement ailleurs. Pourvu qu'il n'en profite pas pour lancer une discussion dont elle n'avait pas envie.

— On va déjeuner ? demanda Randolph. J'ai réservé une table dans un restaurant sur la promenade.

— Oui, répondit Tessa.

Son cœur s'arrêta presque lorsque Lily alla d'un pas assuré vers Drake et glissa sa petite main dans la sienne.

Drake perçut la surprise de Tessa et la regarda en haussant les épaules, avant d'emboîter le pas à Randolph qui se dirigeait vers le parking. Tessa ferma le cortège, habitée par un désagréable pressentiment. Le déjeuner allait ressembler au cauchemar qu'elle redoutait tant.

— Je n'ai pas de siège auto pour Lily, dit Drake lorsqu'ils atteignirent les voitures. Montez toutes les deux avec M. Simmonds, je vous suis.

A la lueur qu'elle perçut au fond de ses yeux, elle comprit qu'il avait lu dans ses pensées. Qu'y pouvait-il, si sa fille fonçait vers lui dès qu'elle le voyait ?

— Lily n'a donc pas de problème aux yeux ? demanda Randolph tandis qu'un serveur les conduisait à leur table. Je suis soulagé de l'entendre. Vous aussi, Tessa, j'imagine.

— Bien sûr ! répondit-elle, manifestant enfin un peu d'enthousiasme.

Elle s'en voulait de s'asseoir à reculons à la table de celui par qui de si bonnes nouvelles étaient arrivées.

Pendant tout le repas, elle s'efforça de sourire chaque fois que leurs regards se croisaient. Drake ne répondait que par un bref hochement de tête.

Elle finit par comprendre son comportement le lundi matin, lorsqu'elle se rendit dans son bureau pour récupérer le compte rendu de la consultation de Lily.

— Je vais te dire quelque chose qui ne va pas te plaire, dit-il calmement.

Elle prit place en face de lui, le cœur soudain palpitant d'angoisse.

— Lily a un problème à l'œil ?

— Non, Lily va bien, répondit-il, rassurant.

— C'est Randolph qui a un problème ? demanda-t-elle, à peine soulagée de la première réponse.

— Non, il ne s'agit que de cataracte, qu'il faudra opérer. Tessa, c'est toi qui as un problème, dit-il d'un ton grave. En fait, lors de la consultation, je ne me suis pas contenté de faire semblant pour Lily. Je t'ai vraiment auscultée. Il va peut-être falloir t'opérer.

— Moi ? Ce n'est pas possible !

— Je crains que si, Tessa.

— Non ! fit-elle, soudain prise de panique.

Comme, sans doute, la plupart des mères célibataires, elle redoutait de ne plus être là pour son enfant. Certes, Lizzie pouvait s'occuper de Lily le temps de son hospitalisation, mais comment allait-elle supporter d'être séparée de sa petite fille adorée pendant plusieurs jours ? Et si l'opération se passait mal ? Et s'il y avait des complications ?

Drake observa Tessa, dont le visage exprimait une lutte intérieure sans merci. Il n'avait jamais oublié ses yeux, bleus comme un ciel d'été, aux cils dorés. Durant l'examen, il avait remarqué que l'une de ses paupières était légèrement rétractée, ce qui pouvait être un symptôme de suractivité de la glande thyroïde, que l'on appelait hyperthyroïdie.

Il lui expliqua calmement la situation, et notamment le fait que la maladie pouvait entraver la vision et provoquer un strabisme. Tessa était livide.

— On peut régler le problème par un simple traitement pour faire baisser la tension, mais ce n'est pas toujours efficace. Il faut alors opérer pour restaurer la vision. Je vais procéder à quelques examens supplémentaires.

— Je vais être hospitalisée ?

— Pas nécessairement. Mais s'il faut t'opérer, l'hospitalisation ne sera pas très longue. D'ailleurs, tu n'es pas obligée de te faire opérer ici. Tu peux aller dans un autre établissement, si tu préfères.

— Non, je préfère me faire opérer ici, répondit-elle du tac au tac. Et que ce soit toi qui m'opères.

— D'accord. En attendant, il faut commencer par une prise de sang, pour faire un bilan endocrinien. On aura les résultats demain, dans la matinée. A ce moment-là, je pourrai t'en dire davantage. As-tu remarqué quelque chose de ton côté, un inconfort ou une gêne à l'œil droit ?

— Heu... Oui, il me semble. Une sorte de tension, mais légère, si bien que je ne me suis pas inquiétée. Pour être honnête, je n'ai pas beaucoup pris le temps de m'occuper de moi, ces derniers temps. Toute ma vie tourne autour de Lily.

Il eut envie de la prendre dans ses bras, de lui dire qu'il allait désormais s'occuper d'elle, qu'il avait été complètement inconscient de la quitter comme il l'avait fait. Il comprenait, à présent, l'ampleur des dégâts qu'il avait provoqués, et la souffrance qu'elle avait dû éprouver.

Mais il faudrait davantage que quelques gestes tendres pour

balayer le passé, les décisions qu'ils avaient prises à l'époque, et la drôle de situation dans laquelle ils se trouvaient désormais.

Elle souhaitait que ce soit lui qui l'opère, le cas échéant, mais il savait qu'elle ne voulait pas de sa présence dans les autres domaines de sa vie.

Qu'en penser, surtout maintenant qu'elle avait une fille ?

Il secoua la tête. Comment une simple aventure entre collègues avait-elle pu devenir si compliquée ?

— Organise-toi pour être disponible demain matin, dit-il. Nous aviserons en fonction des résultats.

Tessa hocha la tête. Le sort les avait de nouveau rapprochés, indépendamment de leur volonté. Mais elle était soulagée que ce soit Drake plutôt que quiconque qui l'aide à traverser cette passe difficile.

— Il faut que je retourne travailler, dit-elle.

— Bien sûr. Je t'appelle demain, dès que j'ai les résultats des analyses.

Il marqua une pause.

— Tessa, ne t'inquiète pas. Je suis là. Et je serai là tout le temps que cela durera.

Elle ne répondit pas et sortit, le cœur lourd. Il fallait se mettre au travail mais la joie n'y était pas. L'équilibre de vie qu'elle avait enfin trouvé volait en éclats. Drake était réapparu, faisant resurgir des souvenirs qu'elle pensait avoir enfouis à jamais. Maintenant, elle était malade, et devrait peut-être se faire opérer.

Une chose la rendait heureuse malgré tout. Lily allait bien et la vue de Randolph serait de nouveau bonne dès qu'il se serait fait opérer de la cataracte. Et l'un des meilleurs chirurgiens ophtalmologistes allait procéder à l'intervention. Rien que pour ces raisons, elle devait être reconnaissante à Drake d'être revenu à Glenminster.

Penchée sur son bureau, elle pensa à toutes les compétences

réunies à l'hôpital Les Horizons et au dévouement des équipes médicales qui y travaillaient. Ce qu'elle avait personnellement vécu avec Drake ne devait pas entrer en ligne de compte.

Elle appela Jennifer et étudia le planning de la journée. Puis elle se mit au travail, prête à apporter sa contribution à la santé et à la sécurité des patients et du personnel de l'hôpital.

Une fois que Tessa eut quitté son bureau, Drake ne put s'empêcher de penser à ce qu'elle devait ressentir. Le destin avait un drôle de sens de l'humour ! Devoir lui annoncer qu'elle souffrait d'un problème de santé potentiellement grave alors qu'il n'avait même pas encore réussi à lui parler du reste, de tout ce qui était resté en suspens entre eux depuis qu'il était parti en Suisse...

Cela dit, heureusement qu'il avait eu l'occasion d'examiner ses yeux et de déceler le problème suffisamment tôt. Les chances étaient grandes qu'il puisse le résoudre sans avoir recours à la chirurgie.

Lorsque Tessa passa prendre Lily chez Lizzie, après sa journée de travail, son amie la questionna au sujet des consultations du samedi matin.

— Je suis vraiment contente que tout aille bien pour Lily ! s'exclama-t-elle avec un grand sourire.

Mais son visage se rembrunit lorsqu'elle apprit le problème de Tessa. Elle la prit dans ses bras.

— Ne t'inquiète pas, dit-elle, nous nous occuperons de Lily, si jamais tu devais être hospitalisée. Et cette fois, Drake fera ce pour quoi il est le plus doué. Il ne va pas disparaître dans la nature. Il sera là au contraire, bien présent. C'est bizarre que tu le voies aussi souvent, qu'il ait soudain une place aussi importante dans ta vie, non ?

Tessa haussa les épaules.

— Mais tu n'as plus de sentiments pour lui ?

— Non, mais maintenant que le temps a passé et que je ne lui en veux plus, je ne peux pas m'empêcher de me rappeler ses qualités et à quel point c'était fantastique d'être aimée par lui. Il a surgi de nulle part et est sorti de ma vie aussi vite qu'il y était entré, du jour au lendemain. Le connaissant, cela ne m'étonnerait pas qu'il ne fasse que passer aux Horizons. Surtout si j'y travaille. Ce ne doit pas être agréable de tomber sur une ex-petite amie chaque fois qu'il sort de son bureau. Et moi, je n'apprécie pas spécialement de repenser à la façon dont il m'a oubliée dès que les Suisses lui ont fait une proposition.

Drake sortit de l'hôpital et regagna son logement sans grand enthousiasme. Qu'allait-il faire de sa soirée ? Engloutir un plat cuisiné et aller se coucher tôt, probablement. Comme il l'avait déjà fait à plusieurs reprises depuis son arrivée à Glenminster. Quel ennui !

Tout en se dirigeant vers la maison, il repensa à Tessa. Il était tellement désolé d'avoir dû lui annoncer de mauvaises nouvelles, après la façon dont ils s'étaient séparés, trois ans plus tôt, et dont ils n'avaient encore jamais eu l'occasion de parler.

Sa seule consolation, face à la maladie de Tessa, était d'avoir été désigné pour s'occuper d'elle. Mais il ne se faisait pas d'illusions. Plus vite la situation serait réglée, plus vite elle rentrerait chez elle pour s'occuper de sa fille. Car c'était tout ce qui lui importait. S'il faisait tout pour qu'elle y parvienne, elle lui en serait reconnaissante. Et, qui savait, peut-être lui accorderait-elle de nouveau une petite place dans sa vie ?

Mais était-ce vraiment ce dont il avait envie ?

Et Tessa, avait-elle besoin du chirurgien réputé ou de l'homme ?

Pour les problèmes oculaires liés à l'hyperthyroïdie tels

que celui de Tessa, les médicaments pouvaient être efficaces. On n'opérait que s'ils ne suffisaient pas à régler le problème.

Il ferait tout ce qui était en son pouvoir pour lui épargner le stress d'une intervention. Non seulement parce qu'elle était sa patiente, mais parce qu'il n'avait jamais cessé de tenir à elle.

4

Drake sortit un plat cuisiné du congélateur et le fit réchauffer. La soirée était belle et calme mais il se sentait nerveux. Le soleil était sur le point de se coucher derrière les collines et le ciel encore clair lui donnait l'impression d'étouffer, enfermé dans sa grande maison. A l'hôpital, la journée avait été trépidante.

Il avait besoin d'air. Il prit sa veste et sortit en direction du centre-ville.

Qu'est-ce que Tessa était en train de faire, à cette heure-là ? Etait-elle assise dans son canapé, à ressasser les mauvaises nouvelles de la journée, pendant que sa petite fille s'endormait dans son lit ?

Il aurait pu être chez elle en peu de temps, s'il avait été sûr d'être le bienvenu. Il devait déjà s'estimer heureux qu'elle ait accepté qu'il s'occupe de son cas. Autant elle avait d'emblée accepté qu'il examine Lily et son grand-père, autant elle aurait pu se montrer franchement réticente à se faire traiter par lui.

Il ne se trouvait plus qu'à quelques centaines de mètres de chez elle. Son bon sens lui conseillait de passer vite, sans s'arrêter. Mais il décida de ne pas lui prêter attention et, lorsqu'il arriva à la hauteur de la maison, il avança jusqu'à la porte d'entrée et sonna.

Personne ne vint lui ouvrir. Devait-il faire le tour de la maison, au cas où Tessa soit dans le jardin et n'ait pas entendu la sonnette ? Peut-être était-ce délibérément qu'elle ne répondait pas, peut-être avait-elle envie d'être seule ?

Il regagna la route et se remit à marcher vers le centre, déçu.

Il était étonnant qu'elle ne soit pas chez elle, à une heure où sa fille devait logiquement être couchée, et encore plus étonnant qu'elles soient allées dormir ailleurs.

Lorsqu'ils s'étaient revus, une partie de lui avait espéré que leur relation reprendrait comme avant, avant qu'il ne fasse n'importe quoi de sa vie. Mais Tessa ne montrait aucun signe en ce sens. Rien qui prouvait qu'elle ait des sentiments à son égard.

Qu'est-ce qui l'avait donc poussée à adopter cette enfant ?

Cette décision lui échappait totalement.

Désormais, rien ni personne ne semblait procurer à Tessa davantage de bonheur que cette petite fille brune aux yeux noirs.

Il passa devant le parc mais cette fois, son regard se dirigea vers un groupe de parents dont la progéniture s'ébattait dans l'aire de jeux. Tessa, le teint pâle mais l'air calme, était en train de pousser Lily sur l'une des deux balançoires.

Elle semblait absorbée dans ses pensées, mais Lily aperçut Drake et demanda aussitôt à descendre de la balançoire. Tessa la fit descendre et leva les yeux. Il n'aurait su dire si elle était contente ou pas de le voir. Son expression était indéchiffrable, mais elle lui adressa un signe de la main.

— Je suis passé chez toi. Maintenant je sais pourquoi personne ne m'a ouvert.

Lily avait accouru vers lui et tendit les bras pour qu'il la porte.

— Cette demoiselle ne devrait-elle pas être déjà couchée ?

Il jeta un coup d'œil à Tessa, puis se pencha pour prendre la petite fille dans ses bras.

— Elle a fait une grande sieste cet après-midi, d'après Lizzie. Alors nous sommes venues prendre l'air et nous amuser un peu. Pourquoi es-tu passé chez moi ?

— Pour m'assurer que tu allais bien, malgré les mauvaises nouvelles de ce matin. Mais je suis rassuré, maintenant. Je vais vous laisser.

Il reposa Lily au sol.

— J'ai eu son grand-père au téléphone, tout à l'heure, dit-il. Je l'opère cette semaine.

— J'espère que tu ne lui as pas parlé de mon problème. S'il l'apprend, il va culpabiliser de ne pas pouvoir s'occuper de Lily en mon absence.

— Bien sûr que non ! répondit-il. Tu as suffisamment côtoyé les hôpitaux pour savoir que le secret médical existe. De toute façon, tant que tu n'as pas les résultats des examens, il n'y a rien à raconter.

Il regarda par-dessus son épaule. Elle se retourna. Derrière elle se trouvait le banc sur lequel ils avaient fait l'amour au clair de lune, dans le parc désert.

— Oublie, dit-elle à voix basse.

— Pourquoi devrais-je oublier un moment aussi exceptionnel ?

Elle haussa les épaules. Lily vint la prendre par la main. Il les regarda s'éloigner, puis reprit son chemin vers le centre.

Manifestement, Tessa avait gommé tous les bons souvenirs de sa mémoire.

Demain, il en saurait davantage sur son état. C'était l'hyperactivité de la glande thyroïde qui affectait son œil droit. Si les médicaments ne suffisaient pas à faire baisser la tension, il faudrait opérer. Si la tension persistait dans l'orbite, elle risquait de réduire l'afflux sanguin dans le nerf optique et de provoquer jusqu'à la cécité. Tessa avait dû se renseigner sur le sujet. Elle souhaitait probablement plus que tout résoudre le problème, pour sa fille encore plus que pour elle-même.

De retour chez elle, Tessa mit Lily en pyjama et la coucha. Puis, tout en réfléchissant à la situation, elle alla se faire un thé.

Tout aurait été tellement plus simple si Drake et elle avaient formé un couple et que Lily avait été leur fille. Mais, en l'état actuel des choses, elle le fréquentait seulement parce qu'il était un grand spécialiste en ophtalmologie et qu'elle avait un problème à l'œil droit.

Elle ne pouvait s'empêcher de considérer son aide comme une compensation, tout en sachant pertinemment qu'il ne lui devait rien. Il avait simplement appliqué à la lettre les termes du contrat qu'ils avaient passé ensemble, s'envolant pour la Suisse quand on lui avait proposé un poste intéressant. Avait-elle le droit de lui en vouloir ?

Maintenant, il vivait de nouveau à Glenminster, où il était revenu fort d'une expérience et de compétences reconnues par toute la profession.

Il n'y avait rien à redire, tant qu'il ne lui demandait pas de reprendre leur histoire au point où ils l'avaient laissée en se quittant. C'était trop tard. Sa vie avait pris un cours différent, ses priorités avaient changé et les relations sans engagement n'en faisaient désormais plus partie.

Le lendemain, lorsque Tessa arriva à l'hôpital, elle trouva un message. Drake lui demandait de passer dans son bureau. Lorsqu'elle informa Jennifer qu'elle devait s'absenter un moment, la secrétaire eut l'air surprise mais ne posa pas de questions.

Drake était dans les starting-blocks, prêt pour les tâches de la journée. De toute évidence, elle figurait sur la liste des priorités.

— Comment vas-tu, ce matin ? demanda-t-il.

— Ça pourrait aller mieux...

— J'imagine. Comment va Lily ?

— Elle, en revanche, elle est ravie. Elle adore aller chez Lizzie et Daniel. Elle joue avec leurs deux garçons, des jumeaux de son âge, répondit-elle.

Comme elle aurait aimé que la conversation se poursuive ainsi, légère et sans conséquence ! Mais il entra dans le vif du sujet.

— J'ai les résultats des premières analyses.

— Alors ? demanda-t-elle, anxieuse.

Il la regarda, réfléchissant à ce qu'il allait dire. Les nouvelles étaient à la fois bonnes et mauvaises. Conscient de la distance qui s'était creusée entre eux, à l'opposé de l'intimité qu'ils avaient partagée autrefois, il choisit ses mots afin qu'elle ne se sente pas débitrice de quoi que ce fût vis-à-vis de lui.

Il fallait qu'elle ait confiance en lui, ne serait-ce que parce qu'il était le médecin le plus compétent de l'hôpital dans son domaine. Et, même si le passé venait compliquer leur relation actuelle, il ne le laisserait pas interférer dans les soins qu'il s'apprêtait à lui prodiguer.

— Ta glande thyroïde est devenue hyperactive, dit-il, et cela affecte ton œil. C'est dangereux si on ne traite pas rapidement le problème. On peut faire baisser la tension par des médicaments, mais il faut surtout tout faire pour que le nerf optique ne soit pas touché. Comme je te l'ai déjà dit, je vais prendre moi-même ton cas en charge. Si, d'ici quelques semaines, la situation ne s'est pas améliorée, nous envisagerons l'intervention chirurgicale.

Il marqua une pause.

— Je suis désolé d'être le porteur de ces mauvaises nouvelles, Tessa. Mais sache que tes yeux et ta vue font partie de mes priorités absolues. Si tu as la moindre inquiétude ou que tu notes la moindre évolution dans tes yeux, n'hésite pas à me solliciter. Je suis disponible jour et nuit. J'ai fait envoyer un coursier à la pharmacie, il t'apportera les médicaments directement dans ton bureau.

— Merci, Drake, dit-elle en se levant. Ne t'inquiète pas, j'essaierai de ne pas te déranger souvent. Comme tu l'as dit, la situation a été prise à temps.

Elle lui adressa un faible sourire et sortit.

Il demeura immobile quelques instants, pensif. Puis il se leva. Une journée bien remplie l'attendait, mais rien ne le préoccupait davantage que les moments qu'il venait de passer avec Tessa. Quelles retrouvailles ! Il devait être complètement idiot pour s'être imaginé qu'elle ait encore envie de lui. Au moins avait-il l'opportunité d'être là au moment où elle avait besoin de lui. Pour l'instant, que pouvait-il demander de plus ?

Il avait eu envie de la serrer dans ses bras, de lui montrer qu'elle n'était pas seule pour affronter ce mauvais moment. Elle ne devait pas avoir peur, il était là. Mais il n'osait pas imaginer sa réaction s'il s'était approché d'elle. Elle aurait certainement pensé qu'il profitait de sa vulnérabilité. Ce qui était une faute professionnelle, et à l'opposé de ses intentions.

Il devait se faire une raison. Tessa était une amie et collègue confrontée à une situation difficile. Rien de plus.

Lorsque Tessa arriva chez Lizzie, cette dernière l'attendait avec impatience.

— Tu as les résultats ? demanda Lizzie avant même de la saluer.

— Oui, répondit Tessa en s'efforçant de sourire. Ma thyroïde s'emballe et provoque une contraction de la paupière. La situation n'est pas désespérée si on prend les choses en main dès à présent. Je vais d'abord suivre un traitement et, si cela ne suffit pas, Drake m'opérera.

Elle soupira.

— J'aurais donné n'importe quoi pour qu'il me prenne dans ses bras, ajouta-t-elle.

Lizzie la regarda avec des yeux ronds.

— Ne t'inquiète pas, Lizzie, je n'ai pas l'intention de céder. Mais je suis tellement contente d'être tombée sur lui comme médecin.

— Tu ne veux pas rester dormir ici avec Lily ? C'est peut-être mieux que tu ne restes pas seule, après la journée que tu as eue. La chambre d'amis est toujours libre pour toi, tu sais. On pourrait même coucher Lily et les garçons, et sortir un peu toutes les deux, Daniel les gardera. Cela ne te ferait pas de mal de te changer les idées.

— Pourquoi pas, dit-elle. J'ai besoin de me détendre et de

prendre du recul. D'après Drake, les médicaments feront effet dans quelques semaines. D'ici là, je suis censée mener une vie normale. Le problème, pour ce soir, c'est que je n'ai pas de quoi me changer. Je n'ai pas vraiment envie de sortir avec mes vêtements de travail.

— Va fouiller dans ma garde-robe. Nous faisons la même taille.

Une fois les enfants couchés, elle alla fouiller dans les placards de Lizzie à la recherche d'une tenue digne de sa première soirée en ville depuis une éternité.

Quel drôle d'effet ! Tessa ne se souvenait même pas de la dernière fois qu'elle était sortie le soir. Cela lui rappelait l'époque où Drake et elle allaient faire la fête, avant de rentrer faire l'amour dans l'appartement.

Comme son existence avait changé depuis ! Cela dit, elle n'avait aucun regret. Sa vie était plus rangée, centrée sur de nouvelles priorités. Cela lui convenait parfaitement, même si cela ne l'empêchait pas de penser aux moments qu'elle avait passés avec lui.

D'ailleurs, où était-il, ce soir ?

Elles passèrent devant le Bellingham, un bar où se retrouvait une bonne partie des habitants de la ville. L'ambiance y était détendue et on y mangeait bien. Il y avait même une scène, où des groupes se produisaient certains soirs.

A l'époque, c'était souvent là que Drake et elle se retrouvaient.

— On entre ou cela te rappelle trop de souvenirs ? demanda Lizzie.

— Tu sais, c'est un hasard que Drake soit de nouveau à Glenminster. J'ai fait ma vie sans lui, je ne vais pas me priver sous prétexte qu'il est revenu. Allons-y !

Elles se dirigèrent vers l'entrée du bar.

— Ça n'embête pas Daniel que tu sortes seule dans ce genre d'endroit ? demanda-t-elle.

— Pas du tout. Il sait qu'avec toi, je suis en bonne compagnie ! De toute façon, notre mariage est solide.

Tessa sentit son cœur se serrer. Elle se sentait si vulnérable ! La nouvelle reçue le matin même l'avait sans doute fragilisée. Cela n'avait rien à voir avec le retour de Drake à Glenminster. D'autant qu'elle ne changerait pour rien au monde la vie qu'elle s'était construite depuis son départ. Lily était le plus beau cadeau qu'elle ait reçu de sa vie, rien ne pouvait ébranler cette certitude.

Elle suivit Lizzie à l'intérieur du bar et jeta un coup d'œil autour d'elle, comme si elle s'attendait à *le* trouver attablé quelque part. Il avait pris tellement de place dans sa vie ! Elle avait l'impression de le croiser partout, tout le temps.

Mais il n'était pas là. Elle repoussa fermement l'espoir, qui lui avait traversé l'esprit, qu'il la serre dans ses bras pour la réconforter.

Pendant ce temps, Drake était allé chez Tessa pour s'assurer qu'il n'y avait pas de problème. Ne la trouvant pas, il avait aussitôt décidé d'aller demander à Lizzie et Daniel s'ils avaient de ses nouvelles.

Mais en traversant le centre-ville, quelle ne fut pas sa surprise de voir les deux amies, élégamment vêtues, entrer au Bellingham au moment où il passait devant.

Sans réfléchir, il entra dans le bar. Manifestement, Tessa, en dépit des mauvaises nouvelles de la journée, n'était pas complètement déprimée. De toute façon, qu'est-ce qui lui laissait penser qu'elle aurait eu besoin de *lui*, si cela avait été le cas ?

Les deux femmes étaient assises à une table. Tessa étudiait le menu. Elle leva la tête.

— Drake ! Mais... Qu'est-ce que tu fais là ?

— Je te cherchais. Je voulais m'assurer que tu allais bien. De toute évidence, je n'avais aucune raison de m'inquiéter. Je vous laisse poursuivre la soirée.

Il s'éloigna puis une pensée lui traversa l'esprit.

— Où est Lily ? demanda-t-il en se retournant.

— Chez moi, avec Daniel et les garçons, répondit Lizzie.

— Je vois, répondit-il.

Il tourna les talons et sortit du bar.

Lizzie regarda Tessa, les yeux écarquillés.

— Comment a-t-il su que nous étions là ? demanda-t-elle.

— Aucune idée. Il nous a peut-être vues entrer en passant. Cela me gêne qu'il se soit donné la peine de me chercher pour prendre de mes nouvelles, après la journée qu'il a passée à l'hôpital. Et qu'il me trouve attablée dans un bar. J'ai honte !

Elle cacha son visage entre ses mains en gémissant.

— Viens, Tessa, on rentre ! dit Lizzie. C'était une erreur de venir ici.

— Vous rentrez tôt ! dit Daniel lorsque Tessa et Lizzie passèrent le pas de la porte. N'étiez-vous pas censées vous amuser toute la nuit ?

— Nous sommes tombées sur Drake Melford, dit Tessa d'un ton morne. Il est passé chez moi pour savoir comment j'allais après avoir reçu les résultats des analyses, mais je n'étais pas là. Il a dû nous voir entrer au Bellingham. Je crois qu'il aurait préféré me voir passer une soirée tranquille à la maison.

Elle soupira.

— Mais ce que je fais de mes soirées ne le regarde pas ! D'autant que je passe la plupart d'entre elles à veiller sur le sommeil de ma fille. Justement, ce soir, j'avais envie de me changer les idées, plutôt que de rester seule chez moi à ressasser ce qui m'arrive.

Lorsqu'elles montèrent voir si les enfants dormaient bien, la question brusque de Drake au sujet de Lily revint à la mémoire de Tessa. Pourquoi s'inquiétait-il de savoir où était Lily, comme s'il était son père ?

Ce n'était pas son genre, pas plus que de contracter un

emprunt immobilier. Cela dit, elle lui devait des excuses. Ne serait-ce que pour la peine qu'il s'était donnée pour la retrouver. C'était la moindre des choses, après ses nombreuses tentatives d'entrer en contact avec elle et sa gentillesse à l'égard de sa petite famille.

Le lendemain matin, Tessa appela le bureau de Drake mais sa secrétaire l'informa qu'il était au bloc opératoire et n'en sortirait que tard. Voulait-elle lui laisser un message ?

Impossible. Ce qu'elle avait à dire à Drake était personnel.

Elle attendit la fin de la journée.

— J'ai essayé de te joindre, dit-elle en le croisant dans le couloir, alors qu'elle quittait son bureau. J'ai compris que tu avais une journée chargée. Je tiens à m'excuser pour hier soir. Je suis désolée que tu ne m'aies pas trouvée à la maison, et d'avoir été si peu avenante au Bellingham. Mais je ne m'attendais vraiment pas à te voir là-bas.

Elle avait parlé d'une traite, en le regardant à peine.

— En fait, quand je suis arrivée chez Lizzie, je n'avais pas le moral. Elle a proposé que je dorme chez eux et que nous sortions nous changer les idées. Ce n'est pas dans mes habitudes de sortir, mais... Et j'imagine que tu nous as vues entrer dans le bar.

Il l'écoutait en souriant.

— J'ai été rassuré de voir que tu allais bien, en tout cas. Et c'est plutôt moi qui te dois des excuses d'avoir été si brusque quand je t'ai vue. Faisons la paix. On s'embrasse ?

Comme elle reculait brusquement, il éclata de rire. Il lui prit la main et ouvrit la porte menant à un petit jardin planté de rosiers, assez peu fréquenté. Une fois hors de vue, il lui prit doucement le menton et se pencha pour déposer un baiser sur ses lèvres.

Autour d'elle, le monde s'arrêta de tourner. Une vague de chaleur s'empara d'elle, puis elle repoussa Drake.

— Je t'en prie, ne joue pas à cela avec moi, dit-elle. Je ne veux pas d'une aventure sans lendemain. J'ai besoin d'une relation stable, riche, durable.

— Ce n'était pas le cas, entre nous ?

— Non, dit-elle, sentant les larmes lui monter aux yeux.

Leurs derniers moments dans la lumière du soleil couchant lui revinrent à la mémoire.

Elle tourna brusquement les talons et rentra.

— Alors, tu as présenté tes excuses à Drake ? demanda Lizzie dès que Tessa arriva chez elle.

— Oui, répondit-elle avant que Lily lui saute au cou. Mais l'histoire s'est un peu compliquée. Il a tenu à me présenter ses excuses. Il m'a emmenée dans la petite roseraie, il m'a embrassée, et j'ai littéralement fondu.

Elle secoua la tête.

— Mais dès que je repense à cette petite créature et à la vie que j'ai créée sans lui, je recouvre la raison.

— Qu'est-ce qu'il pense du fait que tu aies adopté Lily ?

— Je ne sais pas. Nous n'en avons jamais parlé. Cela ne m'étonnerait pas qu'il me prenne pour une folle. C'était exactement le genre de responsabilité que nous rejetions en bloc quand nous sortions ensemble. Tu sais, les enfants, les responsabilités... Il n'a apparemment pas changé autant que moi. Il doit sûrement penser qu'adopter est un piège plus profond encore que fonder une famille classique. Si c'est le cas, tant pis pour lui !

Sur ce, elle serra fort sa fille dans ses bras, savourant le bonheur dont Lily ne cessait de remplir sa vie.

De retour chez lui après sa journée à l'hôpital, Drake alla s'asseoir sur la terrasse de sa grande maison et se remémora le moment passé avec Tessa au milieu des roses.

Si elle ne l'avait pas arrêté, il aurait pu l'embrasser sans fin. Le geste de Tessa l'avait fait redescendre sur terre. Ils vivaient dans deux mondes séparés. Mais la vie de Tessa devait, et de loin, être plus épanouissante que la sienne.

Elle qui était sortie avec son amie pour se changer les idées, elle s'était retrouvée nez à nez avec lui. Alors qu'elle commençait à peine à se détendre, il avait déboulé dans le bar et l'avait agressée. Dire que c'était elle qui lui avait présenté ses excuses ! C'était le comble !

Elle avait changé. Elle était plus posée et avait l'air heureuse.

Pour la première fois, il s'interrogeait sur les choix de vie qu'il avait faits.

Il était plus insouciant, mais sa vie privée était bien moins épanouissante que la sienne. Un soir, après une longue intervention, il avait invité une infirmière de bloc au restaurant. Ils avaient fini tard, et mouraient de faim tous les deux. Elle avait réagi à son charme comme la plupart des femmes. S'il lui avait proposé de la raccompagner, elle l'aurait invité à boire un dernier verre, il en était certain. Ils auraient passé la nuit ensemble, ce qui aurait fait d'elle la première femme depuis son départ pour la Suisse. La première femme depuis Tessa. Mais il n'avait pas proposé à l'infirmière de la raccompagner.

Ironie du sort, la seule femme avec qui il avait envie de passer la nuit ne voulait pas de lui. Elle avait changé de vie et elle s'en portait bien. Contrairement à lui qui avait presque tout pour être heureux et ne l'était pas. Car il lui manquait l'essentiel.

Tessa avait Lily. Etrangement, cette petite fille semblait s'être attachée à lui. Ressemblait-il au père qu'elle avait perdu dans l'accident auquel elle-même avait réchappé ?

Quoi qu'il en soit, Lily était adorable et rendait Tessa heureuse. Il n'avait aucun droit d'interférer dans cette relation.

Le soleil déclinait au-dessus des collines, et des charmants petits villages en pierre dorée typique de la région.

Depuis son retour à Glenminster, il n'était pas encore sorti de la ville. Il essayait de se convaincre que son travail lui prenait trop de temps, mais, en vérité, la campagne environnante qu'il aimait tant était chargée de souvenirs qu'il n'avait plus très envie de remuer. Pourtant, la nature lui manquait.

Aussi avait-il lu avec plaisir l'annonce, dans la cafétéria de l'hôpital, d'un grand pique-nique organisé pour le personnel de l'hôpital et leurs familles le samedi suivant. Les bus loués pour l'occasion partiraient du parking de l'hôpital à 8 h 30.

Tessa était l'une des organisatrices. Comment réagirait-elle s'il lui faisait part de son intention d'y participer ? Mais il mourait d'envie de retourner à la campagne et décida de s'inscrire. Sauf urgence à l'hôpital, il attendrait le bus avec les autres employés.

Il rentra dans la maison et monta dans la chambre. Combien de nuits passerait-il encore dans ce lit à baldaquin qui grinçait et sentait la naphtaline ?

Le jour prévu pour l'opération de la cataracte de Randolph, Drake passa voir Tessa dans son bureau.

— Lui as-tu annoncé tes problèmes d'hyperthyroïdie ? demanda-t-il.

— Non. Il ne sait rien. Je n'ai pas envie qu'il s'inquiète.

— Je comprends. De toute façon, laissons le temps aux médicaments d'agir. Si tu dois te faire opérer, tu l'informeras à ce moment-là. Mais si les médicaments suffisent à régler le problème, ce ne sera même pas nécessaire.

— Nous saurons d'ici deux ou trois semaines, n'est-ce pas ?

— Oui.

— Je voulais inviter Randolph quelques jours à la maison après son intervention, dit-elle, entre autres pour m'assurer qu'il prend bien ses médicaments. Mais sa voisine lui a proposé de s'occuper de lui. Je pense que c'est une meilleure solution, car elle ne travaille plus. Elle sera là toute la journée et a même proposé de lui préparer ses repas. Je pourrai passer le voir le soir, avec Lily, en rentrant de chez Lizzie.

— Comment était le père de Lily, physiquement ? demanda-t-il.

— Sur les photos que j'ai vues, il était plutôt grand, brun, les yeux noisette. Pourquoi me poses-tu cette question ?

— Par curiosité... Lui arrive-t-il de réclamer ses parents ?

— Au début, oui. Mais plus maintenant. J'ai l'impression qu'elle adorait son père. C'est difficile d'entretenir le lien avec eux, comme je ne les connaissais pas. En tout cas, je me fais appeler mamounette, pour qu'elle n'oublie pas sa vraie maman, la fille de Randolph.

— Je vois, répondit-il, l'air pensif.

Puis il jeta un coup d'œil à l'horloge murale.

— Il ne va pas tarder. Il faut que j'y aille. Une dernière chose : ce week-end, j'ai envie de participer au pique-nique. Peux-tu m'inscrire et me réserver une place dans un bus ?

Il se dirigea vers la porte.

— Si cela pose problème, je peux prendre mon vélo et pédaler derrière.

Ne lui laissant pas le temps de répondre, il sortit. Elle sourit en imaginant la tête du directeur de l'hôpital découvrant l'un de ses pontes à bicyclette derrière un bus.

Mais quelles étaient vraiment les intentions de Drake ? Après ce baiser dans la roseraie...

Venait-il au pique-nique pour passer du temps avec elle ? Et avec Lily ?

Elle avait été claire avec lui, et il n'appréciait pas particulièrement les enfants. Peut-être avait-il simplement envie d'une journée au grand air.

Quoi qu'il en soit, elle n'avait pas changé d'avis sur la question. Sa vie personnelle était parfaite et il n'en faisait pas partie.

5

Après l'opération de Randolph, Drake se rendit dans son bureau. Un mot était posé sur sa table de travail.

« Avec les compliments des organisateurs du pique-nique. Un siège vous a été réservé à côté du président dans le premier bus. »

Il sourit. Il aurait préféré être assis à côté de Tessa plutôt que de quelqu'un qui allait parler travail pendant tout le trajet. Elle se montrait plus maligne que lui.

Le samedi matin, il gagna le parking de l'hôpital sous un soleil qui annonçait une chaude journée. Tessa et Lily étaient déjà là, dans leurs robes d'été assorties.

Il soupira à l'idée de rejoindre le président du conseil d'administration, déjà installé dans le premier bus. Mais Lily, qui l'avait vu arriver, courut à sa rencontre, entraînant sa mère derrière elle.

— Merci de m'avoir collé à côté du président, dit-il sur un ton ironique.

— Cela me paraissait le plus approprié, répondit-elle platement.

— Pour toi, peut-être, dit-il en caressant les boucles brunes de Lily qui levait la tête vers lui. Tessa, combien de temps cela va-t-il encore durer ? J'ai compris le message. Tu ne veux plus me voir parce que je me suis mal comporté vis-à-vis de toi. J'ai été inconséquent, égoïste, je suis parti du jour au lendemain, mais, de ton côté, tu n'as rien fait pour me retenir.

— Tu as raison. Je ne t'ai pas retenu parce que nous avions un accord, selon lequel notre relation n'impliquait aucun engagement sérieux. Qu'étais-je censée dire ? Tu as accepté ce poste sans te poser de questions, comme si je n'existais pas.

Elle s'interrompit brusquement, se rappelant où ils se trouvaient. Une infirmière courait vers le bus avec ses enfants.

— Voici les derniers passagers, Drake. Si tu veux bien regagner ta place, les chauffeurs attendent mon signal pour partir.

— Bien sûr, dit-il en s'exécutant.

Elle le regarda s'éloigner. Il fallait vraiment qu'elle soit folle pour refuser qu'il fasse de nouveau partie de sa vie, si c'était ce qu'il avait en tête.

Son ambition et sa carrière l'avaient éloigné d'elle, sans qu'il se demande si elle avait envie d'une relation à distance. Il n'avait pas manifesté le moindre regret à l'idée que leur histoire se termine. Rien ne pourrait apaiser cette douleur.

Lily tendit la main pour l'entraîner vers le même bus que Drake. Elle secoua la tête et la prit dans ses bras pour monter dans l'autre bus.

Une fois tout le monde installé, les bus se mirent en route, pour une belle journée d'été à la campagne.

— Alors, comment se sont passées ces premières semaines à l'hôpital Les Horizons ? demanda le président à Drake. Vous n'avez pas de regrets ?

— Non, aucun regret, répondit-il, pensant à Tessa et à Lily.

Non, il ne regrettait pas les longues nuits au bloc ni les cabinets bondés de patients en souffrance priant pour que leurs yeux guérissent.

Dans la semaine, cependant, il avait reçu en consultation une femme dont la vision était entravée par un vaisseau bouché à l'arrière de l'œil. Elle avait également une cataracte, qui devait être opérée avant qu'il puisse se prononcer sur ses chances de recouvrer une vue normale. Le risque était grand qu'elle perde la vue mais elle s'était fait une raison et avait accepté de le courir.

Finalement, elle avait eu de la chance. Lorsque son pansement avait été ôté, après l'opération, elle avait crié de joie : elle voyait.

Drake se carra dans son siège. Si sa vie privée ne lui apportait pas de grandes satisfactions, au moins ce genre de miracle lui donnait-il de bonnes raisons de continuer à avancer et à se perfectionner dans son métier.

— Et la maison ? demanda le président.

— Elle est très belle, dit-il, mais je pense chercher un autre logement dès que je pourrai, moins grand et plus moderne.

— Je comprends. Tout seul dans cette immense maison...

L'image de Lily et Tessa traversa de nouveau l'esprit de Drake. Pourquoi repassait-elle en boucle ? Tessa ne voulait pas de lui et Lily n'était pas sa fille. Lui qui ne se voyait pas fonder une famille, pourquoi irait-il prendre la responsabilité de celle d'un autre ?

Le pique-nique devait avoir lieu dans les jardins d'un hôtel, dans l'un des plus jolis villages des environs. Lorsque Tessa descendit du bus, elle ne put réprimer un gémissement. Drake les attendait manifestement pour entrer.

Comment allait-elle pouvoir se concentrer sur sa mission d'organisatrice en chef si son attention était sans arrêt captée par sa présence ? Et Lily ? Allait-elle lui sauter au cou, comme chaque fois qu'il apparaissait dans son champ de vision ?

— Si tu as du travail, je peux garder Lily, dit-il comme s'il avait lu dans ses pensées.

Lily ne se le fit pas dire deux fois et lui prit la main.

Tessa pouvait-elle refuser ?

Elle hocha la tête et se dirigea vers le traiteur.

Après avoir vérifié que les paniers avaient été livrés, elle alla rejoindre Drake et Lily dans l'aire de jeux pour enfants, où il poussait la balançoire pour elle. L'espace d'un instant, elle se prit à rêver à la famille qu'ils auraient pu former tous les trois, si la vie avait été différente.

— Tu es là ! dit Drake à Tessa. Tu viens t'assurer que je ne me suis pas enfui avec ta fille ?

— Je ne risquais pas de m'inquiéter pour cela. Je connais ton point de vue sur la vie de famille ! répondit-elle sur le même ton.

Il crut déceler une pointe d'amertume dans sa voix et il retint la boutade qu'il allait lancer.

Pendant qu'elle s'activait avec le traiteur, il avait emmené Lily jouer avec les autres enfants et, aussi incroyable que cela puisse paraître, il avait trouvé la maison de ses rêves ! Elle était là, de l'autre côté de la haie, en pierre, avec des fenêtres partout, une terrasse pour profiter du soleil et au moins cinq chambres, lui semblait-il. La construction n'était pas tout à fait terminée mais la maison était à vendre.

Il avait l'intention d'aller la voir de plus près, dès que Tessa récupérerait Lily. Les coordonnées des vendeurs ou de l'agence immobilière devaient figurer sur la pancarte « A vendre ».

Tessa eut l'air surpris de l'empressement avec lequel il lui tendit sa fille. Pensait-elle qu'il voulait se débarrasser d'elle, comme s'il se souvenait tout à coup de la raison pour laquelle il n'aimait pas les enfants ?

Lorsqu'elle disparut avec Lily dans la foule des pique-niqueurs, il prit le chemin de la maison. Un homme y faisait des travaux.

— Bonjour ! dit Drake. Je vois qu'elle est à vendre. Puis-je jeter un coup d'œil à l'intérieur ?

— Bien sûr. Vous voulez que je vous fasse visiter ?

— Avec plaisir, si vous ne l'avez pas encore vendue.

— Non, elle est toujours en vente. Mais... j'ai l'impression de vous connaître, non ?

— Peut-être, si vous êtes passé récemment par le service ophtalmologique des Horizons.

— C'est ça, répondit l'homme, étonné par la coïncidence. Ce n'était pas pour moi, mon fils s'est fait mal à l'œil en jouant au foot à l'école. C'est vous qui vous êtes occupé de lui. On a bien cru, avec sa mère, qu'il perdrait son œil, mais vous l'avez sauvé. Incroyable ! Combien de chances avait-il ? Si vous achetez cette maison, ce sera un honneur pour moi.

— C'est exactement la maison dont j'ai toujours rêvé, dit Drake. Si l'intérieur est aussi beau que l'extérieur, je signe tout de suite ! Je suis sûr que nous tomberons d'accord sur le prix.

— Venez ! répondit l'homme. Depuis combien de temps cherchez-vous ?

— C'est la première et peut-être la dernière maison que je visite. Je vous suis ! fit Drake, débordant d'enthousiasme.

A l'intérieur, la maison était aussi attrayante qu'à l'extérieur. Lorsque le vendeur lui annonça le prix qu'il en voulait, Drake jubila.

— Marché conclu, dit-il. Je vais vous donner les coordonnées de mon notaire. Dans combien de temps pensez-vous qu'elle sera habitable ?

— D'ici un mois, je dirais. Il manque encore quelques finitions. Vous me direz ce que vous en pensez, évidemment. Alors, marché conclu ?

Ils se serrèrent la main.

Puis Drake retourna vers les jardins du pique-nique. Tessa allait-elle lui demander où il était allé ? S'en souciait-elle, d'ailleurs ?

Il venait d'acheter une maison ! La dernière fois qu'il avait fait une folie de ce genre, c'était lorsqu'il avait frappé chez Tessa à l'aube, alors qu'il l'avait seulement saluée la veille au cours d'une réunion. Elle lui avait ouvert et ils avaient fait l'amour. Un moment merveilleux, comme tous ceux qui avaient suivi.

Puis ils avaient conclu cette sorte de pacte de non-engagement. A y repenser, il avait l'impression que l'idée venait plus de lui que d'elle. Cela lui avait permis d'accepter le poste qu'on lui proposait en Suisse, mais il avait payé le prix fort. Il avait eu trois années solitaires pour se rendre compte de son erreur.

Il était revenu au point de départ, à la différence près que, cette fois, elle ne voulait plus de lui. Elle avait un enfant, à présent.

Un enfant qui se sentait étrangement proche de lui et qui, encore plus étrangement, le charmait. Tessa faisait son possible pour maintenir une distance entre eux. Et, contre toute attente, cela le blessait.

Lorsqu'il les rejoignit, elles étaient en train de manger.

— Tout va bien ? demanda-t-il en s'approchant.

— Très bien, oui. Nous avons de la chance qu'il fasse si beau ! C'est une journée magnifique.

Pour lui aussi, la journée était magnifique. Il avait trouvé la maison de ses rêves et s'apprêtait à l'acheter. Mais vu sa situation, il risquait d'errer encore longtemps seul d'une pièce à l'autre, comme une âme en peine.

En fin d'après-midi, alors que tout le monde se dirigeait vers les bus pour rentrer à Glenminster, Drake marchait à côté de Tessa.

— J'ai parlé à Randolph à plusieurs reprises, je dois le revoir la semaine prochaine pour un bilan. Pour l'instant, il a l'air content de son opération, c'est un bon début.

— Oui, dit Tessa. Je suis passée le voir tous les jours. Sa voisine s'occupe tellement bien de lui, on dirait un vrai petit couple.

— Il n'est jamais trop tard, répondit-il d'un air entendu.

Mais elle ne releva pas.

Tandis qu'ils s'approchaient du premier bus, devant lequel se tenait le président, Lily tira Drake par la main.

— Je veux aller avec toi, dit-elle.

— Nous devons monter dans l'autre bus, dit Tessa.

Mais Lily ne bougeait pas.

— Elle peut venir avec nous, dit le président.

Le visage de Tessa s'assombrit soudain.

Drake se pencha vers Lily.

— Tu dois aller avec ta maman dans l'autre bus, dit-il. Mais on se retrouvera là-bas, à l'hôpital.

Il lui prit la main et la tendit à Tessa, avant de monter dans le bus.

Drake avait tenu parole et attendait sur le parking. En le voyant, Tessa sentit sa gorge se serrer. Elle pensa pêle-mêle à Lily qui avait perdu ses parents, à Drake qui remuait un passé qu'elle croyait avoir enterré et à elle qui était toujours aussi émue en le voyant. Comme au premier jour.

Comme toujours, Lily sauta dans les bras de Drake.

— Que comptez-vous faire, maintenant ? demanda-t-il en la soulevant. Voulez-vous vous coucher ? Aller dîner ? Venir visiter mon mausolée ?

— La première réponse était la bonne, dit-elle. La journée a été longue pour une petite fille de son âge.

— Je sais, dit-il en reposant Lily par terre. Tessa, avant que nous nous séparions, je veux simplement m'assurer d'une chose : j'espère que tu ne crois pas que j'encourage Lily à me sauter dans les bras. Je sais que cela ne te fait pas plaisir. Mais c'est vrai qu'elle vient toujours vers moi spontanément. Serait-il possible que je lui fasse penser à son père, d'une façon ou d'une autre ?

— Je ne sais pas. Je dois y aller. Nous en parlerons une autre fois.

— D'accord. Et appelle-moi si tu as besoin de quoi que ce soit.

Lily tendit la joue vers lui pour qu'il l'embrasse. Tessa détourna le regard. Se souvenait-il de l'époque où tous ses baisers étaient pour elle ?

Comme toujours, Tessa consacra son dimanche matin au ménage, l'après-midi aux jeux dans le parc. Dès qu'elle s'y fut assise, elle n'eut plus qu'une envie : que Drake arrive.

Elle l'ignorait, mais il avait effectivement eu l'intention de les rejoindre au parc, avant qu'on l'appelle en urgence au bloc à 8 heures du matin. Un jeune homme s'était grièvement blessé sur un chantier.

Les heures s'égrenèrent sans qu'il donne signe de vie et elle dut se raisonner : il n'avait pas promis de les rejoindre, elle n'avait donc pas à être déçue qu'il ne soit pas là.

En se regardant dans le miroir ce matin-là, elle n'avait pas constaté de changement dans la forme de son œil. Elle avait besoin d'être rassurée, et qui mieux que lui aurait pu le faire ?

C'était probablement la raison pour laquelle son absence lui fut si pénible. Au moins cela lui éviterait-il les allusions au banc sur lequel ils avaient fait l'amour.

Dès qu'il avait reçu l'appel d'urgence, Drake avait contacté les membres de son équipe de garde ce week-end-là. A son arrivée, tout le monde était déjà en place.

Une infirmière surveillait la tension du patient tandis qu'une autre lui tenait la main. Elle essayait de calmer le jeune homme pour qu'il ne bouge pas la tête pendant qu'on l'examinait.

L'assistant de Drake était jeune, intelligent, et il avait envie de marcher dans ses pas. Il observait le moindre de ses gestes, enregistrait tout ce qu'il disait. Malgré tout, la vue du patient allongé sur le brancard, les yeux en sang, l'avait fait blêmir pendant quelques secondes.

L'infirmière de bloc s'approcha et essuya le sang afin que Drake puisse scruter les yeux du malade avec l'ophtalmoscope. Une éventuelle déchirure de l'iris ou une rupture de la sclérotique pouvaient provoquer l'enfoncement du globe oculaire, voire la cécité.

— La rétine est déchirée à l'œil gauche, dit-il au patient

après avoir examiné ses deux yeux. Mais la macula est toujours à sa place, ce qui est l'essentiel. En revanche, sur l'œil droit, la lésion n'est pas réparable, car la sclérotique s'est rompue.

Drake se redressa.

— Mais je vous promets que je ferai tout ce qui est en mon pouvoir pour que vous ne perdiez pas totalement la vue.

En fin d'après-midi, Drake appela Tessa.

— Que se passe-t-il ? demanda-t-elle, inquiète du ton de sa voix.

— Je viens d'opérer un jeune homme qui a eu un grave accident sur un chantier. Il a perdu un œil et j'ai essayé de sauver l'autre, dont la rétine était déchirée.

Il avait l'air éreinté.

— Tu as mangé ? demanda-t-elle.

— Non, pourquoi ?

— Tu veux passer ?

— Tu es sûre ?

— Oui.

— Alors je veux bien. A quelle heure ? 19 heures ? Je dois encore rédiger le compte rendu et voir la famille du jeune homme.

— Oui, 19 heures, c'est bien, dit-elle, puis elle raccrocha.

Qu'est-ce qui lui avait pris ? Avait-elle à ce point besoin d'être rassurée sur son propre état de santé ? Compatissait-elle parce qu'il n'avait pas réussi à sauver les deux yeux de son patient ? Ou avait-elle simplement envie qu'il soit près d'elle ?

Drake frappa discrètement au carreau de la cuisine pour ne pas réveiller Lily au cas où elle serait endormie. Tessa était aux fourneaux.

— Humm ! Ça sent bon ! dit-il quand elle vint lui ouvrir la porte. Il y a longtemps que je n'ai pas fait un repas décent.

Il y avait encore plus longtemps qu'il n'avait pas fait autre chose de plus sensuel que manger. Mais l'image du jeune homme qu'il avait opéré chassa cette pensée. En dépit de tout son savoir-faire, il n'avait pas pu sauver son deuxième œil. Vu l'état dans lequel il était arrivé aux urgences, c'était déjà un miracle qu'il ne soit pas complètement aveugle.

— Il faut que je me lave les mains avant de passer à table.

— La salle de bains est là-haut, à côté de la chambre de Lily. Sois discret. Si elle sait que tu es là, elle va descendre aussitôt.

— Cela ne me déplairait pas, dit-il en riant.

— Moi, si, dit-elle. Et faire ami-ami avec elle n'entre pas vraiment dans le cadre de notre pacte sans engagement ni vie de famille.

— Pas plus que la responsabilité énorme que tu as prise d'élever un enfant toute seule, dit-il, soudain sérieux. Qu'est-ce qui t'a pris ?

— Si tu as faim, c'est prêt, dit-elle, ignorant sa question.

Il monta les marches en silence. En réalité, il enviait Tessa, sa vie et sa maternité plus encore qu'il ne l'aurait imaginé.

L'image de sa future maison s'imposa à lui. Pourvu qu'il ne s'y sente pas aussi seul, aussi perdu qu'il se sentait dans sa grande maison actuelle. Comme il aurait aimé que Tessa et Lily viennent y vivre avec lui ! Mais Tessa avait l'air de se plaire là où elle était. Et rien dans son attitude ne prouvait non plus qu'elle ait envie de se rapprocher de lui.

Lorsque Drake revint de la salle de bains et prit place à table, Tessa sentit qu'ils avaient franchi une nouvelle étape. Ou du moins qu'*elle* en avait franchi une en l'invitant à dîner. Cela se confirma lorsqu'il décida qu'il irait passer la nuit à l'hôtel pour ne pas avoir à rentrer dans son mausolée empestant la naphtaline.

— J'ai une chambre d'amis, répondit-elle à sa propre surprise. Ce n'est pas la peine de partir à la recherche d'un hôtel maintenant, après la journée que tu as passée. Le lit est toujours fait, au cas où.

— Au cas où un invité de dernière minute débarque ? Il y en a beaucoup ?

— Oui, c'est un vrai défilé ! dit-elle en riant.

— Ne sois pas ironique, dit-il. A moins que ce soit la vérité ?

— Je te laisse en décider tout seul. Alors, tu veux rester ?

Il hésita. Allait-il résister à la tentation, s'il savait qu'elle dormait à quelques mètres de lui ? Mais avait-il le choix ? Elle l'hébergeait pour lui rendre service, mais elle n'était pas prête à lui faire une place dans sa nouvelle vie, autre que celle de collègue et d'ami.

Ce n'était pas avec un homme qu'elle avait refait sa vie, mais avec un enfant. Une petite fille aux boucles brunes qui l'avait accueilli, sagement assise sur les marches.

Quelle surprise !

Pourtant, l'idée que Tessa et Lily fassent partie de sa vie lui était de plus en plus familière, même s'il ne comprenait pas d'où elle avait pu surgir.

Après le repas, Tessa rapporta les assiettes dans la cuisine. Elle n'entendit pas Drake arriver derrière elle, jusqu'à ce qu'elle sente sa bouche se poser sur sa nuque. Elle tressaillit et se retourna. Il ouvrit les bras et les referma autour d'elle. Incapable de résister, elle se laissa aller à la douceur de son étreinte.

Si Lily ne s'était pas mise à pleurer à l'étage, elle aurait eu l'impression que le temps s'était arrêté et que Drake venait de s'inviter dans son appartement à 6 heures du matin, comme il l'avait fait des années auparavant.

Mais les années avaient passé.

Elle se dégagea. Elle n'était plus la jeune femme libre et insouciante qu'elle était à l'époque. Elle avait un enfant, une magnifique petite fille qui dépendait entièrement d'elle. Renouer une relation amoureuse avec Drake ne faisait aucunement partie de ses projets.

Les pleurs se firent plus forts. Elle se dirigea vers l'escalier.

— Je pense qu'il vaut mieux que tu rentres, Drake. En ce moment, elle fait des cauchemars. Elle a peur, mais sans savoir de quoi. Dans ces cas-là, je la prends dans mes bras et je la berce jusqu'à ce qu'elle se rendorme.

Elle gravit quelques marches puis s'arrêta.

— J'ai oublié, l'espace d'un instant, que j'avais des responsabilités à assumer. Je ne sais pas ce qui m'a pris de te proposer de passer la nuit ici. Je suis désolée.

Elle se retourna et fila vers la chambre de Lily.

Les jours, les semaines et les mois qui avaient suivi le départ de Drake pour la Suisse avaient été les pires de toute son existence. A présent, elle goûtait à la douceur de contempler le petit être qui se rendormait dans ses bras, ses longs cils noirs se détachant sur ses joues roses. C'était Lily qui lui avait fait oublier sa tristesse, en lui apportant l'équilibre dans lequel elles vivaient désormais, depuis qu'elles avaient pansé leurs plaies.

La présence de Drake dans l'intimité de sa maison avait fait resurgir un désir qu'elle croyait avoir enseveli depuis longtemps. Lorsqu'elle avait senti ses lèvres sur sa nuque, toutes ses résistances s'étaient évanouies comme par enchantement. Mais les pleurs de sa fille l'avaient ramenée à la raison avant qu'il soit trop tard.

Elle reposa doucement Lily dans son lit, tira la couette sur son petit corps endormi et sortit de la chambre en laissant la porte grande ouverte, au cas où elle se remettrait à pleurer.

Drake referma la porte derrière lui et reprit à contrecœur la direction de la grande maison. Quelle émotion d'avoir serré Tessa dans ses bras ! Elle ne l'avait pas rejeté, jusqu'à ce que sa fille se manifeste. Alors elle lui avait bien fait comprendre que Lily était sa priorité. Comme s'il ne le savait pas déjà !

De retour chez lui, il était trop nerveux pour aller se coucher. Les événements de la soirée se bousculaient dans sa tête : le repas que Tessa lui avait préparé, son invitation à dormir chez elle, leurs deux corps serrés l'un contre l'autre dans la cuisine...

Il ne s'était pas attendu à ce qu'elle l'invite, ne serait-ce qu'à dîner. Elle s'était montrée si distante depuis qu'ils s'étaient revus ! La réaction qu'elle avait eue lorsqu'il l'avait embrassée dans le cou l'avait plus surpris encore. Comment aurait-il pu imaginer qu'elle se retourne pour se blottir dans ses bras ?

Mais cela n'avait duré que quelques instants. Lily s'était réveillée et Tessa l'avait prié de rentrer chez lui.

Les barrières n'étaient pas faciles à faire tomber.

Il aurait pu monter avec elle dans la chambre de Lily, la consoler, la recoucher. Au lieu de cela, elle lui avait demandé de partir sur-le-champ et, avant qu'il comprenne ce qui lui arrivait, il était en chemin pour chez lui.

Il avait rêvé de l'emmener au théâtre ou au restaurant, mais, après ce qui venait de se passer, il doutait qu'elle accepte une invitation de sa part. Quel idiot !

Elle lui avait déjà dit qu'elle ne sortait pas et n'aimait pas laisser sa fille, même à ses amis.

Il était évident que, pour elle, ce baiser dans la cuisine n'avait pas d'autre sens qu'un moment d'égarement qui ne se reproduirait pas.

Quelle étrange journée, tout en montagnes russes ! Après avoir sauvé l'œil d'un pauvre homme qui aurait dû être aveugle, il avait été accueilli par Tessa. Il avait failli se perdre dans ses bras mais la réalité l'avait tiré de sa torpeur.

Il fallait se faire une raison : plus jamais il ne serait une priorité dans la vie de Tessa. Il ne ferait peut-être même plus partie de sa vie du tout.

Le lendemain matin, sur le chemin de l'hôpital, Tessa s'arrêta chez Drake, espérant lui parler avant qu'il soit happé par la frénésie de sa journée de travail.

Il ouvrit la porte, l'air surpris.

— Drake, je suis désolée que tu aies eu à dormir ici, dit-elle d'une voix hésitante, manifestement gênée. Mais j'étais préoccupée par Lily et ses cauchemars. Elle est toute petite et a déjà subi tellement de traumatismes !

— Tu n'as pas pensé un instant que je pouvais t'aider ? demanda-t-il d'un ton brusque. Tu sais, je suis capable de m'occuper d'un enfant et Lily commence à bien me connaître.

— Je ne te l'ai pas demandé parce que j'étais encore dans l'émotion de ce qui venait de se passer entre nous quand elle s'est mise à pleurer. Je ne voulais pas tout mélanger.

— Je comprends, dit-il, jetant un coup d'œil à sa montre. Je dois être au bloc dans cinq minutes, il faut que j'y aille.

Refermant la porte derrière lui, il prit la direction de l'hôpital sans se demander si elle le suivait.

Elle le regarda s'éloigner, troublée. En fait, ce qui s'était passé la veille dans la cuisine l'avait touchée bien plus profondément qu'elle ne l'aurait imaginé. Contre toute attente, l'idée de le laisser faire partie de sa vie lui semblait de moins en moins incongrue.

Drake se changea dans les vestiaires du bloc. Il aurait dû se montrer moins brusque avec Tessa. Elle avait fait l'effort de venir frapper à sa porte pour évoquer ce qui s'était passé la veille.

Mais le sentiment de désirer une chose qu'il n'aurait jamais ne le quittait pas.

Que faire ?

Lorsque Tessa entra dans son bureau, Jennifer était déjà là. Le prochain événement qu'elles organisaient était une soirée pour les cadres de l'hôpital.

Le pique-nique avait permis aux familles des employés de se rencontrer et de passer du bon temps ensemble. Cette fois, les membres du personnel étaient invités avec leurs conjoints à une soirée dansante sur une péniche.

En tant qu'organisatrice de l'événement, Tessa s'était arrangée pour que Lily passe la nuit chez Lizzie et Daniel. Elle avait un peu hésité à la leur laisser alors qu'ils la gardaient déjà toute la semaine, mais ils avaient insisté. Quant à Drake, il ne faisait aucun doute qu'il arriverait à la soirée en costume, beau comme un dieu, pendant qu'elle croulerait sous les problèmes logistiques qui ne manqueraient pas de se poser.

Elle avait invité Drake à dîner et à dormir chez elle lorsqu'elle avait compris à quel point sa journée avait été harassante. Elle avait été touchée qu'il ait, à l'issue d'une longue matinée au bloc, sauvé l'œil de ce garçon. Elle avait eu envie de faire un geste dans sa direction.

Mais elle avait failli à la promesse qu'elle s'était faite de ne pas se trouver seule avec lui en dehors des heures de travail. Aussi, quand elle avait entendu Lily pleurer, avait-elle utilisé ce prétexte pour se débarrasser de lui, simplement parce qu'elle s'était sentie coupable et honteuse de n'avoir pas respecté sa promesse.

Qu'en avait-il pensé sur le moment ? Probablement qu'elle dépassait les bornes. Quoi qu'il en fût, il s'était exécuté sans protester.

Mais à présent, elle comprenait qu'elle l'avait offensé. Il était désormais brusque et distant avec elle.

Mais elle devait se mettre au travail, plutôt que de se torturer l'esprit.

Jennifer et elle avaient rendez-vous avec le gérant de la péniche afin de décider des menus et de la décoration du lieu, ainsi que du plan de table.

Lorsqu'elles revinrent à l'hôpital, vers midi, Tessa trouva un mot de Drake lui demandant si elle était disponible à 16 heures. Il souhaitait examiner son œil et faire le bilan de ces premiers jours de médication.

Elle frémit. Elle savait ce qui l'attendait si les médicaments ne résolvaient pas le problème. Sa seule consolation était de se faire opérer par le meilleur chirurgien de sa spécialité.

Mais elle ne pouvait s'empêcher de penser à Lily et de prier pour qu'aucune complication ne survienne. A part Randolph, la petite fille n'avait plus qu'elle. Il fallait qu'elle soit là pour elle, quoi qu'il arrive.

Elle était prête à tout pardonner à Drake si elle avait la certitude que tout se passerait bien.

Lorsque Tessa entra dans le bureau de Drake, à 16 heures pile, il était au téléphone. Le propriétaire de sa future maison voulait son avis sur les finitions de l'une des pièces.

Il raccrocha et scruta le visage de Tessa. Contrairement à lui, elle ne semblait éprouver aucune joie. Seulement de l'angoisse et de l'impatience.

— Je t'ai fait venir pour examiner ton œil. Il est encore tôt pour juger de l'effet des médicaments, mais mieux vaut suivre l'évolution de la situation de près, quand on peut.

En réalité, il ne l'avait pas convoquée exclusivement pour des raisons médicales. Après l'échange qu'ils avaient eu le matin même sur le pas de sa porte, il voulait se racheter en se montrant plus aimable.

6

Drake examinait Tessa, le menton posé sur le support du réfractomètre à quelques centimètres de lui. Son cœur se serra. Jamais plus il n'aurait l'occasion de se tenir si près d'elle.

— Comment va ton œil ? As-tu l'impression que la pression a diminué ? demanda-t-il une fois l'examen terminé.

— Un peu, peut-être, dit-elle d'une voix hésitante.

— Bon. Pour le moment, je n'observe pas de nette amélioration, mais c'est normal. Tu ne fais que commencer le traitement, ne t'inquiète pas.

— Ce n'est pas pour moi que je m'inquiète, c'est pour Lily. Elle n'a que son grand-père et moi, mais Randolph ne peut plus s'occuper d'elle. Il faut que je sois là, je ne peux pas me permettre de perdre la vue.

Il vint vers elle.

— Tessa, tu peux me faire confiance. C'est mon métier de sauver la vue des gens.

— Je sais. J'ai conscience de la chance que j'ai d'être suivie par toi. Mais qui me dit que tu ne vas pas encore partir au moment où j'aurai besoin de toi ?

— Quand je suis parti en Suisse, je n'ai laissé aucun de mes patients en plan en cours de traitement. Personne n'a eu à subir les conséquences de mon départ.

— A part moi... Mais cela ne comptait pas.

— Comment peux-tu affirmer une chose pareille ? Je t'ai toujours trouvée divinement belle et divinement intelligente.

Quand j'étais en Suisse, j'ai compris que j'avais laissé mon ambition gâcher tout ce que nous avions construit ensemble et je m'en suis mordu les doigts.

— Oh..., dit-elle, étonnée. Je ne savais pas que tu voyais les choses sous cet angle.

Elle s'interrompit, l'air pensif.

— Mais ce n'était pas une raison pour revenir à Glenminster et faire de nouveau voler en éclats la vie dans laquelle j'ai investi toute mon énergie.

— Je n'ai jamais eu l'intention de faire voler ta vie en éclats, Tessa. J'adore Glenminster et, quand on m'a proposé ce poste aux Horizons, je n'ai pas pu refuser l'occasion de revenir là où se trouvent mes racines.

Il jeta un coup d'œil à l'horloge murale.

— J'ai une consultation dans cinq minutes. Mais avant de quitter cette pièce, promets-moi de me faire confiance. Je vais tout faire pour que tes yeux guérissent.

— Bien sûr que j'ai confiance en tes qualités de médecin.

— Au fait, tu vas au dîner sur la péniche, samedi ?

— Oui. Lily dormira chez Lizzie et Daniel.

— Voudras-tu me réserver une danse ?

— Ce ne sera pas possible. Je vais être prise toute la soirée.

— Ah ? Tu es très demandée !

— En effet.

Avant qu'il puisse ajouter quoi que ce fût, elle était sortie de son bureau.

Le samedi, en fin d'après-midi, Tessa emmena comme prévu Lily chez Lizzie. Elle avait mis le tailleur bleu marine qu'elle portait pour travailler.

— Tu es obligée de t'habiller comme ça ? demanda Lizzie. Tu serais mieux dans une jolie robe de soirée. Surtout maintenant que tu sais qu'*il* sera là.

— Le personnel qui organise l'événement doit être en tenue

de travail. C'est le règlement. De toute façon, la personne en question sera bien trop occupée avec son fan-club pour daigner adresser la parole au personnel de service.

Lily rejoignit les jumeaux pour jouer et Tessa finit par s'en aller, à contrecœur.

Elle n'avait pas très envie de cette soirée au bord de la rivière, elle croiserait forcément Drake, qu'elle n'avait pas revu depuis qu'il avait examiné son œil.

Elle n'avait surtout pas envie qu'il la voie dans cette tenue, alors qu'elle avait laissé entendre qu'elle serait la femme la plus convoitée de la soirée et que son carnet de bal était plein.

Jennifer était déjà sur place. Tessa aussi voulait avoir le temps de maîtriser la soirée sous tous ses aspects, à commencer par ses propres émotions.

Mais ses espoirs volèrent en éclats dès son arrivée sur la péniche. Le chef avait eu un accident de moto en venant travailler et le gérant de la péniche était parti en week-end. La logistique, qui à ce stade aurait dû n'être que du détail, consista donc à sortir les cuisines du chaos. Tessa prit la relève du chef absent avec les deux seconds, et Jennifer finit d'installer la salle avec le personnel du bar.

Tessa troqua donc sa veste de tailleur pour un long tablier blanc et enfila un calot, prête à exécuter les ordres des deux cuisiniers et priant pour que tout soit prêt à temps.

Drake avait dit qu'elle allait être *très demandée*. S'il l'avait vue ! Elle ne risquait pas d'aller danser, ce serait tout juste si elle verrait la couleur de la piste de danse !

Assis au volant de sa voiture, en costume de soirée, un petit bouquet de roses et de muguet posé sur le siège arrière, Drake avait décidé d'arriver tôt à la soirée pour avoir une chance d'échanger quelques mots avec Tessa avant qu'elle soit trop occupée. Lorsqu'il se gara près de la rivière, il se réjouit de voir que sa voiture était là.

Il entra dans la péniche. Jennifer vint à sa rencontre et, lorsqu'il demanda si Tessa était là, elle lui indiqua les cuisines. Poussant les portes battantes, il s'immobilisa face à la scène qu'il avait sous les yeux.

— Que se passe-t-il ? demanda-t-il, le souffle coupé.

Vêtue d'un grand tablier et d'un calot blancs, Tessa était penchée, un couteau à la main, au-dessus d'un rôti qui, manifestement, sortait tout juste du four. Elle se retourna.

— Le chef est à l'hôpital, il a eu un accident en venant ici à moto, dit-elle comme si cela suffisait à expliquer sa présence dans les cuisines où l'activité battait son plein.

— Mais qu'est-ce que tu fais là ? bredouilla-t-il.

— Je suis venue donner un coup de main. Heureusement, le coup de feu est passé. Finalement, nous serons dans les temps.

— Mais pourquoi toi ? Il n'y a pas de responsable ?

— Si, justement, c'est moi. Jennifer et moi avons organisé cette soirée.

— Je vois... Je comprends mieux pourquoi tu disais que tu serais très prise.

— Et encore, je n'avais pas imaginé que le chef serait à l'hôpital et le gérant en week-end ! dit-elle, souriant malgré tout.

Elle ôta le calot et le tablier, remit la veste de son tailleur de travail, et vint vers lui.

Il lui tendit le petit bouquet.

— Tiens, c'est pour toi.

Puis il retourna dans la salle de restaurant, où les invités commençaient à affluer.

Le groupe de musiciens s'installa sur la petite scène prévue à cet effet, et Drake fut une fois encore étonné par Tessa. Elle prit le micro pour inviter les hôtes à danser et annoncer que le dîner serait servi dans une demi-heure. Elle avait accroché le petit bouquet au revers de sa veste.

Il se pencha sur un menu et, lorsqu'il leva les yeux, elle se tenait là, devant lui, un large sourire sur les lèvres.

— M'accorderiez-vous cette danse ? demanda-t-elle, le bras tendu vers lui.

— Avec plaisir ! Mais... Tu n'as pas des choses à faire ?

— J'ai fait ce qu'il fallait faire, répondit-elle. J'ai couru toute la journée et je viens de passer deux heures aux fourneaux, je mérite bien une petite pause !

— Tu as raison. Mais as-tu changé d'avis ?

— A quel propos ?

— Je vais être obligé de te toucher, si nous dansons ensemble, dit-il d'un air entendu.

— Ce sera une exception.

Elle lui rendit son sourire. Elle avait beau être en tailleur, comme tous les jours à l'hôpital, elle était magnifique.

— Alors allons-y ! Je t'en prie..., dit-il en lui ouvrant les bras.

Sans se faire prier, elle se blottit contre lui, à la grande surprise des personnes qui se trouvaient près d'eux.

Ils effectuèrent quelques pas de danse, collés l'un à l'autre. Quel bonheur de sentir son corps contre le sien ! Pendant combien de temps avait-il rêvé de ce moment ?

Mais le rêve ne dura que quelques minutes.

Tessa tourna brusquement la tête et se raidit.

— Daniel est là ! dit-elle. Il a dû arriver quelque chose à Lily !

— Viens, allons voir, dit-il en la prenant par la main.

Ils traversèrent la salle à la hâte.

— Que se passe-t-il ? demanda Tessa, anxieuse.

— Lily est tombée d'une chaise avec un sifflet dans la bouche. Elle s'est fait mal, répondit Daniel. Lizzie l'a emmenée aux urgences avec les garçons. Viens, Tessa, je t'emmène.

— Je viens avec vous, dit Drake.

Ils montèrent tous les trois dans la voiture de Daniel. Tessa, le visage blême, se tenait serrée contre Drake.

Quelle responsabilité que celle d'un enfant ! Jamais jusqu'à présent il n'avait eu envie de l'assumer. C'était seulement lorsqu'il avait fait la connaissance de cette adorable petite fille brune, qui ne perdait pas une occasion de lui témoigner son intérêt, qu'il avait entrevu la possibilité de changer d'avis un jour.

Mais c'était une autre affaire lorsque des accidents domestiques se produisaient et que la santé de ces êtres chers et vulnérables était en jeu.

Lorsqu'ils arrivèrent à l'hôpital, Lizzie était à l'accueil avec Lily et ses deux garçons. La petite fille pleurait, alors qu'un médecin tentait d'évaluer les dommages à l'intérieur de sa bouche. Vu les circonstances, c'était une entreprise compliquée.

— Ah, vous êtes là, dit le médecin à Tessa. Venez ! Essayez de la calmer, que je puisse l'examiner plus facilement. Je pense qu'elle s'est déchiré le palais. Avec un peu de chance, la blessure se résorbera toute seule pendant son sommeil, j'ai déjà vu cela se produire.

Il s'éloigna en promettant de revenir très vite.

Depuis leur arrivée à l'hôpital, Drake était resté discret. En voyant Tessa serrer Lily dans ses bras, il sentit son cœur se serrer. Tessa n'avait pas besoin de lui et ne tenait sans doute pas à ce qu'il soit là.

Ils avaient partagé un moment d'intimité sur la piste de danse, mais la nouvelle de l'accident de Lily avait rompu le charme.

Il aurait pu inspecter lui-même la bouche de la fillette, qui le connaissait et semblait l'apprécier. Mais Tessa le laisserait-elle faire, après l'avoir chassé de chez elle quand Lily s'était réveillée en pleurs ? De toute évidence, elle ne le jugeait pas digne de s'occuper de sa fille.

Mais voir Lily pleurer et souffrir était insupportable. Il ne pouvait pas rester là, les bras ballants.

— Est-ce que tu veux que j'examine sa bouche ? demanda-t-il. Elle sera peut-être d'accord pour me montrer où elle a mal ?

— Oui, bien sûr, répondit Tessa, contre toute attente.

Son visage avait une expression désespérée. De toute évidence, la proposition la soulagea.

Lily le regarda et cessa aussitôt de pleurer. Lorsqu'il tendit les bras, elle se pencha vers lui. Elle eut un petit gémissement lorsqu'il la prit dans ses bras, mais ne se remit pas à pleurer.

— Tu veux bien ouvrir la bouche pour me montrer où tu as mal ? demanda-t-il.

Lily le regarda en hoquetant, puis ouvrit la bouche.

Lorsque le médecin revint quelques minutes plus tard, il regarda avec étonnement la petite patiente coopérant avec le Dr Drake Melford.

— Je pense que vous avez raison, lui dit Drake. Le palais a des chances de se refermer pendant son sommeil.

— Alors il est préférable de ne rien faire et d'essayer cette solution, plus confortable et moins stressante pour elle. Merci, je suis très content que vous m'ayez donné votre avis.

Il se tourna vers Tessa.

— Si vous êtes d'accord, je vais appeler le service de pédiatrie, on va lui donner un lit pour la nuit. Nous la réexaminerons demain et déciderons des soins à donner par la suite.

Il les salua et retourna vaquer à ses nombreuses autres occupations.

Lizzie poussa un énorme soupir.

— Ouf ! J'avais peur qu'il ne faille l'opérer. Je suis désolée de ce qui s'est passé, mais soulagée que ce soit moins grave que c'en avait l'air.

Elle caressa la main de Lily, qui était toujours dans les bras de Drake.

— Puisque le Dr Melford est là, je pense que nous allons vous laisser, Tessa. Nous allons ramener les garçons. Je t'appelle plus tard.

Lizzie et Daniel prirent congé et rentrèrent chez eux.

— Je vous accompagne en pédiatrie, puis je vous laisserai à mon tour, dit Drake. Je pense que tu m'as assez vu pour aujourd'hui. Appelle-moi demain matin pour me dire comment a évolué sa blessure. Si le palais s'est reformé comme prévu et qu'elle peut rentrer, je viendrai vous chercher.

Tessa hocha la tête. Elle était épuisée, autant mentalement

que physiquement. La journée avait été longue et fatigante. Après les préparatifs de la soirée dansante, elle avait passé des heures à s'agiter et à s'inquiéter dans la chaleur des cuisines de la péniche.

Le moment pendant lequel elle avait dansé avec Drake avait été magique. Pendant quelques minutes, elle s'était sentie libre et heureuse dans ses bras, jusqu'à ce que l'arrivée de Daniel les arrête net.

Heureusement que Drake était avec elle, ce soir ! Grâce à lui, elle avait eu quelques instants de répit — insouciants et si romantiques ! — dans sa folle journée, et un réconfort précieux depuis qu'elle avait appris que Lily s'était blessée. Il ne l'avait pas lâchée, et à présent, ils avançaient ensemble vers le service de pédiatrie.

Lorsqu'ils arrivèrent, Lily s'était endormie dans les bras de Drake. Une infirmière les conduisit dans une chambre et il déposa doucement la petite fille sur le lit. Tessa éprouva un intense sentiment de gratitude. Le cauchemar se terminait en douceur. Si le sort se montrait clément, Lily se réveillerait en bonne voie de guérison.

Elle aurait voulu demander à Drake de rester, mais s'abstint. Il s'était trouvé là quand elle avait eu besoin de lui. Que demander de plus ?

— Tu sais où me trouver, dit-il avec un sourire.

Il fit quelques pas puis s'arrêta.

— Je vis encore dans la naphtaline, mais plus pour longtemps. Cela va peut-être te paraître incroyable, mais je suis en train d'acheter une maison. J'espère pouvoir y entrer le plus vite possible.

Si elle avait été moins fatiguée, elle aurait posé des questions, voulu des détails, mais elle se contenta de hocher la tête avec lassitude.

— J'espère que tu seras heureux dans ta nouvelle maison, dit-elle comme s'il s'agissait d'un détail. Si tu parles à Randolph, pour une raison ou pour une autre, puis-je te demander de ne pas mentionner ce qui est arrivé à Lily ce soir ?

— Evidemment ! répondit-il avant de tourner les talons.

Elle s'installa dans un fauteuil que lui avait trouvé le personnel de nuit, qui passa souvent voir comment Lily se portait. Les heures s'égrenèrent ainsi et, entre deux assoupissements, Tessa eut le temps de réfléchir à ce que Drake lui avait dit avant de partir.

Il achetait une maison !

Pouvait-il avoir changé à ce point ?

Elle-même avait changé. La vie sans famille ni prêt immobilier était loin derrière elle. Certes, elle avait adopté l'enfant d'une autre et sa maison n'était pas un château, mais cela lui convenait parfaitement.

Du moins jusqu'à ce que Drake vienne ébranler son univers et ses certitudes.

Les instants passés dans ses bras sur la piste de danse avaient été tels qu'elle se les était imaginés. Ils avaient fait remonter des souvenirs d'une époque révolue, dans lesquels elle se serait prélassée toute la nuit si l'accident de Lily ne les avait pas interrompus.

Elle n'avait pas pris la mesure de la nouvelle qu'il lui avait donnée au sujet de sa maison. Mais maintenant qu'elle était seule auprès de sa fillette endormie, dans cette chambre plongée dans l'obscurité, les questions fusaient. Malheureusement, il n'était plus là.

Où se trouvait la maison qu'il voulait acheter ? De quel genre de maison s'agissait-il ? Et surtout, pourquoi investissait-il dans l'immobilier ?

Peut-être avait-il franchi le pas parce qu'il aimait Glenminster, comme il le lui avait dit, et qu'il voulait renouer avec ses racines. S'il avait acheté dans la région, cela signifiait-il qu'il comptait s'y installer et y rester ?

Comment réagirait-elle si c'était effectivement le cas ?

Pourrait-elle vivre tranquillement si Drake habitait à Glenminster et travaillait aux Horizons pour le restant de ses jours ?

Lily eut un petit gémissement, s'étira et entrouvrit les yeux.

— De l'eau, mamounette, dit-elle d'une voix faible.

Tessa se pencha vers elle pour la faire boire.

— J'ai faim, dit Lily après avoir vidé le verre.

L'infirmière qui entra à ce moment-là lui expliqua qu'elle ne pouvait pas manger jusqu'au lendemain.

— Jusqu'à ce que le docteur examine ta bouche, demain matin. Mais tu peux boire autant que tu veux.

Drake était en pleine réflexion. Dans la voiture de Daniel, sur la route des urgences, il avait pris une décision.

Il avait essayé de rester en retrait et de laisser Tessa, ses amis et le médecin s'occuper du cas de Lily. Mais il avait ressenti un immense élan envers la petite fille et n'avait pas pu supporter de la voir souffrir sans rien faire. Il avait compris à quel point il tenait à elle.

Il était attaché à elle comme il l'était à Tessa. Il voulait que Tessa fasse de nouveau partie de sa vie, même s'il doutait qu'elle partage ses sentiments.

Mais il avait choisi le pire moment pour lui annoncer son intention d'acheter une maison. Elle l'avait écouté d'une oreille distraite, bouleversée qu'elle était par l'état de sa petite fille.

Il s'y était vraiment mal pris.

Le dimanche matin, Drake appela l'hôpital, prêt à sauter dans sa voiture au cas où les nouvelles seraient bonnes.

Tessa lui annonça que Lily avait dormi d'une traite, ne se réveillant que pour boire de l'eau. Ce qu'ils avaient espéré s'était produit : son palais s'était refermé et les médecins l'autorisaient à rentrer chez elle, à condition qu'elle ne se nourrisse dans un premier temps que d'aliments liquides ou semi-liquides.

— C’est fantastique ! s’exclama Drake. J’arrive tout de suite !

— Ce n’est pas la peine, Drake. J’ai appelé un taxi, il nous attend dehors. Mais merci pour la proposition.

— Bon, très bien, dit-il, espérant avoir l’air plus détaché qu’il ne l’était.

En réalité, il se sentait rejeté et eut envie de hurler. De toute évidence, Tessa était de nouveau sur ses gardes.

Drake espérait-il que ce qui s’était passé la veille les avait rapprochés au point qu’il fasse partie de sa vie au quotidien ? Certes, il y avait toujours une alchimie entre eux, mais elle avait vécu sans lui pendant trois ans — presque quatre, désormais. Pourquoi cela aurait-il dû changer sous prétexte qu’il était revenu à Glenminster ?

Elle avança vers le taxi. Lily tourna la tête à gauche et à droite. Inutile de demander ce qu’elle, ou plutôt, *qui* elle cherchait. Drake avait été à son côté quand elle s’était endormie : pourquoi n’était-il pas là à son réveil ?

Drake prit sa voiture. Il avait besoin de réconfort. Il sortit de la ville et gagna le village où se trouvait la maison qu’il s’apprêtait à acheter. Il aurait tellement aimé y vivre un jour avec Tessa et Lily.

Cette pensée l’avait obsédé toute la nuit. Mais il avait suffi d’une phrase de Tessa pour rendre le rêve improbable.

Lorsqu’il se gara près de la maison, le propriétaire était perché sur une échelle. Drake contempla les belles pierres blondes de loin avant de s’approcher. Il avait l’impression que sa vie était en plein chaos mais, en regardant cette maison, il était certain de ne pas commettre d’erreur. C’était là, dans cette maison magnifique, qu’il allait passer le peu de temps libre que ses journées bien remplies lui laissaient.

Même s’il allait y vivre seul comme un chien.

— Ça n'a pas l'air d'aller bien fort, lui dit l'homme. Il y a quelque chose qui ne vous plaît pas ?

— Non ! Pas du tout. La maison est splendide. Dans combien de temps pensez-vous avoir fini les travaux ?

— D'ici trois semaines.

— Fini les vieux meubles et la naphtaline !

— C'est sûr ! Allez, venez, je vais vous montrer les dernières avancées.

Dans le taxi, Tessa sentit une boule se former dans sa gorge. Quand elle avait dit à Drake qu'elle prendrait un taxi, il n'avait pas réagi outre mesure. Il l'avait laissée faire, sans protester.

Quelle idiote elle était ! De quoi avait-elle peur ? Pourquoi craignait-elle à ce point qu'il fasse voler sa petite vie en éclats ?

Pourquoi refusait-elle de partager avec lui la joie que Lily aille bien ? C'était d'ailleurs en partie grâce à lui si Lily s'était laissé examiner tranquillement. Elle s'était calmée dès qu'elle l'avait vu et s'était même endormie dans ses bras. Lily appréciait Drake. Elle avait confiance en lui.

Tessa soupira. Pourquoi cela la gênait-il ?

Pourquoi avait-elle préféré prendre un taxi ?

On était dimanche, elle ne verrait pas Drake avant le lundi matin. Peut-être pourrait-elle aller le voir et le remercier pour tout ce qu'il avait fait pour Lily et elle ?

En attendant, elle allait passer la journée à préparer de la purée et de la compote pour sa fille.

Le soir, alors que Lily dormait dans sa chambre, Tessa entendit le bruit d'une voiture qu'elle ne reconnut pas. Poussée par la curiosité, elle alla regarder par la fenêtre. Le cœur battant, elle vit Drake descendre du véhicule et se diriger vers la porte d'entrée.

— J'ai attendu que Lily soit couchée pour venir. Je ne voulais pas être plus intrusif que je ne l'ai été hier.

Elle le fit entrer, un peu gênée. Il avait été présent quand elle avait eu besoin de lui, c'était cela qu'il qualifiait d'intrusion ? Elle eut envie de se jeter à son cou et de lui dire qu'elle voulait qu'il revienne dans sa vie. Mais il prit la parole avant elle.

— Tu ne voulais pas que je vienne vous chercher, ce matin, alors j'ai passé la journée avec le propriétaire de la maison que je suis en train d'acheter. Et je suis allé chercher cette nouvelle voiture au garage.

— D'accord, dit-elle. Drake, je suis désolée. Je n'ai même pas relevé quand tu m'as dit que tu voulais acheter une maison. J'imagine que tu n'as pas envie de t'éterniser dans la grosse bâtisse ?

— C'est en partie cela, mais ce n'est pas la raison principale. En fait, je suis littéralement tombé amoureux de cette maison. Quand je l'ai vue, j'ai eu envie qu'elle soit à moi. Je crois que je suis en train de changer de point de vue sur pas mal de choses.

— Où est-elle, cette maison ? demanda-t-elle sans relever sa dernière remarque.

— Dans un village. Je devrai faire le trajet tous les jours, mais cela en vaut la peine. Bref. Je suis venu prendre des nouvelles de Lily. Comment va-t-elle ?

— Tout va bien, semble-t-il. Notre dimanche a été plus tranquille que le tien. Et je pourrai retourner travailler demain matin.

— Je suis content de l'entendre. Cela dit, tu pourrais prendre ta journée pour te remettre de ton week-end agité. L'hôpital peut bien se passer de toi quelques heures.

— Mon poste à l'hôpital est bien moins important que le tien, j'en ai bien conscience, répondit-elle sur un ton ironique. Mais je suis une mère qui travaille et je prends mes responsabilités très au sérieux.

— Je sais, et c'est une des raisons pour lesquelles je t'admire. Mais tu peux aussi accepter que l'on t'aide. Tout ce que tu as à faire, c'est demander. Mais maintenant que je suis rassuré sur l'état de Lily, je vais te laisser.

Elle n'eut pas le temps de trouver une repartie pour le retenir qu'il se dirigeait déjà vers sa voiture flambant neuve. Comment pouvait-elle résister à son charisme et sa virilité ? Ils transformaient ses jambes en coton et son cœur en plomb.

A l'étage, Lily gémit dans son sommeil. Lorsque Tessa entra dans sa chambre, l'ironie de la situation lui apparut, éclatante.

Lily aimait Drake et serait ravie qu'il fasse partie de sa vie. Elle, en revanche, avait peur de raviver la flamme d'un amour qui l'avait laissée meurtrie. Que faire ? Objectivement, le seul remède était d'éviter Drake autant que possible. Ce qui, vu les circonstances, était impossible.

A y bien réfléchir, elle ne pouvait pas lui reprocher de ne pas avoir respecté l'accord qu'ils avaient conclu à l'époque. C'était elle qui l'avait transgressé.

Les derniers rayons du soleil glissèrent derrière les collines, lui rappelant la dernière fois où ils avaient fait l'amour. Comme ce jour-là, son cœur se serra jusqu'à lui faire mal.

7

Le lendemain, Tessa tenta d'inspecter la bouche de Lily avant d'aller la déposer chez Lizzie, comme n'importe quel matin. Mais sa fille était trop intéressée par le contenu de son assiette pour coopérer. Au moment où Tessa allait renoncer, le téléphone sonna.

— Bonjour, Tessa, dit Drake au bout de la ligne. Veux-tu que je passe examiner Lily avant que tu l'emmènes chez ton amie ? A moins que tu aies déjà inspecté sa bouche ?

Elle leva les yeux au ciel. Le chouchou de sa fille allait revenir ! Avec lui, Lily ouvrirait tout grand la bouche, sans se faire prier, petit déjeuner ou pas.

— Ce n'est pas faute d'avoir essayé, mais je n'y suis pas parvenue. Passe si tu peux. Je serai rassurée. Merci.

— Dans combien de temps partez-vous ?

— D'ici trois quarts d'heure.

— Parfait, j'arrive.

Elle qui voulait désormais l'éviter !

Mais que faire ? Elle ne pouvait pas lui reprocher de prendre soin de sa fille, même si cela mettait sa vie à elle sens dessus dessous.

— Tout a l'air d'aller bien, dit Drake à Tessa.

Dès qu'il le lui avait demandé, Lily avait ouvert grand la bouche pour qu'il examine son palais.

— Si tu veux, je peux même la déposer chez tes amis, pour t'épargner le trajet.

— C'est gentil, je vais m'en charger. Mais j'ai moi aussi une proposition à te faire.

Il la regarda en souriant.

— Laisse-moi deviner… Tu ne veux plus que je m'immisce dans ta vie ?

— Non, pas du tout. Je voulais simplement te proposer un petit déjeuner. Je ne suis pas sûre que tu aies eu le temps de manger avant de partir.

— C'est une proposition très tentante, mais il faut malheureusement que je file. Le temps de tout préparer…

— C'est déjà prêt, dit-elle. J'ai fait des œufs et du bacon. Le thé et les toasts seront chauds en quelques minutes. Assieds-toi.

— Tessa, pourquoi fais-tu tout cela alors que j'ai l'impression que tu ne veux pas de moi ?

— Je ne sais pas, dit-elle en posant une assiette devant lui. Soit je suis en train de faire n'importe quoi, soit c'est une manière de m'excuser pour la façon dont je me suis comportée hier.

— Hier ? fit-il sans comprendre.

— Oui, à propos du taxi.

— Ce n'est rien. Cela ne m'a pas empêché de passer une bonne journée, dit-il en repensant à sa jolie maison et en chassant sa crainte de s'y retrouver seul.

Il ne regretta pas le petit déjeuner, qu'il engloutit avec appétit. Il aurait aimé s'attarder et, pourquoi pas, passer la journée à lézarder avec Tessa. Mais le travail l'attendait.

— Dis-moi quand tu seras libre pour que j'examine ton œil, dit-il en se levant.

Elle haussa les épaules.

— Pas aujourd'hui, je vais avoir une journée chargée. J'ai laissé Jennifer en plan, l'autre soir, sur la péniche, et il faut que je fasse le point sur la soirée avec elle. Demain ?

— D'accord. Je t'appelle pour te proposer une heure. Mais surtout, ne te fais pas de souci.

Il dut déployer des efforts surhumains pour ne pas la prendre et la serrer dans ses bras, comme lorsqu'ils avaient dansé ensemble. Mais il n'avait pas envie d'essuyer une rebuffade de bon matin. La nouvelle Tessa était imprévisible et il avait besoin d'avoir les idées claires pour affronter la journée qui l'attendait à l'hôpital.

Il se pencha vers Lily et lui caressa la tête.

— Merci pour le petit déjeuner, dit-il en se redressant. A plus tard !

Il regagna sa voiture et démarra. Il était partagé entre le soulagement de ne plus être seul avec elle et l'inquiétude qu'il éprouvait au sujet de son état de santé.

En observant discrètement son œil, dans la cuisine, il ne lui avait pas semblé déceler de progrès significatif. Certes, il était trop tôt pour prendre la décision de l'opérer, mais, le cas échéant, il devrait la convaincre du bien-fondé de l'intervention.

Il comprenait son inquiétude au sujet de sa fille qui, à part Randolph, n'avait pas d'autre famille qu'elle. Mais peut-être cela cachait-il aussi la peur qu'il s'immisce encore davantage dans son existence.

Son attitude vis-à-vis de lui s'était assouplie, mais pas au point de vouloir reprendre la relation qu'ils avaient avant qu'il parte pour la Suisse. Il allait devoir agir avec délicatesse et faire son possible pour dissiper ses craintes.

Trop de questions restaient encore en suspens entre eux.

Les bâtiments de l'ancienne filature qui était devenue Les Horizons apparurent, avec, en fond, les collines qu'il aimait tant.

Tessa voudrait-elle un jour de lui ? Aurait-elle besoin de lui comme lui avait besoin d'elle ? S'illusionnait-il complètement en imaginant vivre un jour sous le même toit qu'elle ?

Il se gara. Dès qu'il pénétra dans l'hôpital, les préoccupations professionnelles balayèrent les questions d'ordre sentimental. Il passa la matinée en consultation, l'après-midi au bloc opératoire, et termina la journée avec Randolph. Il avait rendez-vous pour un bilan préopératoire, avant l'intervention sur sa seconde cataracte.

— Puis-je vous poser une question personnelle ? demanda Drake à la fin de la consultation.

— Bien sûr ! répondit chaleureusement le vieil homme.

L'affection que Drake avait pour lui semblait réciproque.

— Est-ce que je ressemble, même vaguement, au père de Lily ?

— Sans aucun doute, répondit Randolph. Comme vous, il était grand, brun. Vous avez un peu les mêmes traits, et les yeux noisette. Je pense que c'est ce qui attire Lily en vous. Mais la pauvre petite ne comprend pas la tension qu'il y a entre Tessa et vous. Comment se fait-il que vous n'arriviez pas à sympathiser ?

— En fait, nous avons eu une histoire avant que je parte travailler en Suisse. Je crois qu'elle m'en veut de l'avoir quittée aussi facilement. Il m'a fallu du temps pour me rendre compte que je m'étais comporté comme un crétin et que je l'avais fait souffrir.

— Ah ! C'est donc ça ! Je me demandais... Mais, dites-moi, ça doit pouvoir s'arranger ?

— Je l'espère. De mon côté, je fais tout pour.

Il avait fait à Tessa la promesse de ne pas évoquer son hyperthyroïdie avec Randolph. Il ne pouvait donc pas lui dire à quel point il se souciait avant tout de sa santé.

Il devait attendre les résultats des analyses après médication. Le traitement visait d'abord à disperser une accumulation de liquide et de cellules derrière l'orbite. Une fois cette première étape franchie, il pourrait poser un diagnostic. C'était une question de patience, avant toute autre chose.

Lorsque Drake vit Tessa, le lendemain, elle était pâle et avait l'air tendu.

Elle avait parlé au téléphone avec sa tante, la sœur cadette de sa mère, qui était décédée quand elle était adolescente.

Tante Sophie lui avait appris qu'elle-même avait souffert d'hyperthyroïdie, de même que sa mère. De toute évidence, c'était un problème récurrent dans la famille.

Drake eut envie de la prendre dans ses bras et de la rassurer, de lui dire qu'il serait toujours là pour elle. Mais vu l'expression de son visage, il valait mieux que l'entretien demeure strictement professionnel. Elle s'adressait au médecin, pas à l'ami, et voulait avant tout un avis médical.

Il avait déjà disparu du jour au lendemain. Il l'avait déçue une fois, elle était échaudée et n'aurait plus jamais confiance en lui.

— L'hyperthyroïdie peut être héréditaire, en effet, dit-il. Mais les médicaments peuvent s'avérer très efficaces dans tous les cas. Nous en saurons plus quand j'aurai examiné ton œil.

Elle s'installa près de l'appareil.

— La situation s'est améliorée, dit-il après avoir procédé à un examen minutieux. De ton côté, sens-tu une différence ? L'inconfort que tu éprouvais a-t-il diminué ?

— Un peu, j'ai l'impression, dit-elle, souriant pour la première fois depuis qu'elle était entrée dans la pièce. J'ai lu pas mal de choses sur internet. Il y a de quoi s'inquiéter... Alors... merci d'être là, Drake.

— Tu n'as pas à me remercier, dit-il en lui rendant son sourire. Je ne fais que mon travail. Que dirais-tu si je t'invitais à déjeuner pour fêter cette bonne nouvelle ? Dans un endroit un peu plus chic que la cafétéria de l'hôpital, cela va sans dire.

Un silence embarrassé tomba dans le bureau.

— Je suis désolée, répondit-elle finalement. Tu ne trouves pas que nous nous voyons déjà suffisamment en ce moment ? De loin en loin, certes, mais tout de même...

— Tu as raison, gardons nos distances ! fit-il sèchement. Je voulais juste t'inviter à partager un déjeuner, Tessa.

Elle déglutit, gênée.

Ne comprenait-il pas que, si elle refusait même un simple déjeuner, c'était par peur ? Peur qu'il l'embrasse, peur de ne pas résister ? Si elle gardait ses distances et s'interdisait de se rapprocher de lui, c'était parce qu'elle redoutait plus que tout qu'il la quitte un jour, comme il l'avait déjà fait. Or, cette fois, elle ne serait pas la seule à souffrir. Lily était là, qui l'aimait déjà, elle aussi. L'idée que sa fille se sente abandonnée s'il repartait pour un poste à l'autre bout du monde était insupportable.

Cela dit, il avait raison. Il ne s'agissait que d'un repas.

Elle soupira.

— D'accord pour un déjeuner. Mais en semaine, si possible. Je ne veux pas demander à Lizzie de garder Lily plus qu'elle ne le fait déjà.

Il opina.

— D'accord. Que dis-tu de demain midi ? Je vais essayer de dégager un peu de temps. Penses-tu qu'il te soit possible de faire de même ?

— Oui, bien sûr, bredouilla-t-elle.

De retour dans son bureau, elle eut l'impression que Jennifer la regardait d'un drôle d'air.

En dépit de sa réticence à se retrouver seule avec Drake, Tessa passa beaucoup de temps devant son miroir, le lendemain matin, pour essayer de trouver les vêtements adaptés à un déjeuner entre... collègues ? Amis ? Depuis qu'il était revenu à Glenminster, il l'avait rarement vue dans d'autres vêtements que ses tenues de travail. Après avoir reposé son tailleur bleu marine sur sa chaise, elle passa sa garde-robe en revue.

Il y avait bien longtemps qu'elle ne s'était pas fait belle pour quelqu'un, qu'elle n'avait pas choisi avec soin ses vêtements et ses bijoux. Une petite robe en lin bleu turquoise attira son regard.

Combien de fois lui avait-il dit qu'il l'adorait dedans ?

Si elle la mettait ce jour-là, quel message enverrait-elle ? Cela signifierait qu'elle avait beau être la mère d'une petite fille, elle n'en demeurait pas moins femme. Une femme séduisante, qui faisait tourner les têtes sur son passage.

Que répondrait-elle s'il lui présentait ses excuses pour son départ en Suisse ? Plus le temps passait, plus elle se sentait prête à le pardonner.

Cela ne l'empêchait pas de redouter le moment où il viendrait frapper à sa porte au petit matin comme il l'avait fait des années plus tôt. Elle ne résisterait pas aujourd'hui, pas plus qu'à l'époque. Elle aurait envie qu'il la porte jusque dans sa chambre et que leurs deux corps se mêlent.

Sauf qu'elle n'était plus seule dans cette maison. Lily serait là, dormant dans sa jolie petite chambre. Drake ne tenterait rien qui puisse bouleverser cette enfant qui le prenait parfois pour un père.

Elle rangea la robe turquoise dans l'armoire. Drake pouvait mal interpréter certains signaux. Comment l'aurait-elle ensuite convaincu de sa bonne foi ?

Elle opta pour un petit haut de soie abricot, un slim crème et des escarpins. Lorsqu'elle arriva au bureau, Jennifer ne cacha pas son étonnement.

— Que se passe-t-il, aujourd'hui ? Vous sortez ce soir, directement après le travail ?

— Non. Il se trouve que Drake Melford m'a invitée à déjeuner. J'ai un problème à l'œil et il souhaite que nous en discutions dans un endroit un peu plus relaxant que l'hôpital. Alors je me suis un peu habillée...

— Vous avez raison de lui montrer à quel point vous êtes jolie dans d'autres vêtements que votre tenue de travail, dit Jennifer en souriant. Il va tomber à la renverse.

Tessa sourit poliment, sentant le doute l'assaillir.

Elle ne croisa pas Drake de la matinée, mais l'appela brièvement pour lui donner rendez-vous sur le parking à 11 h 30.

Vers 11 h 25, elle sortit de son bureau, plus confuse que jamais. Pourquoi n'avait-elle pas enfilé son tailleur bleu ? Maintenant elle remontait les couloirs avec l'impression d'être aussi voyante qu'un sapin de Noël.

Lorsque Drake sortit sur le parking, il eut une sorte de sursaut en apercevant Tessa. Il avait proposé ce déjeuner simplement parce qu'il avait envie d'être seul avec elle. L'amélioration de son état n'était qu'un prétexte. Aussi n'imaginait-il pas qu'elle s'habillerait pour l'occasion.

Cherchait-elle à le séduire, ou était-ce une façon de se moquer de lui ?

Il aurait aimé savoir. Mais peu importait. La joie d'être en sa compagnie l'emporta, avec l'espoir qu'ils puissent oublier un moment les souffrances du passé.

— C'est bien de te voir autrement qu'en uniforme, dit-il en souriant.

Il décida de ne pas ajouter de commentaire, par peur de dire la mauvaise chose au mauvais moment. Il mit le contact et sortit du parking.

— Cela fait du bien de changer de temps en temps, répondit-elle sur le même ton, jetant un coup d'œil sur son costume.

— J'ai réservé une table dans le restaurant du nouvel hôtel qu'ils ont construit dans les jardins, au bout de la promenade, dit-il alors qu'ils entraient en ville.

Il avait pris garde à ne pas choisir un endroit dans lequel ils étaient déjà allés ensemble. Il gara la voiture et, quelques instants plus tard, ils entrèrent dans le restaurant où un serveur les conduisit à leur table.

— Comment va Lily ? demanda-t-il une fois assis.

— Bien, Dieu merci.

— Elle a eu de la chance de se blesser au palais plutôt qu'en un autre endroit de la bouche. Le palais peut se refermer assez rapidement, une blessure ailleurs aurait pu être beaucoup plus dramatique. Tu sais, quand Randolph est venu en consultation, l'autre jour, je lui ai demandé si, par hasard, je ressemblais au père de Lily. D'après lui nous avons beaucoup de points communs, physiquement parlant. Je n'ai vraiment rien fait de particulier pour attirer ta fille et je ne l'ai pas utilisée pour m'immiscer dans ta vie.

— Cela m'a effleuré l'esprit, au début. Mais je ne le pense

plus. C'est juste une coïncidence, et si cela peut rendre Lily heureuse, cela me va.

— Oui, tant que cela s'arrête là, dit-il sèchement.

— Disons que Lily a déjà un père, qui, bien indépendamment de sa volonté, a disparu du jour au lendemain. Ce serait affreux pour elle si, après avoir retrouvé un papa, ce dernier décidait de repartir prendre l'air ailleurs.

Si elle savait ce qu'il avait vécu en Suisse ! Il y faisait tout le temps froid et il avait passé trois ans à regretter d'être parti sans elle et sans garder le contact.

Mais il ne l'avait pas invitée pour ressasser le passé et ses vieilles douleurs. L'objectif de ce déjeuner était plutôt de la tranquilliser au sujet de sa thyroïde et de l'impact de son hyperactivité sur son œil.

Les analyses de sang révélaient une légère amélioration de la situation, mais il n'était pas encore en mesure de lui donner de verdict définitif. L'hyperthyroïdie était toujours plus complexe à traiter que l'hypothyroïdie.

Quelques années auparavant, il avait procédé à l'ablation de quatre glandes parathyroïdes qui avaient anormalement grossi chez une femme âgée. Le risque était d'engendrer une augmentation du calcium sanguin, l'apparition de tumeurs bénignes, et de provoquer des lésions aux reins. D'autres maladies graves étaient également à craindre.

Tessa pouvait très bien se trouver dans une situation similaire.

Cela dit, aucun autre symptôme que la légère exorbitation d'un œil ne s'était manifesté jusqu'à présent, et les résultats des analyses étaient plutôt encourageants. Mais il ne pouvait pas se prononcer tant que les médicaments n'avaient pas eu le temps d'agir.

— La pression sanguine a commencé à diminuer autour du nerf optique. Même si le traitement n'est pas terminé, nous avons tout de même de quoi nous réjouir.

Le serveur apporta les plats et ils se mirent à manger.

— Où se trouve la maison que tu veux acheter, Drake ? demanda-t-elle après quelques bouchées.

— Dans un village. Je peux te la montrer, si tu veux.

— Tu vas y vivre seul ? demanda-t-elle, ignorant sa proposition.

— Je pourrais y vivre avec quelqu'un, si j'arrivais à la convaincre. De toute façon, la maison n'est pas tout à fait habitable pour l'instant. Mais d'ici deux ou trois semaines, je quitterai enfin le blockhaus près de l'hôpital. Tu me donneras des conseils d'aménagement ?

Elle le regarda, un peu déstabilisée.

— Heu... Oui, si tu veux. Mais je ne veux pas te faire faire des choses qui ne seraient pas du goût de tout le monde.

— Ce qui compte, c'est que cela me plaise, à moi. Je me fiche pas mal de l'avis des autres, fit-il avec un grand sourire.

Il était et demeurait l'homme le plus séduisant qu'elle ait jamais rencontré. Pas étonnant qu'elle l'ait adoré dès le premier regard. Pas étonnant non plus que lui résister exige autant d'efforts d'elle.

Les quelques instants sur la piste de danse, le baiser dans la roseraie et le désir qu'ils avaient ressenti tous les deux dans la cuisine étaient une oasis dans le désert de sa vie. Mais pouvait-elle mettre en péril l'équilibre qu'elle avait atteint avec Lily ?

Ils terminèrent le repas et sortirent du restaurant. Comme il leur restait un peu de temps avant de retourner travailler, Drake suggéra qu'ils fassent quelques pas dans les somptueux jardins de l'hôtel.

— Quand je suis passé, l'autre jour, il y avait un mariage. J'ai trouvé que c'était un cadre magnifique.

— En effet, répondit-elle.

Elle fut soudain submergée par la mélancolie. C'était le genre de réflexion qu'elle n'avait pas envie de partager avec lui. D'ailleurs, pourquoi cet homme qui avait tant raillé le mariage se pâmait-il à présent devant un couple photographié dans un beau jardin ?

Elle avait du mal à reconnaître le Drake qu'elle connaissait. Le nouveau Drake semblait apprécier la compagnie de sa fille, était sur le point d'acheter une maison et s'émouvait d'une cérémonie de mariage. Qu'était devenu l'homme qui l'avait quittée sans états d'âme pour un poste prestigieux ?

Cela dit, il avait raison, les jardins de l'hôtel étaient magnifiques. Ces moments de tranquillité avaient le goût d'une promesse.

Mais une promesse de quoi ?

Ils avaient été proches, à une époque qui était révolue, désormais. Depuis, elle avait construit sa vie autour de son adorable petite fille et trouvé une harmonie. Avait-elle envie qu'il en soit autrement ?

Tandis qu'ils avançaient dans les allées, Drake jeta un coup d'œil furtif à Tessa. Vu son expression, il avait peu de chances de la convaincre de sortir avec lui comme par le passé.

Il faudrait qu'il prenne davantage de risques, qu'il trouve des arguments plus forts.

Et s'il la demandait en mariage ?

Ce n'était pas le bon moment. Elle était impatiente de rentrer à l'hôpital, de revenir à la réalité.

Il reprit le chemin du parking, incapable d'ignorer le soulagement qu'il lut sur son visage.

Lorsqu'ils arrivèrent à l'hôpital, Drake s'attendait à ce que Tessa bondisse hors de la voiture et le salue à la hâte. Au lieu de cela, elle se tourna vers lui.

— Voudrais-tu venir manger chez nous un jour ? demanda-t-elle.

Il la dévisagea.

— Ne te sens pas obligée de me rendre l'invitation. Ce déjeuner était simplement une façon de fêter les bons résultats de tes analyses.

— Tu n'as pas envie de voir Lily ?

— Bien sûr que si ! Mais pas si tu fais les choses par obligation.

— Qu'est-ce qui te fait dire que je me force ?

Il revit l'expression de son visage dans le jardin de l'hôtel.

— Tu avais l'air de tellement t'ennuyer, tout à l'heure.

— Tu te trompes. En fait, je ne te reconnais plus. J'ai l'impression que tu as changé, que ta vision des choses a changé. Tu te mets à accepter des choses que tu rejetais totalement, auparavant.

— Et alors ? C'est interdit ?

— Non, bien sûr ! Mais, personnellement, j'ai complètement réorganisé ma vie après ton départ. Alors que j'essayais de recoller les morceaux d'un amour que je croyais éternel, j'ai découvert qu'aimer un enfant était bien moins douloureux qu'aimer un homme.

— Es-tu en train de me dire que tu n'aimeras plus jamais un homme, que tu comptes rester seule avec Lily pour le restant de tes jours, dans le petit cocon que tu as tissé autour de vous ?

Sans répondre, elle consulta l'horloge sur le mur de l'hôpital.

— J'ai rendez-vous avec un nouveau fournisseur de restauration dans dix minutes. Il faut que j'y aille.

— Moi aussi. J'ai une opération de la cataracte cet après-midi.

— J'espère que tout se passera bien. Ton métier est tellement plus important que ce que je fais.

— C'est faux. Nos patients ont autant besoin de bien se nourrir que de bien voir. J'accepte ton invitation, si elle tient toujours.

Elle sourit.

— Bien sûr qu'elle tient toujours. Es-tu libre ce week-end ? Lily pourra rester plus longtemps avec nous à l'heure du déjeuner que si tu viens le soir. Quel jour te convient ?

— Dimanche, si cela te va. En général, je travaille le samedi.

Ils sortirent de la voiture et se dirigèrent chacun de leur côté, avec l'heureuse impression que l'horizon se dégageait.

Lorsque Drake arriva chez Tessa le dimanche matin, Lily était dans l'allée, fonçant à toute allure sur une petite trottinette.

Quand il coupa le contact, elle s'immobilisa, essayant de deviner qui venait se garer là. Puis, lorsqu'elle le reconnut, elle lâcha sa trottinette et courut dans sa direction.

— Papa ! s'exclama-t-elle en sautant dans ses bras.

Tessa était sortie et avait suivi la scène. Leurs regards se croisèrent par-dessus les boucles brunes de Lily. La joie tranquille qu'elle éprouvait depuis son réveil avait disparu. Il faudrait qu'elle parle à Lily après le départ de Drake, afin de clarifier une situation qui la plongeait manifestement dans la confusion la plus totale.

Drake lui adressa un sourire mitigé et reposa Lily sur sa trottinette. La fillette, enchantée de son nouveau moyen de locomotion, se remit à pousser et fila à toute vitesse.

— Tu sais, je ne t'ai pas tout dit de ma conversation avec Randolph, l'autre jour, dit-il quand Lily se fut éloignée. Il a confirmé que je ressemblais physiquement au père de Lily, mais pas seulement. Je lui ai demandé si, selon lui, cet homme aurait vu d'un mauvais œil que sa fille appelle un jour un autre homme papa. Randolph est persuadé que non, pas du tout, et que, de là où ils sont, sa fille et son gendre souhaiteraient seulement que leur petite fille soit heureuse. Le père de Lily était apparemment une personne adorable, tout ce qui faisait le bonheur de Lily le rendait lui-même heureux.

Tessa avait préparé des plats que Drake aimait. En voyant son sourire, elle se remémora toutes les fois où ils avaient fait l'amour pendant que des plats mijotaient tranquillement dans la cuisine.

Cela avait été des moments de plaisir et d'insouciance, chargés de l'espoir que cette vie sans responsabilités se poursuive.

Mais où cela les avait-il amenés ?

Tessa se sentit vaciller. Il aurait été tellement facile de laisser Drake entrer dans leur vie. Lily n'attendait que cela.

Mais ce n'était pas la solution.

Elle avait réussi à créer une bulle à l'abri de la tristesse et de la souffrance, malgré le souvenir brûlant des bras de Drake, de son odeur, de sa peau. Malgré tout ce qui avait disparu brutalement de sa vie et dont elle savait que cela ne pourrait plus exister qu'en rêve.

— Je ne veux rien changer à notre situation, dit-elle. Tu vas aller vivre dans ta nouvelle maison, mais nous resterons ici, chez nous. Cela dit, tu pourras voir Lily quand tu voudras, à condition qu'elle en ait envie également et que tu sois là pour elle quand elle aura besoin de toi.

Elle regretta ses paroles dès qu'elle les eut prononcées, mais il était trop tard pour revenir en arrière.

Il lui adressa un regard glacial.

— Je ne suis pas idiot, Tessa. A l'époque, nous étions d'accord sur les règles que nous avions fixées. Tu ne peux pas éternellement m'accuser d'être parti.

Que pouvait-elle faire d'autre ? Ne voyait-il pas que son départ avait fait voler sa vie en éclats ? Elle ne pourrait pas affronter cela une autre fois.

Pourtant, Drake semblait si confiant. Et il ne manquait pas une occasion de lui faire comprendre qu'elle avait sa part de responsabilité dans ce qui s'était passé.

Devait-elle le croire et tenter l'aventure avec lui ?

— Lançons le lave-vaisselle et allons jouer dans le jardin, dit-il d'un ton sec. Lily ne doit pas souffrir de la tension qu'il y a entre nous.

— Tu as raison, répondit-elle en retenant ses larmes.

Combien de temps serait-elle capable de jouer cette comédie ? Les paroles de Randolph au sujet du père de Lily lui donnaient l'impression d'être prise dans un enchevêtrement de relations trop compliquées.

Entre Drake, Lily et elle, plus rien n'était simple ni clair, désormais.

8

Cette nuit-là, Tessa fit un rêve merveilleux, où elle était dans les bras de Drake.

Le réveil fut brutal et lorsqu'elle se leva, le lundi matin, elle n'avait aucun entrain, ni physiquement ni psychologiquement.

Sa petite mine n'échappa pas à Lizzie, lorsqu'elle lui déposa Lily.

— Comment s'est passé ton dimanche ? demanda-t-elle.

Pour toute réponse, Tessa retourna sa main, pouce baissé, avant de regagner sa voiture.

Après cette malheureuse journée, elle espérait ne pas croiser Drake ce jour-là. Peine perdue ! En arrivant, elle le trouva assis sur un coin de son bureau, bavardant tranquillement avec Jennifer.

— Bonjour ! fit-il lorsqu'elle entra. Je suis passé fixer ton prochain rendez-vous. Le traitement a l'air de fonctionner, ce serait bien que j'examine tes yeux plus fréquemment.

Le téléphone sonna. Jennifer décrocha, et Drake se pencha vers Tessa.

— Il faut que je te parle, dit-il à mi-voix. Quand puis-je te voir seule ?

— Je ne sais pas. Je ne crois pas que...

— Tessa, j'en ai assez d'être considéré comme ton pire ennemi.

— A la pause déjeuner, chez toi ? dit-elle à contrecœur.

Il opina et sortit du bureau.

Pourquoi avait-elle aussi vite accepté sa proposition, une fois de plus ?

Lorsque l'heure du déjeuner arriva, elle se dirigea vers la grande maison. Son principal attrait était décidément sa proximité avec l'hôpital.

Drake l'accueillit sans sourire et l'invita à s'asseoir dans l'immense salon. Elle prit place sur le canapé, pressentant que ce qu'il avait à lui dire ne serait pas agréable.

— Quand je suis rentré dimanche soir, j'avais un message d'un cabinet médical canadien. Ils me proposent un poste identique à celui que j'ai ici. Dans quinze jours, je vais faire l'aller-retour pour étudier la proposition de plus près.

C'était bref, concis et... invraisemblable.

Il s'apprêtait à partir, à sortir de leur vie. Le soulagement envahit Tessa, puis la réalité lui sauta au visage.

— Tu ne peux pas nous quitter comme ça ! s'exclama-t-elle d'une voix étranglée. Qu'est-ce que je vais dire à Lily ?

— Il n'y a que Lily que mon départ va affecter ? Et toi, dans tout ça ? Que penses-tu ?

— Peu importe ce que je pense. Je ne veux pas que Lily souffre. Elle en a suffisamment enduré comme cela. Elle est petite et vulnérable.

Les larmes lui vinrent aux yeux. Lily n'était pas le seul être vulnérable dans cette situation. Elle avait déployé tant d'efforts pour faire face au retour de Drake et à ses conséquences sur sa vie. Mais elle n'y parvenait pas. Elle était démunie, perdue.

Lorsqu'il était parti pour la Suisse, elle avait dû ramasser les morceaux. S'il partait maintenant, serait-elle capable de reprendre le cours de sa vie avec Lily comme si de rien n'était ?

— En fait, dit-il, j'ai accepté d'étudier cette proposition au Canada parce que tu m'as clairement fait comprendre que tu ne voulais pas de moi. Lily m'oubliera vite si elle ne me voit plus. Et si tu te maries un jour, elle aura un nouveau papa, comme elle a une nouvelle maman, et tout ira bien.

— Comment peux-tu parler avec autant de légèreté d'un

sujet aussi important ? demanda-t-elle en s'efforçant de ne pas perdre le contrôle de ses émotions. C'est tout ce que tu avais à me dire ?

— Oui, répondit-il. Je n'ai rien prémédité, Tessa. Cette proposition est tombée du ciel, au bon moment, semble-t-il, pour l'un comme pour l'autre.

— Pour toi, peut-être, rétorqua-t-elle. Mais ni pour moi ni pour Lily. Sans compter que tu m'avais promis que tu t'occuperais en personne de mon œil. Qu'est-ce que tu comptes faire ? Refourguer mon cas à ton successeur ?

— Je trouverai une solution, ne t'inquiète pas. Et même si j'accepte ce poste, je ne vais pas vivre sur la lune. Je pourrai prendre l'avion.

— Et la maison que tu voulais acheter ?

— Je vais l'acheter, quoi qu'il arrive. Je la garderai comme maison de vacances ou je la louerai.

— C'est tout ? dit-elle en se levant. Tu n'as pas d'autres nouvelles à me donner ?

— Non, dit-il en secouant la tête. Tessa, tu ne peux pas avoir le beurre et l'argent du beurre. Tu ne veux pas de moi, mais tu piques une crise si je m'en vais.

En un éclair, elle sortit en claquant la porte.

Elle retourna dans son bureau, où l'après-midi s'étira lentement.

Elle s'efforça tant bien que mal de se concentrer sur son travail, tandis que Jennifer lui racontait par le menu le magnifique week-end qu'elle avait passé avec son nouveau compagnon.

La menace d'un nouveau départ de Drake la minait. Il avait l'air de penser qu'elle était responsable de la situation.

L'était-elle ?

Depuis qu'il était revenu à Glenminster, il avait déployé des trésors de gentillesse et de prévenance. Tout ce qu'elle avait trouvé à lui donner en retour, c'était de la froideur, de la méfiance. Pas étonnant qu'il ait envie de prendre ses jambes à son cou. D'ici quinze jours, il s'envolerait pour le Canada, pour étudier une proposition d'embauche qui ne pouvait être que prodigieuse, vu son niveau de compétence et sa réputation dans le monde de l'ophtalmologie.

Il lui faudrait bien cela pour l'attirer loin de Glenminster et des Horizons.

— Tu as une mine terrible. Que se passe-t-il ? demanda Lizzie lorsque Tessa arriva chez elle après son affreuse journée.

— Drake a reçu une proposition d'un hôpital au Canada. Il a rendez-vous là-bas dans quinze jours pour en parler. Tout est ma faute, Lizzie ! Il en a assez que je ne lui fasse pas confiance, que je garde mes distances. C'est vrai que je me suis montrée grossière et blessante, parfois. Quand il est parti la première fois, j'étais aussi responsable que lui. Alors que là, tout est ma faute !

Elle poussa un profond soupir.

— Hier, Lily l'a appelé papa. Cela ne m'a pas dérangée jusqu'au moment où nous avons commencé à nous disputer. Tout cela pour finir par faire semblant de jouer avec elle dans le jardin. Puis il est parti fâché — jamais nous n'en étions arrivés là. Comme par hasard, lorsqu'il est arrivé chez lui, le message du Canada l'attendait.

Lizzie la regardait d'un œil attristé.

— Tessa, dit-elle, quand finiras-tu par admettre que tu l'aimes encore ?

— Autant me demander d'escalader l'Everest. Pourquoi faut-il que Drake Melford soit revenu à Glenminster ? Pourquoi n'est-ce pas quelqu'un d'autre ? N'importe qui ! Drake adore la région, et l'hôpital, et tout ce que je trouve à faire, c'est le faire fuir. La seule façon de reconnaître que je l'aime encore serait de faire quelque chose qui lui permette de rester ici.

— Du genre ?

— Je vais quitter la ville. Lui laisser le champ libre. Il pourra s'installer dans la maison qu'il compte acheter et vivre heureux, sans que je sois là à le juger en permanence.

— N'importe quoi !

— Et pourquoi pas ? Il faut que je lui dise que ce n'est pas la peine qu'il parte pour être loin de moi, que c'est moi qui vais partir. L'hôpital a besoin de lui, Lizzie. Si je ne peux pas le convaincre avant son entretien au Canada, je ferai en sorte de ne plus être là à son retour. Je peux mettre ma maison en vente et trouver une location pas trop loin, le temps que...

— Mais où veux-tu aller ? demanda Lizzie, les yeux écarquillés.

— Peut-être dans le Devon, ou ailleurs. Je ne veux pas trop m'éloigner, pour continuer à te voir et rendre visite à Randolph. Mais je voudrais que tu n'en parles à personne, excepté Daniel. Tu ferais ça pour moi ?

— Evidemment ! Mais c'est bizarre... Vous allez nous manquer...

— Ne complique pas les choses, Lizzie, dit-elle en jetant un coup d'œil à Lily qui jouait joyeusement dans le jardin avec les jumeaux.

Sur le chemin du retour, elle remarqua un camion garé à l'entrée du parc. Des employés de la voirie étaient en train de démonter les bancs afin de les changer.

Elle s'arrêta près du camion.

— Est-ce que je peux vous racheter celui-ci ? demanda-t-elle en indiquant le banc chargé de souvenirs.

— Oui. L'argent est donné aux bonnes œuvres. C'est cinquante livres le banc, livraison comprise.

— Je le prends, dit-elle. J'habite sur la route de l'hôpital Les Horizons.

— Nous pouvons le déposer chez vous maintenant, si vous voulez.

— Parfait, dit-elle avant de reprendre la route.

— Où est-ce qu'on le met ? demanda l'un des types en se garant devant sa maison.

— Sur la terrasse, de l'autre côté, s'il vous plaît.

Elle n'avait aucune envie que Drake l'aperçoive en passant devant chez elle.

Lorsqu'ils furent partis, elle se posta devant le banc et le contempla longuement, tandis que Lily faisait des allers-retours sur sa trottinette.

Quelle drôle de façon de se rappeler une histoire d'amour terminée... Mais penser à Drake chaque fois qu'elle s'assiérait dessus atténuerait un peu la douleur de l'avoir perdu.

Plus tard dans la soirée, le téléphone sonna. C'était Randolph, à qui Drake avait parlé de son projet canadien. Il appelait pour essayer de comprendre ce qui se passait entre eux.

— Il ne se passe rien, répondit Tessa, un peu gênée. Drake a une opportunité en or et il va juste voir si elle peut lui convenir.

— Mais il va aller vivre là-bas et vous laisser toutes les deux ici ? demanda le vieil homme.

— Ce ne sera pas la première fois, Randolph. Drake mène sa vie comme il l'entend. Nous n'avons pas notre mot à dire là-dessus.

— Ah, répondit Randolph sans conviction, avant de raccrocher.

Un nouveau problème se posait : Randolph allait-il supporter qu'elle aille vivre avec sa petite-fille loin de lui ?

Le mardi matin, Drake appela Tessa à son bureau et lui annonça d'un ton ferme qu'il souhaitait examiner son œil au moins deux fois avant son départ au Canada.

— Est-ce que le vendredi matin de cette semaine et de la semaine prochaine te conviendrait ? demanda-t-il.

— Heu... Oui, répondit-elle.

Elle qui l'avait soupçonné de vouloir la laisser en plan en cours de traitement.

— Alors d'accord pour vendredi matin. J'ai mon vol vendredi

après-midi, dans dix jours. Je veux avoir bouclé tout ce que j'ai à faire d'ici là.

— Combien de temps t'absentes-tu ? demanda-t-elle d'un air détaché alors qu'elle mourait d'envie de le supplier de rester.

— Je ne sais pas exactement. Mais quelle différence cela fait-il ? Je ne vais pas te manquer.

Elle se retint de relever. Elle raccrocha et laissa son regard glisser sur les collines auxquelles ils étaient si attachés l'un et l'autre. La campagne tout entière semblait lui susurrer à l'oreille : « Si tu parviens à convaincre Drake de rester, tu ne l'auras pas aimé pour rien. »

Elle décrocha le téléphone et composa son numéro.

— Drake, ne quitte pas Glenminster à cause de moi, dit-elle. L'hôpital, les gens d'ici ont besoin de tes compétences. Si quelqu'un doit partir, c'est moi. Je vais déménager, Drake. Penses-y quand tu seras au Canada.

Sans lui laisser le temps de répondre, elle raccrocha, tout en se traitant intérieurement de lâche.

Mais le téléphone sonna quelques instants plus tard.

— J'ai cinq minutes, j'espère que cela sera suffisant pour te dire ce que je pense de ton idée absurde, Tessa. Je suis tout à fait capable de régler mes affaires tout seul sans que tu aies à t'offrir en sacrifice. Je ne pense pas que ce soit une bonne idée de faire déménager Lily pour moi. J'ai fait une erreur en revenant à Glenminster, et j'ai l'occasion de la réparer. C'est aussi simple que cela. J'espère que d'ici notre rendez-vous de vendredi, tu auras repris tes esprits.

Il raccrocha à son tour, ignorant qu'elle était déterminée à aller au bout de son idée.

La semaine s'annonçait chargée. Il fallait mettre la maison en vente, sans accrocher de pancarte tant que Drake ne serait pas parti pour le Canada, chercher un nouveau logement ni trop près ni trop loin qui lui convienne autant qu'à Lily. Ensuite, lorsqu'elle aurait trouvé l'endroit idéal — si tant était qu'un endroit sans Drake puisse être idéal — elle repartirait de zéro.

Elle était allée voir le directeur de l'hôpital, à qui elle avait expliqué qu'elle devait partir précipitamment. Il avait été surpris mais s'était montré arrangeant. Au vu du travail qu'elle avait accompli depuis des années, il accepta qu'elle parte sans le préavis légal d'un mois et que la nouvelle de son départ ne s'ébruite pas.

Le vendredi matin, lorsque Tessa frappa à la porte du bureau de Drake pour l'examen de son œil, il était déjà là. La veille, elle avait eu une prise de sang, dont les résultats s'étaient révélés meilleurs que les précédents.

— Je crois que je n'aurai même pas à retraverser l'Atlantique pour revenir m'occuper de ton œil, dit-il après l'avoir examinée. Le traitement semble efficace.

Elle en fut soulagée. Puis elle prit conscience que cette bonne nouvelle avait un prix : si les médicaments continuaient à faire effet, la prochaine consultation risquait d'être la dernière. Elle lui ferait ses adieux.

En serait-elle capable ?

Le mois de septembre venait de commencer. Lily avait une place réservée dans l'école maternelle du quartier, mais les chances étaient grandes pour qu'elle fasse sa rentrée ailleurs. Après plusieurs jours de recherches intensives, Tessa avait fini par tomber sur une petite maison en vente dans une ville côtière du Devon. Elle décida d'aller la visiter au cours du week-end.

Mais plus le samedi approchait, plus ses scrupules à éloigner Lily de Lizzie, de Daniel et des jumeaux, ainsi que de son unique grand-père, grandissaient. Le samedi, elle prit la voiture, mais après avoir roulé quelques dizaines de kilomètres, elle s'arrêta sur le bas-côté et fit demi-tour.

Elle n'avait pas changé d'avis. Elle avait toujours l'intention de quitter Glenminster. Mais la maison au bord de la mer était trop loin, Lily serait brusquement séparée de ses amis et de Randolph. Comment pouvait-elle imaginer priver le vieil homme de la joyeuse présence de sa petite-fille ?

Lily n'y était pour rien, après tout. Si une personne était responsable de toute cette pagaille, c'était elle et elle seule. Comment en était-elle arrivée là ?

Quelques semaines auparavant, elle aurait été ravie que Drake reparte, alors pourquoi l'idée la rendait-elle désormais malade ?

Quand le changement s'était-il produit ?

Il restait moins d'une semaine avant le départ de Drake pour le Canada. Aurait-elle le temps de trouver un logement avant son retour ?

Elle se gara devant chez elle et, au moment où elle tournait la poignée de la porte, son téléphone sonna. C'était Sophie, sa tante.

Depuis la mort de la mère de Tessa, tante Sophie avait toujours été proche d'elle. Elle lui donnait l'impression de ne pas être seule, que quelqu'un veillait sur elle.

— Je suis désolée, Tessa, dit la fringante vieille dame. J'espère que je ne t'ai pas affolée, la dernière fois, en te disant que toutes les femmes de la famille avaient des problèmes de thyroïde.

Tessa la rassura.

— Je voulais savoir si Lily et toi auriez envie de venir me voir. La maison est immense, j'ai de la place.

— Avec plaisir, répondit-elle d'une petite voix.

Avait-elle lu dans ses pensées ?

Sophie vivait dans une charmante petite ville sur la côte. Tessa serait suffisamment loin de Glenminster pour oublier Drake, mais assez proche pour pouvoir facilement emmener Lily voir Lizzie, les garçons et Randolph.

Si l'endroit lui plaisait, elle pourrait peut-être trouver une maison bien à elle, une école pour Lily et un hôpital dans lequel elle pourrait postuler.

— Quand voudriez-vous venir ? demanda Sophie.

— A la fin de la semaine prochaine ? Si tu es disponible et que ce n'est pas trop tôt pour toi.

— Non, pas du tout. C'est parfait. Vous pouvez rester autant de temps que vous voulez.

Tessa se laissa tomber dans un fauteuil, les yeux emplis de larmes mais soulagée.

Elle allait trouver une solution, n'est-ce pas ?

La semaine suivante, la rumeur courut dans l'hôpital que Drake Melford avait reçu une proposition de travail du Canada. Dans l'ensemble, les gens disaient qu'il serait fou de ne pas accepter, mais qu'ils allaient terriblement le regretter.

Le cœur de Tessa se serrait chaque fois qu'elle entendait des infirmières ou des médecins parler de lui. Pourvu que Drake ne cède pas à son impulsion de quitter Glenminster.

Il devait rester dans cette ville et vivre dans la maison qu'il avait choisie, au milieu des collines qu'il chérissait.

Par chance, ses propres projets de départ ne faisaient l'objet d'aucune spéculation dans les couloirs de l'hôpital. Le directeur avait tenu parole. Personne, à part lui, n'était au courant. Quant à Jennifer, elle était trop éprise de son nouvel amour pour remarquer ce qui se passait autour d'elle.

Plus Drake réfléchissait, moins il avait envie de quitter l'Angleterre pour le Canada. Il était déjà parti en Suisse, où sa carrière avait gagné en compétences et en prestige, mais lui avait passé son temps à regretter ce qu'il avait perdu en échange.

A l'époque, il s'était persuadé que Tessa aurait trouvé un autre homme pour le remplacer mais, lorsqu'il était revenu, la réalité l'avait abasourdi : en son absence, elle avait jeté son dévolu non pas sur un homme, mais sur une petite fille qu'elle avait adoptée.

Maintenant, les choses s'étaient tellement compliquées

entre eux qu'elle avait proposé de quitter la région afin qu'il y reste en paix. Mais il était hors de question qu'il la laisse faire.

Car c'était clair : il ferait tout pour que cette femme fasse de nouveau partie de sa vie. Et il ne pouvait imaginer qu'elle ne soit plus là à son retour du Canada.

Si son rendez-vous outre-Atlantique n'avait pas déjà été fixé, il aurait jeté ce projet aux oubliettes. Il n'avait pas vu Tessa de la semaine. Lorsqu'elle viendrait pour sa dernière consultation, il la persuaderait de ne pas quitter Glenminster.

Tessa se passa la main sur le visage. Le lendemain matin, Drake examinerait son œil pour la dernière fois.

Et, l'après-midi, dès qu'il serait dans l'avion, elle ferait entreposer toutes ses affaires dans un garde-meuble.

En sortant de l'hôpital, le jeudi soir, elle appela Randolph. Au ton de sa voix, elle comprit qu'il n'approuvait pas sa décision de quitter la ville.

— Nous ne serons pas loin, dit-elle sur un ton qui se voulait rassurant. Lily reviendra vous voir souvent.

— Vous me donnerez votre adresse ?

— Pour l'instant, nous serons chez ma tante. Je vais vous laisser son numéro de téléphone. Dès que j'aurai trouvé un logement, je vous donnerai notre nouvelle adresse.

Tessa, pouvez-vous m'expliquer ce que Drake a à voir dans tout cela ? demanda-t-il.

— Tout et rien, répondit-elle simplement.

Le matin même, Tessa avait prévenu Jennifer qu'elle quittait l'hôpital le lendemain.

— Comme ça ? avait demandé la secrétaire, incrédule. Sur la pointe des pieds ? Je suis sûre que si le Dr Drake nous quitte, nous aurons droit à une fanfare. En fait, personne n'a envie qu'il parte, mais que voulez-vous ? On ne peut pas l'empêcher de saisir la plus belle occasion de sa vie !

Tessa avait détourné le regard. Que penserait le personnel des Horizons s'il apprenait que le Dr Melford envisageait de partir à cause d'elle ? La décision qu'elle avait prise de déménager sur la côte devait au moins servir à empêcher Drake de partir au Canada.

Lorsqu'il reviendrait de son voyage et constaterait qu'elle n'était plus là, il serait content de pouvoir rester. Et, qui savait, si elle disparaissait de son existence, peut-être rencontrerait-il enfin une femme moins difficile à aimer.

En arrivant à l'hôpital, Tessa prit la direction du bureau de Drake d'un pas lourd. C'était le moment de son dernier bilan ophtalmologique.

Pourvu qu'il renonce à ce poste au Canada et décide de rester à Glenminster ! Il méritait d'être heureux dans la maison de ses rêves, au milieu des collines, et de poursuivre le travail qu'il réalisait aux Horizons.

De son côté, elle pourrait retrouver l'équilibre qu'elle avait atteint avec Lily et se remettre à être heureuse.

Lorsqu'elle entra dans le bureau, Drake lui trouva les traits tirés. La ride entre ses sourcils était marquée et son attitude trahissait la lassitude.

Il ne pouvait pas imaginer qu'elle disparaisse de son existence. Il l'aimait trop pour la perdre une fois encore. Il devait insister, lui montrer à quel point il tenait à elle, jusqu'à ce qu'elle comprenne et qu'elle lui fasse une place.

Il lui avait dit, dans un moment de frustration, qu'il risquait d'accepter la proposition des Canadiens. Depuis, pas une minute ne s'écoulait sans qu'il le regrette.

Il avait envie de vivre dans sa belle maison toute l'année, pas seulement pendant les vacances. Et il n'avait aucune envie de causer du tort à la petite fille qui s'était mise à l'appeler papa.

— A quelle heure est ton vol ? demanda Tessa sur un ton poli.

— A 15 h 30. De toute évidence, la seule émotion que mon départ suscite chez toi est le soulagement.

— Je croyais être venue pour un bilan ophtalmologique. J'ignorais que tu faisais de la télépathie.

— C'est juste une remarque. Mais passons. Si tu veux bien, je vais t'examiner pour savoir comment la situation a évolué cette semaine au fond de ces beaux yeux.

Retenant ses larmes, elle posa le menton sur le support de l'appareil.

— Drake, dit-elle une fois qu'il eut terminé l'examen, avant que tu me donnes les résultats, bons ou mauvais, je voudrais que tu saches à quel point je te suis reconnaissante de m'avoir aidée à affronter cette épreuve. Cette histoire d'hyperthyroïdie m'a prise au dépourvu, et beaucoup stressée.

Elle fouilla dans son sac.

— Tiens, c'est pour toi, dit-elle en lui tendant une photographie de Lily souriant à l'objectif. J'espère que cela te fera plaisir.

— Ce qui me ferait encore plus plaisir, c'est d'avoir aussi une photo de toi.

— Ne te moque pas de moi, dit-elle.

— Je ne me moque pas. En ce qui concerne le bilan, j'ai le plaisir de t'annoncer que ton œil a recouvré son état normal. Tu vas continuer à prendre les médicaments pendant encore deux mois, mais c'est tout. Tu n'as pas besoin d'une intervention chirurgicale. Et surtout, n'hésite pas. Si tu as des questions ou des inquiétudes, fais-le-moi savoir.

— Tu vas accepter le poste au Canada ? demanda-t-elle d'une voix étranglée. Tu sais, ce que je t'ai dit au téléphone l'autre jour tient toujours.

— Peut-être. En fait, je n'ai qu'à signer, il est à moi si je le veux. Mais indépendamment de ce que je vais décider, je veux que tu me promettes que je te retrouverai à mon retour. Tu n'as pas à te sacrifier pour moi.

— Mais tu pars à cause de moi ? demanda-t-elle.

Elle tendit la main pour le saluer, mais il ignora son geste. Il se pencha vers elle et déposa un baiser sur ses lèvres. Puis il alla ouvrir la porte, la laissa passer et referma derrière elle.

Tessa reprit le chemin de son bureau en silence, les jambes flageolantes.

Incapable de rester assise, elle se posta près de la fenêtre, d'où elle pourrait voir Drake partir pour l'aéroport.

Il sortit un peu en avance et, lorsque son taxi arriva, mit sa valise dans le coffre. Avant de monter dans la voiture, il s'arrêta et leva les yeux dans sa direction. Elle rassembla toute son énergie pour se retenir de courir jusqu'au taxi et le supplier de rester. Après tout, il ne partait que pour quelques jours. L'heure de son départ définitif n'était pas encore arrivée et il fallait prier pour qu'elle ne vienne jamais.

Pourvu qu'il refuse le poste et revienne à Glenminster !

Sans quoi elle allait gâcher leur vie à tous les deux.

Pendant que Drake volerait au-dessus de l'Atlantique, elle ferait transporter ses meubles jusqu'au garde-meubles et le banc dans le jardin de tante Sophie.

Quant à elle, après sa dernière journée à l'hôpital Les Horizons, elle passerait chez elle vérifier l'avancée du déménagement. Puis elle irait, pour la dernière fois, chercher Lily chez Lizzie et l'emmènerait passer la nuit dans un gîte.

Les adieux des deux amies furent déchirants, mais Tessa était déterminée à commencer une nouvelle vie avec Lily. Lizzic avait beau comprendre les raisons qui la poussaient à partir, elle ne parvenait pas à approuver sa décision.

Une fois installées dans la chambre du gîte, Lily et Tessa engloutirent le casse-croûte que Tessa avait préparé en guise de dîner. Puis Lily vint se réfugier dans ses bras. Elle n'aimait pas cet endroit inconnu dans lequel elles allaient passer la nuit. Tessa l'amadoua avec la promesse d'un séjour au bord de la mer.

Elle la déposa dans l'immense lit et attendit qu'elle s'endorme avant de se glisser à son côté. Puis elle s'efforça de ne pas penser aux derniers instants qu'elle avait passés avec Drake.

Après s'être levées tôt et avoir pris leur petit déjeuner, elles prirent la route. Tessa repassa par la maison pour s'assurer que le banc avait bien été enlevé.

C'était la journée la plus étrange de sa vie. Le paysage défilait et elle prenait conscience de la folie qui l'avait amenée à une telle décision. Lily, fatiguée par leur réveil matinal, s'était rendormie dans son siège.

Tessa avait eu de la chance que Drake s'absente. Jamais elle n'aurait pu déménager si elle l'avait su dans les parages. Les dés étaient jetés et l'avenir se profilait devant elle. Elle s'efforça de l'imaginer radieux. L'image de Lily qui courrait bientôt sur la plage lui donna le courage d'y croire. Elle avait pris soin de mettre sa trottinette dans le coffre, ainsi que sa pelle et son seau.

Après le dimanche où elle avait invité Drake à déjeuner, elle avait surpris à plusieurs reprises Lily en train de regarder par la fenêtre, l'air rêveur. Mais elle ne faisait jamais allusion à lui, à l'exception de cette nuit où elle avait crié « papa » dans son sommeil.

Tante Sophie accueillit chaleureusement Lily et Tessa. Elle avait préparé une grande chambre et un bon repas, qu'elles partagèrent avec un plaisir non dissimulé.

— Tessa, j'ai l'impression que tu cherches à fuir quelque chose, lui dit Sophie une fois que Lily fut couchée et endormie. Quelque chose ou quelqu'un. Un homme, peut-être ?

Tessa poussa un profond soupir.

— Oui. C'est le grand amour de ma vie. Il m'a quittée, il est revenu, et maintenant il doit repartir. L'accepter est au-dessus de mes forces.

— A-t-il une autre femme dans sa vie ?

Elle secoua la tête.

— Non, en fait c'est pour sa carrière qu'il part.

— Que fait-il ?

— Il est chirurgien ophtalmologiste.

Sophie hocha lentement la tête.

— Et où est-il, en ce moment ?

— Il travaille à Glenminster, il hésite à accepter un poste au Canada. Mais s'il part, c'est à cause de moi. Alors j'ai pensé qu'en quittant Glenminster, je lui laissais le choix de rester ou de partir, indépendamment de moi. Il adore son travail et il est très attaché à la région.

— Tu tiens à lui, n'est-ce pas ?

— Oui, beaucoup. Mais j'ai tellement souffert la première fois qu'il est parti, que j'ai trop peur que cela se reproduise. Pour compliquer les choses, Lily l'adore. Elle est attirée par lui comme par un aimant. C'est comme si elle le prenait pour le père qu'elle a perdu. Il paraît qu'il lui ressemble beaucoup physiquement.

— Reste ici autant de temps que tu voudras, Tessa. L'air de la mer va te faire du bien. Repose-toi. Quand ce sera le bon moment, tu décideras avec qui tu as envie de passer le restant de tes jours.

Lorsque l'avion toucha le sol anglais, Drake poussa un soupir de soulagement. Le voyage lui avait semblé interminable. Il lui tardait d'arriver à Glenminster.

Sa décision était prise : il allait demander Tessa en mariage.

Le séjour au Canada s'était déroulé dans d'excellentes conditions. Si on lui avait proposé le poste quelques mois auparavant, il aurait sauté sur l'occasion sans hésiter.

Mais il avait changé. Il n'était plus l'homme qui avait mis

fin sans états d'âme à sa relation avec Tessa pour un poste à l'étranger. L'expérience suisse lui avait servi de leçon.

Au Canada, il avait acheté une bague sertie de diamants et de saphirs. Il regrettait tellement d'avoir accusé Tessa d'être la cause de son départ. Ses mots avaient dépassé sa pensée, dans un moment de colère.

Il aimait Glenminster et rêvait de s'y installer avec elle et Lily, dans sa nouvelle maison.

Il sortit de l'aéroport et héla un taxi. La nuit tombait mais il n'était pas tard. Lily devait dormir mais Tessa était sans doute encore debout. Il donna leur adresse au chauffeur. Plus tôt il la verrait, mieux ce serait.

La maison était plongée dans l'obscurité et une pancarte « A vendre » était plantée dans la pelouse. Son sang se glaça.

Par acquit de conscience, il alla sonner plusieurs fois et fit le tour de la maison. Aucun signe de vie là non plus.

Cette fois, c'était elle qui l'avait quitté...

Mais où était-elle donc allée ?

Avait-elle trouvé refuge avec Lily chez ses amis, Lizzie et Daniel ? C'était l'endroit le plus probable. Il consulta sa montre. Mieux valait laisser passer la nuit. Il ne voulait pas donner l'impression de la harceler. Lizzie n'accepterait peut-être même pas de lui dire où elle se trouvait, si elle n'était pas chez eux.

Il se renseignerait à l'hôpital le lendemain. On saurait sans doute lui dire où elle était allée.

Il reprit le taxi et rentra chez lui, défit sa valise et prit une douche. Puis il alla s'asseoir sur la terrasse. Après avoir vu la maison de Tessa désertée, il trouva presque sa grande maison chaleureuse.

Comment avait-il pu lui faire porter la responsabilité de son départ au Canada ? Il revoyait le moment où il lui avait dit qu'il accepterait le poste rien que pour s'éloigner d'elle. Maintenant, il comprenait qu'il était allé trop loin.

9

Le lendemain matin, Drake appela le directeur de l'hôpital pour savoir où Tessa était partie. Le directeur n'en avait aucune idée. La seule chose qu'il pouvait dire était qu'elle lui avait demandé de partir avant la fin du préavis légal de quatre semaines. Il avait accepté à contrecœur, car elle était un très bon élément de l'équipe administrative de l'hôpital. Elle était partie le jour de son départ pour le Canada.

— A propos, Drake, avez-vous pris une décision ?

— Je reste, répondit-il. Je n'ai pas envie de travailler ailleurs qu'aux Horizons.

Il perçut le soulagement à l'autre bout de la ligne.

Ce qu'il ne dit pas, c'était qu'il ne voulait pas que Tessa s'en aille non plus. Il fallait qu'il la retrouve. Il tenait trop à elle pour imaginer vivre sans elle.

Elle avait apparemment quitté son travail et sa maison alors qu'elle n'avait aucune raison objective de le faire. Elle était partie parce qu'elle voulait qu'il reste.

Mais savait-elle que rester n'avait aucun sens pour lui si elle n'était pas là ?

Lorsqu'il arriva à l'hôpital, il se rendit directement dans le bureau de Jennifer. Une femme était assise à la place de Tessa, ce qui ne le rassura pas. Jennifer n'avait appris le départ de Tessa qu'au dernier moment, et n'avait aucune idée de l'endroit où elle était partie. Une vague de désespoir envahit Drake.

Lizzie et Daniel étaient probablement les seules personnes à savoir où elle se trouvait. Mais seraient-ils disposés à le lui dire ?

Tout comme la maison de Tessa la veille, la maison de Lizzie et Daniel était éteinte et manifestement déserte. Par chance, une voisine l'informa qu'ils étaient partis en vacances.

— Y avait-il une jeune femme et une petite fille avec eux, à tout hasard ? demanda-t-il.

— Non, ils étaient tous les quatre. Daniel, Lizzie et les garçons.

Il reprit le chemin de l'hôpital et, passant devant le parc, eut un choc : le banc de leur amour n'était plus là, pas plus que les autres vieux bancs du parc. Ils avaient tous été remplacés par des bancs neufs.

C'était un signe. Fallait-il comprendre que, cette fois, tout était définitivement terminé entre Tessa et lui ?

Il ne pouvait s'y résoudre. Il allait la retrouver et lui dire ce qu'il éprouvait pour elle. Pourquoi ne lui avait-il pas avoué son amour plus tôt ? Il avait été trop fier, et elle, trop susceptible.

Mais il allait rattraper ses erreurs.

En dernier recours, il appela Randolph, qui, lui aussi, affirma ne pas savoir où elles étaient parties.

— Mais Tessa m'a dit qu'elle me contacterait dès qu'elles seraient installées. Drake, si je puis me permettre, à quoi jouez-vous tous les deux ? C'est une évidence pour tout le monde que Tessa et vous êtes faits l'un pour l'autre.

— Pas pour tout le monde, malheureusement. Pas pour Tessa, en tout cas. Mais c'est ma faute.

— Alors employez votre charme pour la faire revenir.

— Je vais tout faire pour la retrouver.

Tessa et Lily étaient assises sur le sable, en compagnie de Lizzie, de Daniel et des garçons qui les avaient rejointes à l'occasion d'un séjour sur la côte. Tante Sophie était partie à son cours de gymnastique. Tandis que Tessa et ses amis déballaient le pique-nique, les enfants faisaient des allers-retours sur le rivage, où ils construisaient un château.

Lizzie apprit à Tessa que Drake était revenu à Glenminster. Lizzie s'était fait passer pour une patiente et avait appelé pour prendre rendez-vous. La secrétaire avait confirmé que le Dr Melford n'était pas parti et reprenait les consultations dans son service. Il avait apparemment décliné la proposition des Canadiens.

— Drake est de retour chez lui, dit Tessa.

Mais le soulagement de le savoir établi à Glenminster était terni par la perspective de devoir, elle, affronter une sorte d'exil. Tout lui semblait creux et fade à côté de la vie qu'elle s'était imaginé vivre avec lui dans ses rêves.

— Tu vas revenir à Glenminster, maintenant que tu sais qu'il y est ? demanda Lizzie comme si elle avait lu dans ses pensées.

Elle secoua la tête.

— Non, à moins qu'il ne me le demande lui-même.

L'après-midi s'écoula tranquillement puis les amis se séparèrent en se promettant de se revoir bientôt.

Drake ne tenait plus en place. Déjà une semaine sans nouvelles de Tessa. A l'hôpital, personne ne savait où elle se trouvait.

Il allait retourner voir Lizzie et Daniel. Il était impossible qu'ils ne soient pas au courant.

Comme la dernière fois, la maison était vide. Il sonna chez les voisins.

— Ils reviennent demain, dit la voisine en le reconnaissant. Regardez ! Ils nous ont envoyé une jolie carte de Bretton Sands.

— Super ! Je passerai, alors.

Il repartit, ragaillardi par cette bonne nouvelle.

Bretton Sands. Ce nom ne lui était pas inconnu, mais à quelle occasion l'avait-il entendu ?

Il se réveilla en sursaut au beau milieu de la nuit.

La tante de Tessa vivait dans un petit village sur la côte ! Il se souvenait de leur conversation téléphonique, quand Tessa avait appris que les femmes de sa famille souffraient de dérèglements thyroïdiens. Elle lui avait dit à quel point sa tante comptait pour elle depuis que sa mère était morte.

S'était-elle réfugiée là-bas avec Lily ?

Il n'avait aucun moyen de le vérifier pour l'instant. La journée du lendemain était chargée. Mais il pourrait partir après ses consultations. Et, si jamais il s'était trompé, il aurait la nuit pour revenir à Glenminster.

Il emporterait la bague.

Peut-être l'aiderait-elle à convaincre Tessa de sa sincérité. Peut-être accepterait-elle de devenir sa femme.

Le lendemain fut une journée de travail interminable. Mais rien n'étant plus important que la santé de ses patients, il parvint tout de même à se concentrer sur ses consultations et les interventions au bloc.

Sa dernière patiente était une femme d'une quarantaine d'années qui avait reçu un bouchon de champagne dans l'œil et se trouvait en état de choc.

Pourtant, grâce au mouvement réflexe de la paupière, le pire avait été évité. Un hématome impressionnant s'était formé, mais, en l'absence de lésions plus graves, il se résorberait en quelques jours.

Drake repassa chez lui pour se changer et prit la route qui le conduirait à l'amour de sa vie, si elle se trouvait bien à Bretton Sands.

La nuit était tombée et Lily dormait, épuisée et bronzée après la journée qu'elle avait passée sur la plage à jouer. Tessa faisait les cent pas. Les mots de Lizzie tournaient sans cesse dans son esprit. Quelle décision allait-elle prendre maintenant qu'elle savait que Drake avait décidé de s'établir pour de bon à Glenminster ?

— La lune est magnifique, ce soir. Pourquoi ne vas-tu pas marcher un peu sur la plage, pendant que je garde Lily ? suggéra Sophie.

Tessa accepta. Une petite marche solitaire lui permettrait de se détendre et de mettre de l'ordre dans la confusion de ses pensées.

Dehors, il faisait bon. La lune éclairait la plage presque comme en plein jour et donnait des reflets argentés à la mer.

Elle marcha sur le sable puis grimpa sur un rocher et s'assit face à la mer.

Drake s'était garé et marchait le long de la promenade. Il trouverait bien quelqu'un pour le renseigner sur l'endroit où habitait la tante de Tessa. Tout ce qu'il savait d'elle était que Tessa l'appelait tante Sophie. La promenade déserte risquait de compliquer quelque peu ses recherches.

Refusant de s'abandonner au désespoir, il se dirigea vers la plage.

C'est alors qu'il la vit, assise sur un rocher, contemplant la mer.

Etait-il en train de rêver ?

Incrédule, il murmura son prénom. Le vent était manifestement de son côté, car Tessa sursauta et se retourna.

— Drake ! Qu'est-ce que tu fais ici ! Comment as-tu su que... Je n'ai dit à personne que j'étais ici, à part Lizzie et Daniel.

Il vint vers elle, tout sourires.

— J'ai frappé à toutes les portes. C'est une voisine de tes amis qui m'a mis sur la piste. Elle avait reçu une carte postale de Bretton Sands. Sur le moment, je n'ai pas fait le lien. Puis je me suis réveillé en pleine nuit en te revoyant me dire que ta tante habitait la région. Dès que j'ai pu, j'ai pris la route, en priant pour que tu sois effectivement là.

— Mais... Tu n'es pas parti au Canada ? Qu'est-ce qui t'a fait changer d'avis ?

— Ce qui m'a fait changer d'avis, c'est que je t'aime, Tessa. Et je sais que tu m'aimes aussi. Sans quoi tu n'aurais pas quitté Glenminster pour moi.

Il marqua une pause et sortit l'écrin de sa poche.

— Je l'ai achetée au Canada. Es-tu d'accord pour que je te l'offre et que, bientôt, je t'offre aussi une alliance ? Veux-tu être ma femme, Tessa ?

Elle le regardait depuis son rocher, les larmes aux yeux.

— Oui, répondit-elle d'une voix ténue.

Elle lui tendit la main et il fit glisser la bague sur son doigt.

— Elle est magnifique, dit-elle en contemplant les saphirs et les diamants. Je t'aime, Drake, et le seul moyen que j'avais de te le prouver était de partir pour que tu puisses choisir en toute liberté où tu souhaitais vivre.

— Je sais. Mais une chose t'a échappée : je ne peux pas vivre sans toi.

Il lui tendit la main pour qu'elle descende de son rocher. Puis il la prit dans ses bras et la serra fort contre lui.

— Que va penser Lily de tout cela ? demanda-t-il en riant.

— Je crois pouvoir affirmer sans me tromper que la nouvelle va l'enchanter.

Il se pencha pour l'embrasser.

10

Après leurs retrouvailles sur la plage, Drake avait trouvé une chambre dans le seul hôtel de Bretton Sands. Le lendemain matin, il se rendait chez la tante de Tessa, où Lily lui réserva un accueil des plus enjoué et des plus tendre.

— D'où sort ce banc ? s'exclama-t-il en sortant sur la terrasse.

Tessa sourit.

— Je suis passée juste au moment où la municipalité changeait tous les bancs du parc. J'ai demandé à récupérer celui-ci. Comme souvenir.

— Moi aussi j'ai une surprise pour toi, dit-il en la prenant dans ses bras.

Puis il se tourna vers Sophie.

— Vous viendrez nous voir, quand nous serons installés. Je vous serai reconnaissant toute ma vie d'avoir pris soin de ces deux trésors.

La cérémonie aurait lieu dans les jardins de l'hôtel où Drake avait invité Tessa à déjeuner.

En attendant que la maison soit prête, Tessa et Lily viendraient s'installer dans la grande bâtisse près de l'hôpital.

— C'est la première fois que cet endroit me paraît vivant et gai, dit-il en faisant le lit avec Tessa. Je suis sûr que les grincements du sommier ne me dérangeront plus.

Il lui tendit la main.

— Es-tu prête ? Moi aussi je t'avais promis une surprise.

Il mourait d'impatience de leur montrer la nouvelle maison dans les collines et priait pour qu'elle leur plaise autant qu'à lui.

Lorsqu'ils arrivèrent dans le village, Tessa reconnut l'endroit où ils avaient pique-niqué avec les employés de l'hôpital.

— Je me souviens, d'ailleurs, que tu m'avais rendu Lily un peu précipitamment, pour aller te promener seul.

— Tu vas comprendre pourquoi.

Il se gara devant la maison. Puis il ouvrit la porte et prit Tessa dans ses bras pour franchir le seuil. Lily les suivait, amusée.

Tessa comprit aussitôt pourquoi il était tombé amoureux de cet endroit.

Les pièces étaient spacieuses et lumineuses et la vue depuis la terrasse était à couper le souffle. Il ne manquait plus que les meubles.

Lily courait d'une pièce à l'autre.

— Nous allons vivre ici tous les trois, dit Tessa.

— Tous les trois ? Avec Drake ?

Elle bondit de joie avant de s'immobiliser de nouveau.

— On pourra inviter les garçons ? demanda-t-elle, l'air soucieux.

— Bien sûr qu'on invitera les garçons, dit-il. On va être bien ici, n'est-ce pas ?

Il jeta un coup d'œil entendu à Tessa.

— Oui. La vie sera merveilleuse.

— Nous allons rattraper le temps perdu.

— Oui. Il était temps !

Lizzie fut le témoin de Tessa et c'est Randolph qui la conduisit à l'autel.

La nature avait revêtu les teintes dorées et rouges de l'automne, les branches des arbres croulaient sous les fruits mûrs.

Leur famille se résumait à Lily, Sophie et Randolph, puisque Drake et Tessa avaient tous deux perdu leurs parents, mais leurs amis et collègues de l'hôpital étaient au rendez-vous pour leur souhaiter tous leurs vœux de bonheur. Drake avait demandé au directeur de l'hôpital d'être son témoin.

Tessa portait une robe blanche dont l'ourlet était décoré de muguet et elle tenait un petit bouquet de roses à la teinte délicate.

Drake la regarda remonter l'allée et se souvint. Le muguet et les roses étaient les fleurs qui composaient le bouquet qu'il lui avait offert le soir où ils avaient dansé ensemble sur la péniche. Cette pensée l'emplit d'émotion.

Après la cérémonie, ils reprirent le chemin de la maison. Lily dormait sur la banquette arrière, épuisée par l'excitation de cette journée particulière. Il la transporta jusque dans sa chambre. Elle ouvrit un œil quand il la déposa sur le lit.

— Je peux garder ma robe pour dormir, papa ? demanda-t-elle d'une voix ensommeillée.

— Pourquoi pas ? répondit-il.

Mais elle s'était déjà rendormie.

Le soleil déclinait derrière les collines, et ses derniers rayons semblaient transformer tout ce qu'ils touchaient en or. Drake et Tessa descendirent dans le jardin et s'approchèrent du banc qu'ils avaient rapporté de Bretton Sands.

— Dans combien de temps veux-tu que nous fassions un petit frère ou une petite sœur à Lily ? demanda-t-il avec un sourire en coin.

— Le plus tôt sera le mieux, répondit-elle sur le même ton.

Épilogue

Ils firent l'amour dans le soleil couchant, avec passion et tendresse.

Mais cette fois, ce n'était pas la fin d'une histoire. L'ambition avait cédé la place à l'amour. La vie qu'ils avaient toujours rêvé de vivre ensemble ne faisait que commencer.